T0279812

JOSÉ CARLOS BERMEJO BARRERA

Afganistán
Historia de un Estado fallido

ALMUZARA

Editorial Almuzara • Historia
Editora: Ángeles López
Corrección: Nieves Porras
Maquetación: Joaquín Treviño

www.editorialalmuzara.com
pedidos@almuzaralibros.com - info@almuzaralibros.com

Editorial Almuzara
Parque Logístico de Córdoba. Ctra. Palma del Río, km 4
C/8, Nave L2, nº 3. 14005 - Córdoba

Imprime: Liberdúplex
ISBN: 978-84-10523-35-7
Depósito legal: CO-1323-2024
Hecho e impreso en España - *Made and printed in Spain*

Este libro está dedicado a Rahila, Robabah
y a todas las mujeres afganas que quisieron,
y siguen queriendo, ser libres.

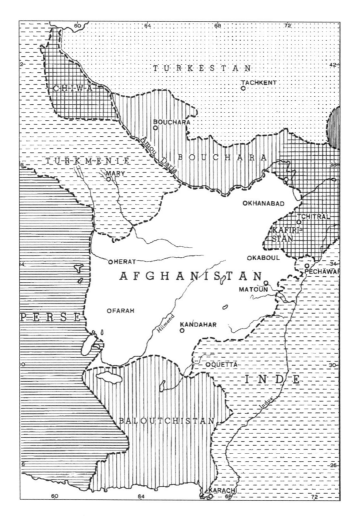

Mapa de Afganistán en 1890.

Índice

Introducción

A veces tenemos la idea equivocada de que hasta hace muy poco casi nadie viajaba y que la gente nacía, vivía y acababa por yacer en las pequeñas tierras y pueblos en los que había llegado al mundo. Sin embargo, a lo largo de la historia hubo grandes desplazamientos de poblaciones, grandes migraciones, invasiones y procesos de colonización y asentamientos en nuevas tierras. Esos procesos son fundamentales para poder comprender la historia universal, pues abarcan desde la expansión de los homínidos, la revolución neolítica, las grandes migraciones de la protohistoria o de la historia de la Antigüedad, de las que las más conocidas son las invasiones germánicas. Lo mismo ocurrió en la Edad Media con la expansión del islam, las migraciones de los magiares, los mongoles y los turcos.

Pero será a partir del comienzo de la Edad Moderna, cuando se produzca la expansión europea por América, y posteriormente por África y Asia cuando este tipo de procesos desembocarán en una nueva configuración del planeta, que pasará a estar espacialmente unificado, gracias al proceso colonial, en el que Occidente se configurará como señor de la Tierra. Y lo será, no solo económica, política y militarmente, sino también intelectualmente, porque creará una serie de saberes: la geografía, la antropología, las filologías y la historia, que le permitirán no solo analizar, sino dar un sentido a los pueblos de la mayor parte de la Tierra dentro de ese programa global que sería la historia universal regida por la idea de progreso.

En paralelo a estos grandes procesos también existieron los grandes y pequeños viajeros, motivados por razones religiosas, comerciales y políticas. Y muchos de esos viajeros escribieron libros reimpresos una y otra vez, como fue el caso del libro de Marco Polo, que no solo conoció numerosas ediciones, sino que llegó a difundirse oralmente en un mundo en el que los relatos de los viajes eran más importantes que los viajes mismos, porque proporcionaban entretenimiento, además de unos conocimientos en los que se mezclaban los elementos imaginarios con la realidad de los lejanos y exóticos mundos americanos y orientales.

Una parte de esos viajeros estuvieron impulsados por motivos religiosos. Fueron mujeres y hombres que llevaron a cabo viajes a larga distancia para poder confirmar con sus hallazgos sobre el terreno sus creencias religiosas, gracias al descubrimiento de reliquias, fuesen estas restos humanos o materiales, de los grandes fundadores de sus religiones y de los personajes sagrados del pasado.

En todos los ámbitos de la vida es casi imposible encontrar algo si no estamos buscando nada, pues en ese caso no prestaremos la más mínima atención. Pero también se puede dar el caso contrario, y es que vayamos a buscar algo que deseamos fervientemente encontrar, guiados por un libro que utilizamos como guía de viajes. Ese tipo de viajeros que iban buscando lo que deseaban fervientemente encontrar ya existieron en la Antigüedad, y ellos fueron los creadores no solo de la literatura de viajes, sino también de la propia geografía y de la etnografía griega y romana.

El historiador griego Heródoto recorrió en el siglo v el Imperio persa y nos brindó las descripciones de Egipto, Babilonia y Persia, de sus monumentos, sus costumbres y su historia, que son en la actualidad instrumentos esenciales para la investigación. Lo mismo hicieron más tarde marinos y navegantes, como Escilax, y *periegetas* o caminantes, como el griego Pausanias, que recorrió a pie toda Grecia, describiendo con minuciosidad sus templos, estatuas y monumentos, creando la primera guía arqueológica e histórico-artística conocida; una guía que sirvió desde el siglo II hasta ahora a curiosos y arqueólogos deseosos de estudiar el pasado helénico[1].

---

1   Sobre este tema puede verse, entre la bibliografía más reciente, el libro de Erich S. Gruen: *Rethinking the Other in Antiquity*, Princenton University Press, Princeton, 2011; y el de Benjamin Isaac: *The Invention of Racism in Classical Antiquity*, Princeton University Press, Princeton, 2004.

Pero hay también un tipo especial de viajeras y viajeros que con los textos sagrados en la mano fueron buscando los restos que confirmasen sus creencias, quizás porque pensaban que las creencias deben poder tocarse con la mano. Su modo de proceder podría ser el siguiente. Supongamos que quiero demostrar que el Diluvio de Noé fue un hecho geológico universal, y que la Biblia, que no es un libro de geología, tenía razón. Si cruzo los Alpes veré que en ellos hay restos fosilizados de espinas de peces, lo que interpretaré diciendo que debieron estar bajo el mar, cosa imposible si no hubiese habido un diluvio universal. Podría ser, pero en realidad lo que ocurrió fue lo contrario: no fue el mar el que se elevó sobre los Alpes, sino los Alpes los que se elevaron sobre la tierra en un gigantesco plegamiento. Pero eso solo se sabe desde hace relativamente poco: en la Edad Media o Moderna esas huellas del diluvio habrían sido evidentes.

Fue siguiendo ese proceder como Helena Augusta, la madre del emperador Constantino, viajó a Palestina para encontrar las huellas de Jesús y su pasión. Estaba claro que no podía hallar su cuerpo, pues según su fe habría subido íntegro al cielo, ni tampoco el de su madre María, a la que le habría ocurrido lo mismo, pero sí que podría identificar los lugares de la pasión, y en eso puso toda su ilusión y empeño. Un viaje similar hizo en el siglo IV Eteria, quien, desde la Galia, según algunos filólogos, o desde Galicia, según otros, viajó a Palestina y Oriente Medio con los mismos propósitos, dejando testimonio de ello en su relato de peregrinación[2].

Son muy conocidos los relatos cristianos, pero quisiera llamar la atención sobre el viaje de un compatriota, nacido en Tudela, que saliendo de su Navarra natal en el año 1165 o 1166, realizó un extraordinario viaje que duró hasta 1170, y del que dejó constancia en su *Séfer-masaot*, o libro de viajes, escrito en hebreo por el rabino Biniamin ben rabbí Yonah mi-Tudela, conocido como Benjamín de Tudela.

---

2   Por centrarnos en un ejemplo podemos ver el estudio de George Mangitis: *Mount Sinai. A History of Travellers and Pilgrims*, Haus Publishing, Londres, 2016.

Ahmad Shah Abdali, primer rey afgano y fundador de Afganistán.

Benjamín hablaba castellano, árabe y escribía en hebreo, conociendo también el griego y el latín. En su aventura llevó a cabo el siguiente itinerario: Tudela, Zaragoza, Tarragona, Barcelona, Gerona, Narbona, Béziers, Montpellier, Lunel, Arlés, Marsella, Génova, Luca, Pisa, Roma, Capua, Nápoles, Salerno, Benevento, Malfi, Trani, Bríndisi, Tarento, Otranto, Corfú, Patras, Tebas, Salónica, Drama, Constantinopla, Gallipoli, Lesbos, Quíos, Samos, Rodas, Chipre, Antioquía, Beirut, Sidón, Tiro, Acre, Jaida, Jerusalén, Belén, Hebrón, Nablus, Damasco, Alepo, Jarán, Mosul, Bagdad, Basora, El Cairo, regresando a su hogar por centro Europa.

En cada ciudad visitada enumera la comunidad judía, con los nombres de sus rabinos, y describe también sus curiosidades. El número de familias es siempre muy reducido, unas docenas o unos cientos, excepto al llegar a Irak y Egipto. De Khuzestán, una ciudad muy importante por su comercio con la India, cuenta Benjamín una historia extraordinaria que merece ser conocida en la traducción del hebreo de José Ramón Magdalena Nom de Déu[3].

Desde allí hay cuatro jornadas hasta Khuzestán, que es Elam, la gran ciudad. No toda ella está habitada, ya que en parte está en ruinas, en medio de las cuales se encuentra Susa, la capital que fue el palacio del rey Asuero. Allí había un edificio grande de tiempos antiguos. En su interior hay como unos siete mil judíos y catorce sinagogas; delante de una sinagoga está el sepulcro de Daniel —la paz sea con él—. El río Karkhe divide la ciudad habiendo un puente entre las dos partes. Allí, en el lado donde habitan los judíos, está el sepulcro de Daniel. Allí están los zocos y en ellos la mercadería cuantiosa, y los judíos se enriquecían. Al otro lado del puente estaban los pobres, ya que no tenían ni zocos ni mercaderías, sino huertas y vergeles, hasta que sintieron envidia y dijeron: «Toda esta riqueza y honor no les viene sino debido a la benéfica influencia del profeta Daniel, que está enterrado cerca de ellos». Pidieron enterrar a Daniel en su recinto y los otros no quisieron, y entrambos bandos se hicieron la guerra durante muchos días, no saliendo ni entrando nadie debido a la guerra que había entre ellos, hasta que menguó su animosidad y obrando sabiamente hicieron un compromiso entre ellos: tomar el féretro de Daniel un año de un lado y el otro año al otro lado. Así lo hicieron, enriqueciéndose estos y aquellos, de ambas partes, hasta que un día vino allí Sanyar Sah, hijo del *Sha*, que reina sobre el reino de Persia, sobre cuarenta y cinco reyes, que están bajo su poder y es SULTAN-AL-FURS-ALKABIR, en lengua árabe, es el rey desde la desembocadura del río Samara hasta la ciudad de Samarcanda; hasta el río Gozán y las ciudades de Tíbet, donde allí se encuentran, en sus bosques, los animales de donde se extrae el almizcle. Sus dominios tienen una extensión de cuatro meses de marcha.

Cuando vino allí el gran emperador Sanyar, rey de Persia, vio que los judíos, ismaelitas e incircuncisos, así como gran gentío de paisanos, trasladaban el féretro de Daniel de un lado al otro pasando el puente. Preguntó qué era aquello y le dieron cuenta de los hechos. Dijo: «No es correcto hacer tal desprecio del profeta Daniel, haced solamente lo que yo ordeno: medid el puente

3   *Benjamín de Tudela. Viajes*, Ediciones Libres, Pamplona, 2016.

desde aquí y desde allá, por igual, tomad el féretro de Daniel y depositadlo dentro de otro féretro de cristal, y sea su féretro de madera en el interior de otro féretro de cristal; suspendedlo del puente con cadenas de hierro, y en el mismo sitio edificad una sinagoga para todos los que vienen; quien quiera entre en ella y rece, ya sea judío o arameo». Y hasta este día está suspendido tal féretro en el puente. El rey ordenó no pescar en espacio de una milla río arriba y en una milla río abajo, por respeto a Daniel.

Naturalmente, quienes creyeron tener el cuerpo del profeta Daniel obraron en consecuencia atribuyéndole al profeta su prosperidad. También por ello se enfrentaron en ese extraño conflicto de lindes que acabó sobre un puente. Pero para nosotros este relato tiene un extraordinario interés, porque Benjamín de Tudela es un *periegeta*, o lo que es lo mismo un viajero que va relatando lo que ve y escucha en su viaje. Su perspectiva es netamente judía, porque va enumerando las comunidades hebreas de cada ciudad, que, por otra parte, serán las que lo acogerán y hagan posibles sus desplazamientos, pero además de ello, como se puede comprobar en este texto, describe y se mueve en un mundo en el que las referencias a otras religiones: el islam y el cristianismo, están siempre presentes en sus informaciones de primera mano.

Un caso similar es el de Ibn Battûta, que recorrió todo el norte de África, el Próximo y Lejano Oriente, y buena parte de la Europa cristiana en un larguísimo viaje en el que prima el interés religioso y la descripción de las principales comunidades musulmanas y sus líderes, pero en el que también se ofrecen descripciones de primera mano de paisajes, personas, instituciones y curiosidades de todo tipo[4].

Benjamín de Tudela e Ibn Battûta son testigos presenciales y sus informaciones no sufrieron las innumerables reelaboraciones, que acabaron mezclando datos con errores y lo real con lo

---

4   Puede consultarse la edición con comentarios de Stéphane Gerasimos: *Voyages. I. De l'Afrique du Nord à la Mecque, II. De la Mecque aux steppes russes,* y *III. Inde, Extreme-Orient, Espagne et Soudan.* La Découverte, París, 1982.

imaginario, tal y como ocurre en el caso de las fuentes clásicas referentes a la India, estudiadas por Jacques André en el caso de la literatura latina[5], o las fuentes clásicas referidas a la India y Etiopía, estudiadas por Pierre Schneider[6].

Emir Dost Muhamad Khan.

Similares a ellos serán las autoras y autores protagonistas de este libro y fundamentalmente la doctora Lillias Hamilton. Todos ellos vivieron en la India y Afganistán, ya fuese cuando el control de la India estaba en manos de la Compañía de las

---

5   *L'Inde vue de Rome. Textes latines de l'Antiquité relatifs à l'Inde*, Lcs Belles Lettres, París, 1986.
6   *L'Éthiopie et l'Inde. Interferences et confusions aux extremités du monde Antique*, École Française de Rome, París, 2004.

Indias o bajo el Imperio británico propiamente dicho. Y esos autores, junto con los autores afganos, en nuestro caso concreto, nos ofrecen la transcripción de sus experiencias vividas, dentro de la cual se narran hechos y proporcionan datos parta poder comprender la historia de un país maldito: Afganistán. Un país del que dijo un militar inglés, que será luego citado, que se sabe más de los habitantes que viven en la luna que de los que viven en él. Un país igual de violento que otros muchos, pero al que se quiso atribuir la violencia por antonomasia, cuando se decían cosas como: «Los afganos solo están en paz cuando están en guerra». Y al que se aplicaban refranes hindúes como el que dice: «No te fíes ni de una víbora, ni de un elefante ni de un afgano».

Hay un cuento afgano, *La ciudad de los ciegos*, en el que se narra que había una ciudad en la que todos sus habitantes eran ciegos. Llegó a sus oídos la noticia de que había llegado un elefante desde la India. Por eso escogieron a tres mensajeros que fuesen a tocarlo. El primero de ellos tocó una pierna y concluyó que el elefante era un animal en forma de columna. El segundo tocó la trompa, y llegó a la conclusión de que el elefante era una serpiente que se mantenía vertical, y el último tocó una oreja y por eso pensó que el elefante era un animal en forma de abanico. Al volver a la ciudad informaron a sus conciudadanos, pero no se pudieron poner de acuerdo, porque cada uno tenía su versión. Desde entonces en la ciudad de los ciegos no se ha dejado de discutir cómo es un elefante.

Algo similar a esto ocurrió y ocurre con Afganistán, un país del que ya nadie quiere hablar a día de hoy, pero al que es muy fácil etiquetar con un cliché. Veremos cómo diferentes autoras y autores hablaron de él. Pero, a modo de introducción, valdría la pena destacar como ha habido en este caso, y en el de la India y el Oriente en general, dos perspectivas radicalmente diferentes: la que encarnan dos mujeres, lady Mary Wortley Montagu en el siglo XVIII y la esposa de Meer Hassan Ali, una mujer inglesa que publicó un libro sobre los musulmanes de la India en 1832 que rompe los esquemas de los autores con gran autoridad, como James Mill, y sobre todo del gran escritor y panegirista del Imperio británico Rudyard Kipling.

Mohamad Yagub.

El caso de lady Mary Wortley Montague es famoso por haber sido la introductora en Europa de la vacuna de la viruela, que conoció en Turquía, donde residió unos años por ser esposa del embajador de Inglaterra. Pero además de ello es famosa por su epistolario en cuatro volúmenes, de los que el segundo se centra en sus cartas desde Turquía, unas cartas escritas pensando siempre en su publicación[7].

Lady Mary fue una aristócrata que consiguió vivir con cierta libertad, mientras estuvo unida a su marido lord Wortley y tras su separación pactada. Fue autodidacta y se relacionó con los círculos literarios de su época, manteniendo una relación próxima, que desembocó luego en las iras que le dirigió Alexander Pope[8].

No puede ser considerada como una escritora prefeminista, lo que sería muy fácil, pues sus opiniones sobre las mujeres no

---

7   Utilizo la edición, publicada con permiso de sus herederos: *Oeuvres de lady Montague*, Imprimerie de Valade, París, 1804. Tome I, 1, *Lettres avant 1717;* I, 2, *Lettres écrites pendant l'amabassade de M. Wortley;* III, *Lettes* ércites durant la second résidence qu élle a faite chez l'Etranger, depuis 1739 jusquá 1761; IV, *Suite des Lettres.*

8   Puede consultarse la exhaustiva biografía de Isobel Grundy: *Lady Mary Wortley Montague*, Oxford University Press, Oxford, 1999.

eran nada favorables. Así, por ejemplo, decía: «Nunca he tenido en gran estima al bello sexo, por lo general, y para mí el único consuelo de ser una mujer es tener la garantía de que jamás me tendré que casar con otra. Confieso, sin embargo, que ahora estoy tan irritada por las acciones de lady... que nunca me ha dado más vergüenza llevar faldas»[9].

Reconoce también que: «La locura es nuestro elemento natural»[10]. Y es que: «El abate de Bellegrade da una excelente razón de que las mujeres hablen de más. Es porque no saben nada, y por eso cualquier objeto exterior golpea su imaginación y ocasiona una multitud de pensamientos que, si supiesen algo, les parecerían carente de interés»[11]. Pero las mujeres, a las que podría aplicar el refrán turco «cabellos largos ideas cortas», que luego popularizó Arthur Schopenhauer, se rigen por las mismas pasiones que los hombres, como destaca cuando dice: «Todo el mundo busca la felicidad, pero a pesar de la variedad de los gustos, todo el mundo está de acuerdo en buscar el dinero. Por la misma razón que todo el mundo quiere una peluca más grande, para ver como su vecino se encorva bajo el peso de la suya, porque no puede sustraerse al imperio de la moda»[12].

Frente a esta visión tan crítica de las mujeres y la sociedad de su época, llama la atención su visión totalmente favorable de la sociedad otomana y de sus mujeres. De su forma de vestir, que imitó, de sus costumbres, de sus usos, e incluso de la vida familiar en el harén que siempre será visto en Occidente, como veremos en este libro, como una institución asociada al despotismo oriental y como la base de la casi esclavitud de las mujeres. Una situación que efectivamente era mucho más compleja de lo que puede dejar entrever el tópico del harén del déspota, como puede comprobarse en el detallado estudio de Fanny Davis[13].

---

9   Carta XI, 1709, a Mistriss Worley.
10   Carta XII, 1710, al Dr. Gilbert Burnet, obispo de Salisbury, I, pp. 38 y 40.
11   *Ibidem.*
12   Carta XIII, 1710 a lady Mary Pierrepont, I, p. 45.
13   *The Ottoman Lady. A Social History from 1718 to 1918*, Greenwood Press, Londres, 1986.

Pero lo más curioso en el caso de lady Mary es que deja, o por lo menos lo intenta, dejar muy claro que la moral sexual otomana no es peor que la occidental. Su correspondencia ilustra los permanentes adulterios entre los matrimonios de la aristocracia[14], la frecuentación de prostitutas y amantes ancilares por parte de los hombres. Y no solo eso, sino que, por primera vez, informa de la institución de cortejo o *sisisveo*[15]. Se trataba del adulterio, no solo consentido, sino casi obligado entre una mujer casada y un amante más joven que su marido, que ejercía las funciones de confidente, acompañante y compañero sentimental de la esposa, fuese de la manera que fuese. La institución sería el contrapeso al adulterio masculino en las clases altas.

Pero si la moral sexual inglesa no era mejor, ni menos polígama que la otomana, lo mismo podría decirse de la moral de las monjas, cuyos conventos serían equivalentes casi a un harén en el caso citado de ese convento italiano en el que las monjas ricas, que disponen de criadas, numerosos bienes y tienen visitas en sus amplias celdas, pero en el que también la abadesa las autoriza a jugar en la cama «al hombre»; juego fácil de imaginar[16].

Desde luego las narraciones de lady Mary no encajan en el molde del orientalismo de Edward Said, del que luego hablaremos. Pero tampoco lo hace la descripción de los harenes de la Sra. de Meer Hassan Ali en su libro[17]. Su opinión la resume del modo siguiente:

> Me siento libre de confesar, sin embargo, que pude volver tranquila a mi casa con la agradabilísima sensación de haber sido

---

14 Ver la historia de la adúltera Laura Bono en la carta XIII, III, pp. 2455-255.
15 Ver Carta XI, a lady Rich, 1716, I, pp. 66-73. Esta institución fue estudiada para el siglo XVIII español por Carmen Martín Gaite: *Usos amorosos en la España de siglo XVIII*, Siglo XXI, Madrid, 1972.
16 Carta XIII, 1716 a lady, X, I, pp. 82 ss. Así como la descripción del convento de monjas de Milán en la carta XLIV, IV, pp. 103 ss.
17 *Observations on the Musulmauns of India: descriptive of their Manners, Customs, Habitsa and Religious Opinions made during a Twelve Yerar's Residence in theri Inmediate Society*, Parbury Allen, Londres, 1832.

testigo del bullicio de una asamblea del *zenana* (harén). Al principio me dio pena la monotonía de sus vidas, pero esta sensación se disipó al conocer a estas personas que viven aisladas del mundo. Son felices en su confinamiento, porque nunca han conocido las dulzuras de la libertad y además no sabrían disfrutar de ellas, si las pudiesen alcanzar. Como el pájaro encerrado en su jaula desde su nacimiento, así son igualmente felices estas mujeres.

Es verdad que no disponen de muchos recursos intelectuales, pero tienen mucho sentido común y han aprendido a cumplir con sus deberes. En tanto que he tenido la ocasión de poder convivir con ellas, son esposas obedientes, hijas responsables, madres cariñosas, atractivas amantes, amigas sinceras y benefactoras de los pobres. Estas son sus virtudes morales. Y en la observancia de sus deberes religiosos son muy celosas en el cumplimiento de todas las prescripciones que les han enseñado sus padres y sus maridos. Si hubiese algún mérito en cumplir los mandamientos del legislador supremo, las mujeres a las que he conocido personalmente, merecerían ser alabadas «por ser fieles a sus creencias»[18].

Tampoco en este caso es aplicable el tópico de la mujer oprimida de los clichés occidentales, pero que sí será real en las obras de Lillias Hamilton. Es curioso que dos mujeres occidentales hayan tenido una visión tan positiva de la moral y las mujeres musulmanas. Y sería igual de fácil que erróneo contraponer esta visión femenina a la visión masculina por antonomasia del Imperio británico que se encarna en algunas de las obras de Rudyard Kipling, que, por otra parte, son mucho más complejas de lo que puede quedar reducido a un arquetipo.

No entraremos directamente en el estudio de sus obras, pero será conveniente hacer algunas observaciones, a modo de introducción, que permitan comprender cómo se creó la ideología que justificó el nacimiento de Afganistán como país maldito. No solo bajo la tutela del Imperio británico, sino promovido además por él.

Comenzaremos con un cuento: *Los servidores de Su Majestad*[19].

---

18 *Op. cit.,* pp. 313-314.
19 *Obras completas,* Janés, Barcelona, 1951, Tomo II, pp. 263-283.

Los protagonistas del relato son diferentes especies de animales al servicio del ejército británico: mulos, bueyes, elefantes, caballos, camellos, que prestan sus servicios llevando cañones de montaña, armas, bagajes o jinetes. Todos están reunidos para recibir: «La visita del emir de Afganistán, rey salvaje de un salvajísimo país» (p. 263).

Esta visita fue histórica y será analizada en uno de los capítulos de este libro, en el que se puede ver como humilló a los duques de York, dándoles un plantón de dos días, como obligó a tener a las tropas durante horas en formación bajo la lluvia y a hacer un gasto extraordinario para alojar a su desproporcionado séquito.

Los animales participan en un gigantesco desfile en el que el narrador es un mulo:

«Esta, la gran parada de treinta mil hombres, verificose aquella tarde, y en ella Vixen y yo ocupamos excelente sitio, junto al virrey y el emir de Afganistán, el cual llevaba su alto y enorme gorro negro de astracán con la gran estrella de diamantes en el centro» (p. 279).

El ejército británico de la India en orden de marcha.

«Miré al emir. Hasta entonces no había dado muestras de sentir el menor asombro, ni nada, pero en aquel instante, sus ojos comenzaron a agrandarse, más y más cada vez, y echando mano de las riendas de su caballo miró hacia atrás. Pareció, por un momento, que iba a desenvainar el sable y a abrirse paso entre los carruajes colocados detrás de él» (pp. 280-281).

Un oficial afgano, asombrado por la marcialidad de las acémilas del ejército británico, les pregunta a los animales que desfilan orgullosos. Y dice el narrador:

> Ellos obedecen del mismo modo que los hombres. El mulo, el caballo, el elefante, el buey obedecen al que los guía, y este su sargento, y el sargento al teniente, y el teniente al capitán, el capitán al comandante, el comandante al coronel y el coronel al brigadier, el cual, por su parte obedece al virrey, que es servidor de la emperatriz. Así es como se hace esto.
>
> —Ojalá sucediera lo mismo en Afganistán —dijo el jefe— porque lo que es allí no obedecemos a nadie más que a nuestra propia voluntad… Y por esta razón, dijo el oficial indígena retorciendo el bigote, vuestro emir, al cual no obedecéis, tiene que venir aquí a recibir órdenes del virrey (p. 281).

Es curioso contrastar el mensaje de Kipling con lo que dice una biografía autorizada del emir de Afganistán en 1895[20]: «Si en el presente hay un buen futuro para Afganistán continuando con su disfrute de las bendiciones de la paz, la prosperidad y la independencia, ello se debe a la habilidad de Abdur Rahman, y a la capacidad política de sus aliados y protectores, que cuando cometen un error, inmediatamente lo corrigen» (p. 20). No solo lo ampararon, sino que lo financiaron con un montante de 3.615.000 rupias desde 1880 a junio de 1881. Y con una renta de 1.200.000 rupias al año tras 1883. Por lo que dice S. Wheeler: «Estábamos pagando demasiado caro el privilegio de la amistad del emir» (p. 122), pero reconoce que les es muy útil desde un punto de vista militar, por ser el gobernante absoluto de un Estado tapón en los

---

20 *The Ameer Abdur Rahman*, Bliss, Sand and Foster, Londres, 1895.

Imperios británico y zarista. El que su régimen sea casi criminal puede disculparse: «Es imposible hacer una lista completa de todos los que incurrieron en la ira del emir. Unos fueron envenenados, otros decapitados o estrangulados» (p. 139). Pero siempre se puede hacer la vista a un lado, como veremos a lo largo del libro, si es por los intereses militares, más que económicos, del Imperio británico.

Si R. Kipling justifica el Imperio británico es porque lo considera moralmente superior, al igual que la mayor parte de los ingleses que vivieron en él. George N. Curzon, por ejemplo, expresó muy bien esta idea al hablar de un país vecino con Afganistán, Persia:

> Ya he dicho que esta gente es desvergonzadamente maleducada. He demostrado que viven en una atmósfera de corrupción. La civilización no se difundirá hasta que sea enseñada en las escuelas. El respeto por la ley, la fiabilidad en los contratos, la fe en la honestidad no surgirán hasta que las salvaguardas se pongan en vigor. Será obra del tiempo, pero ese tiempo llegará. Persia ahora está aislada, espero haber mostrado que es un país que tiene una gran simpatía hacia Inglaterra. Y con la que nuestro gobierno debe intentar mantener alianzas. Con el fin de que su futuro no sea indigno de su espléndido pasado, un futuro que la nación británica puede conducir a buen fin[21].

La importancia del poder militar, de la disciplina y el uso de la fuerza, tanto en Afganistán, la India como en Inglaterra, era para Kipling algo consustancial con el carácter inglés y los sistemas educativos de las clases superiores. Podemos comprobarlo acudiendo a su autobiografía con anécdotas como las siguientes:

---

21 *Persia and the Persian Question,* I y II, Longmans Green and Co., Londres, 1892, II, p. 634. Opiniones similares habían sido expuestas ya, a comienzos del siglo xix, y antes de la consolidación del Imperio por John Malcolm: *The History of Persia. From the most early Period to the Present Time,* I y II, John Murray, Londres, 1815, cuando hablaba de la corrupción sistemática, unida al integrismo religioso, y de la necesidad de corregirla mediante la implantación del poder occidental.

1) *Amor materno*: «Me dijo más tarde que, al entrar en mi aposento para besarme y darme las buenas noches, levanté un brazo para esquivar el bofetón que me habían acostumbrado a esperar»[22].

2) *Disciplina inglesa:* «Por supuesto, la escuela de Westward tenía un aire de cierta brutalidad... No recuerdo caso alguno de perversión, ni siquiera sospechada, y me inclino a la teoría de que los profesores no la sospechaban ni manifestasen sus temores, no había tantos casos como en otros sitios» (p. 18).

«Nos peleábamos *metódica y fielmente*, como esposo y esposa» (p. 21).

«Los prefectos —mayores de 17 o 18— pegan con ramas de fresno a los menores de 16 como castigo»[23].

Esta educación para la violencia está muy bien ilustrada en otra de sus novelas, *Stalki y Cia*, en la que su héroe protagonista pasa de ser un abusador escolar a un héroe militar, famoso por su valor y su capacidad de liderazgo. El héroe de Kipling formaba parte del ejército de la India en el que las condiciones de los soldados blancos eran muy penosas. Describe en su autobiografía que las bajas por enfermedades venéreas eran de unos 9000 soldados de media, y los cuarteles estaban infestados de tifus, cólera y «fiebres temporales»[24]. Y si esto era así para los soldados blancos, podemos imaginarnos como serían las condiciones de los soldados indígenas.

En el ejército inglés se practicaba una violencia sádica por considerarla esencial para mantener la disciplina, porque se creía que el soldado debía temer más a sus oficiales que a los enemigos[25]. Y si eso era así en su seno, se puede comprender

---

22 *Algo sobre mí mismo*, p. 14.
23 Sobre la violencia en la educación inglesa ver Ian Gibson: *The English Vice. Beating, sex, Shame in Victorian England and After*, Duckworth, Londres, 1978.
24 *Algo sobre mí mismo*, pp. 40-41.
25 Sobre este tema ver Norman F. Dixon: *Sobre la psicología de la incompetencia militar*, Anagrama, Barcelona, 1977 (Londres, 1976), quien señala que el ejército inglés fue el último del mundo en suprimir los latigazos como castigo, después de la II Guerra Mundial.

más fácilmente cómo se podían considerar como tolerables todos los abusos y crímenes del emir de Afganistán. La violencia y la disciplina bastan para mantener el orden social, como señala el mismo Kipling:

«He aquí de nuestra Ley los numerosos, los sabios y muy útiles preceptos: más todo en uno se concreta: ¡obedece! La Ley no es más que esto»[26]. La disciplina y la violencia inglesas están justificadas en la propia Inglaterra, pero mucho más en Afganistán o la India, por tratarse de razas inferiores, y por ser los ingleses esenciales para su progreso, con las que se puede hacer lo que se desee.

En su novela *Kim*, el racismo de su autor queda patente en frases como esta: «¡Por Dios, no son negros! Yo puedo hacer toda clase de cosas con los negros, naturalmente. Pero son rusos y personas nada escrupulosas. Yo no quisiera estar con ellos sin un testigo»[27]. Y ese mismo racismo está presente en otras de sus obras.Los prejuicios racistas que sirven de justificación al colonialismo se centran en las ideas de incapacidad y falta de voluntad de los hindúes y afganos. Así dice uno de los personajes de la novela *El collar sagrado*: «Me desconsuela la inmovilidad, la apatía e inercia de este pueblo. Pasan la vida en un perpetuo sueño, en lugar de comerciar, de construir nuevos pueblos, de dar movimiento a las antiguas ciudades, establecer vías de ferrocarril, lanzarse a los negocios, inventar, organizar, vivir, en una palabra»[28]. Lo que vuelve a confirmar cuando dice que «están muertos, momificados, son ídolos de madera. No existe en toda la provincia —del NE de la India— fuerza capaz para poner en marcha el coche de un lechero». Y ello se debe a que «son perezosos, vacilantes y abandonados, por lo que necesitan de nosotros [...]. Todos estos orientales son niños grandes, almas simples, espíritus primitivos, como su país»[29].

---

26   *El libro de las tierras vírgenes*, p. 83. Y «una de las bellezas que puede notarse en la Ley de la selva es que el castigo salda definitivamente todas las cuentas pendientes, y no se vuelve ya a hablar del asunto», p. 61.
27   *Kim*, p. 971.
28   *El collar sagrado*, p. 1100.
29   *Ibidem*.

En esta novela, Kipling traza un paralelo entre una remota provincia de la India y un pueblo del oeste de los EE. UU. Ese pueblo encarna todas las virtudes del desarrollo industrial, económico y social que suele estar asociado a la dinámica de la expansión capitalista del siglo xix, del progreso que para él y para casi todos los autores occidentales de esa época, incluidos K. Marx y F. Engels, es el inevitable camino que ha de seguir la humanidad en el proceso de desarrollo que está regulado por las leyes de la historia.

La obra de Kipling es muy amplia y muy compleja. Muchas de sus novelas nada tienen que ver ni con la India ni con el imperialismo inglés. Y a pesar de su creencia en las virtudes varoniles del valor, la capacidad de lucha y de sufrimiento, también encarna en otras de sus obras virtudes como la solidaridad y el esfuerzo. Podríamos decir que en cierto modo le salvó el propio carácter inglés y la ironía que se le asocia. Él mismo reconoce que «no existe raza alguna tan bien dotada como la inglesa para el juego de bolos verbal, auténtico, complejo y alusivo»[30], una fuerza que se mantiene en un frágil equilibrio luchando con el provincialismo, que deriva de la conciencia de su propia superioridad, que describe muy bien cuando señala que «los habitantes de este país nunca dirigían la mirada más allá de las poblaciones veraniegas que visitan»[31]. Y con una cierta afectación de superioridad que puede rozar la estulticia. Lo señala así: «Está muy puesto en razón que los ingleses desconfían de todas las artes y de la mayoría de las ciencias, y no les prestan atención alguna, pues en esa indiferencia descansa su grandeza moral; pero su falta de estima resulta a veces excesiva»[32].

Kipling era un conservador[33], pero también era una persona realista que sabía que «la verdad desnuda no es bien vista por las autoridades responsables»[34]. Y eso es lo que hace que

---

30 *Algo sobre mí mismo*, p. 101.
31 *Algo sobre mí mismo*, p. 102.
32 *Algo sobre mí mismo*, p. 101.
33 «Sentía además una repugnancia instintiva por Mr. Gladstone y todo el liberalismo», *Algo sobre mí mismo*, p. 59.
34 *Ibid.*, p. 33.

sus obras sean buena literatura y no mera propaganda de algunas de sus ideas.

Las autoras y autores contemporáneos de él que vamos a analizar tuvieron las mismas ideas que él, excepto en el caso de nuestra doctora protagonista Lillias Hamilton. Con las obras de todos ellos y los datos que nos proporciona la historia hemos podido reconstruir cómo nació un país maldito, chivo expiatorio de todos los males del Imperio británico, y oscuro instrumento indispensable del mismo, siempre relegado al fondo del escenario en un imperio cuyos ideales encarnó lord Curzon en la dedicatoria de su extenso libro:

«A LOS FUNCIONARIOS, CIVILES Y MILITARES DE LA INDIA, EN CUYOS MANOS SE APOYA LA MAYOR GESTA LLEVADA A CABO POR EL GENIO DE UNA NACIÓN CONQUISTADORA.

LES DEDICO ESTA OBRA, INDIGNO TRIBUTO DE LA PLUMA A UNA CAUSA, QUE MEDIANTE LA JUSTICIA Y LA ESPADA ES SU MISIÓN DEFENDER; PERO CUYA ÚLTIMA SALVAGUARDA ES EL ESPÍRITU DEL PUEBLO BRITÁNICO»[35].

---

35   *Persia and the Persian Question*, I, frontispicio.

Capítulo 1
La expedición al reino de Kabul de Mountstuart Elphinstone y el descubrimiento de la religión de los kafires

Para comprender la historia de lo que hoy es Afganistán debemos tener en cuenta que se trata de un país reciente, y que
su territorio actual estuvo dividido durante largos períodos de
la Antigüedad y la Edad Media entre diferentes países, como
India, Pakistán o Irán. Sus fronteras actuales se establecieron a
comienzos del siglo XIX en una negociación entre los imperios
ruso e inglés: la frontera con el Imperio británico en la India se
estableció mediante un tratado en 1893, la frontera con Rusia
en 1896, y la frontera con Irán fue trazada por unos cartógrafos
elegidos entre los dos países en los años 1903 y 1905. Mediante
este proceso, Afganistán fue creado como un Estado tapón entre los imperios ruso y británico.

Toda la historia moderna del país estuvo condicionada por
este hecho, que fue la causa directa de las tres guerras con el
Reino Unido: la de 1838-42, la de 1878-80 y la de 1919. Y es en
ese contexto en el que debemos incluir el hecho que dio lugar
al descubrimiento del mal llamado pueblo kafir, que vive en la
parte noreste del país, en los actuales distritos de Nuristán y
Badarskhan, entre el Pamir y el Hindu Kush. Se trata de un territorio muy poco poblado y con una elevada altitud media que
le fue impuesto en los años 1878-80 al rey afgano por los británicos, a pesar de que él no tenía ningún interés en incorporar

ese territorio. Así se creó una frontera muy pequeña con el Imperio chino entre la parte oriental de Whakam y la provincia de Sinkiang. La parte de Cachemira, de unos 50 kilómetros, que correspondía a la provincia de Whakam, le fue arrebatada por Pakistán[36].

Para comprender cuál era la situación de esa región en el año 1808, en el que tuvo lugar la expedición a Kabul dirigida por Mountstuart Elphinston, debemos comenzar por trazar un breve bosquejo histórico[37].

La prehistoria de Afganistán es muy mal conocida debido a la escasez de excavaciones y publicaciones. Cerca de Afganistán se situaron las antiguas culturas urbanas de Mohenjo Daro y Harappa, que desarrollaron grandes sistemas de agricultura de irrigación que luego se difundirían por todo la actual India y que son su característica geográfica más definida[38].

La importancia de los sistemas de irrigación en la historia fue destacada en el siglo XIX por Karl Marx en sus escritos sobre el modo de producción asiático, y en el siglo XX por Karl Wittfogel en su célebre monografía *El despotismo oriental*[39]. Según ambos autores, el nacimiento del Estado y las estructuras políticas, y consecuentemente de toda la organización económica, estaría determinado por la necesidad de coordinar el encauzamiento de las aguas de los ríos mediante redes de

---

36   Para la geografía de Afganistán el libro fundamental es el de Johannes Humlum: *La Géographie de l'Afghanistan*, Gyldenhal, Copenhague, 1959.

37   Para ello seguiremos el libro, todavía fundamental a pesar de la fecha de su publicació de Percy Sykes: *A History of Afghanistan*, I y II, Londres, 1940, así como Vartan Gregorian: *The Emergence of Modern Afghanistan. Politics of Reform and Modernization, 1880-1946*, Stanford University Press, Standford, 1969, y Thomas Barfield: *Afghanistan. A Cultural and Political History*, Princeton University Press, Pricenton, 2010, así como el libro de Ali Kosha (A. K.): *Afganistán: política y violencia*, La Luz del Flexo, Vigo, 2023. Sobre las relaciones entre Afganistán y la India debe verse sir Wolseley Haig: *The Cambridge History of India, III. Turks and Afghans*, 1987 (1928).

38   Ver Stuart Pigott: *Arqueología de la India prehistórica*, FCE, México, 1966 (Hardmonsworth, 1950). Una síntesis de la arqueología afgana puede verse en Warwick Ball: *The Monuments of Afghanistan. History, Archaeology and Architecture*, Tauris, Londres, 2008.

39   Ver: *El despotismo oriental. Estudio comparativo del poder totalitario*, Guadarrama, Madrid, 1966 (New Haven, 1963).

canales hasta los campos de cultivo. Más recientemente, otros autores han considerado excesivo este determinismo, pero sea como fuese de lo que no cabe duda es de que la agricultura de Afganistán depende claramente de la irrigación[40].

La mejor definición de la irrigación en Afganistán, según Humlum, sería: «Los métodos mediante los cuales se trata de mejorar la producción vegetal de un terreno, incrementando el grado de humedad del suelo mediante la conducción de agua proveniente de otras zonas o por el bombeo del agua procedente de las capas freáticas subterráneas. Si estas aguas se agotan, se trata de irrigación en la terminología establecida, pero si se conservan antes de desaparecer en los niveles más profundos, a eso le llamamos *dry farming*»[41]. Hasta el siglo XIII, la superficie irrigada en Afganistán era muchísimo más grande que en la actualidad, pero el saqueo del país por los mongoles, que destruyeron ciudades y sistemas de irrigación, hizo que gran parte del país se desertizase y gran parte de los terrenos agrícolas se convirtiesen en estepas[42].

Una buena parte de la población de Afganistán se alimentaba y alimenta, ya que la estructura económica es la misma desde hace milenios, de la agricultura de irrigación. Hay dos formas básicas de irrigación: la que se basa en la canalización de las aguas fluviales y la del sistema de las *karezas*. Su distribución puede verse en el mapa de J. Humlum, que corresponde a los cuadrados en negro, y el sistema de irrigación fluvial, que correspondería a la definición clásica de Marx y Wittfogel, y se concentra en las cuencas de los grandes ríos como el Hari Rouz de Herat, el río Helmand que riega Kandahar y los ríos que riegan las regiones de Kabul, Jalalabad, Mazar i-Charif, Kunduz y Faizabad, señaladas en el mapa[43].

---

40 Para un análisis exhaustivo de los sistemas de irrigación ver J. Humlum: *Géographie de l'Afghanistan*, pp. 202-222.

41 J. Humlum, *op. cit.*, p. 202.

42 Sobre la destrucción de ciudades y sistemas de irrigación por parte de los mongoles, ver Jack Weatherford: *Gengis Khan y la creación del mundo moderno*, Ático de los Libros, Barcelona, 2022 (Londres, 2004).

43 Humlum, *op. cit.*, p. 205.

Monstuart Elphinstone.

El modelo de irrigación clásica consiste en la construcción de diques a lo largo de un río, hechos con piedra y sacos rellenos de tierra y ramas. Esos sacos se rellenan cada año y permiten orientar el flujo de las aguas mediante un canal que desvía parte del flujo del río hasta el extremo de la superficie regada. El nivel de las aguas subterráneas de Afganistán varía mucho según las zonas. En Kabul, por ejemplo, es de 2 metros; en Kandahar, de 1.5; en Herat, de 3 a 4 metros; en Farah, de 20, y en la provincia de Maimene, de 60 metros. El uso de los pozos, tal y como nosotros los entendemos y que está generalizado en la India, y de los que se extrae el agua con cubos, solo se utiliza en Afganistán para conseguir agua para las personas y el ganado, cuando no hay ríos ni *karezas*. Pero también en algunas zonas se hacen depósitos o aljibes para recoger las aguas fluviales o la de los pequeños arroyos. Su uso es básicamente para abrevar el ganado.

Los maestros de la irrigación fluvial son los tayikos, uno de los pueblos a los que pertenece los kafires. En ella los canales se hacen en pendiente para que las aguas fluyan hacia los fondos de los valles, regulándose su uso con diques. Esto permite el cultivo en terrazas. Toda el agua sobrante del regadío se concentra en el fondo de los valles.

Sir Robert.

En las llanuras por las que fluyen los ríos más grandes se construyen canales partiendo del lecho del río en dirección oblicua, lo que permite llevar el agua hasta los campos de cultivo. Es necesario mantener estos diques continuamente y son estos trabajos continuos de construcción y mantenimiento, que conocemos muy bien en las culturas del antiguo Egipto y la antigua Mesopotamia, los que requieren la coordinación del trabajo de miles de campesinos en cada región por parte de la administración política. Los primeros testimonios escritos del control del regadío por parte del poder político los tenemos, para el territorio de las antiguas Bactriana y Sogdiana, en los que viven los kafires, en la época del Imperio aqueménida[44].

Algunos de los ríos que se utilizan para este sistema provienen de las fuentes del río Indo en los montes Suleimán, en su curso superior en el territorio afgano, y en la zona sur tenemos los ríos que vienen del Kouram, el Khost, el Totchi y el Goumal, ríos que ya son utilizados para el mismo propósito en Afganistán. Sin embargo, los territorios irrigados más grandes se encuentran en la zona norte por la que fluyen los ríos de la vertiente norte del Hindu Kush. Los más importantes son el Andkhoi, el Ab-i-Sefid y el Balkhab. El río más grande de todo el norte de Afganistán es el río Kunduz, que desemboca en el Amu Daria. El propio Amu Daria tiene una parte en territorio afgano y otra en territorio de Uzbekistán y Tayikistán. Los productos más relevantes en el norte son el trigo, el algodón, diferentes clases de uvas, melones y legumbres.

El principal sistema de regadío de Afganistán son las *karezas*. Estos pozos permiten conducir, desde los embudos excavados en superficie hasta los canales subterráneos, las aguas de los riachuelos y la lluvia a grandes distancias, permitiendo la creación de oasis a muchos kilómetros de distancia. El canal subterráneo se construye en pendiente para facilitar el flujo del agua. Millares de oasis sobreviven exclusivamente gracias al agua de las *karezas*, que son un sistema de gran antigüedad en la agricultura de la región. No tenemos datos de su antigüedad en Afganistán, pero sí sabemos que en Irán tienen entre dos o tres mil años. Las más importantes de ellas se sitúan en las provincias de Kabul, Kandahar y Chaman, en la frontera del Pakistán occidental[45].

---

44   Ver Pierre Briant: *Histoire del 'Empire Perse. De Cyrus à Alexandre*, Fayard, París, 1996, pp. 773-774.
45   Puede verse el esquema de una *kareza* en las figuras 214 y 215 del libro de J. Humlum.

Mujeres en los campos de azafrán.

Los campos irrigados están delimitados por los fosos y los diques de cada uno de sus lados. De los diques, el agua se encamina hacia surcos estrechos que la distribuyen por los campos de cultivo. En las labores de construcción de todos los diques participa toda la población de modo coordinado, ya sea a nivel local o regional. La forma de irrigación en peine se utiliza en los viñedos, como los de las zonas kafires. En ellos se hacen fosas de una altura de entre 0.5 y 1 metro en la que se plantan las viñas. Debemos recordar que la explotación de uvas frescas y pasas siempre fue fundamental en la economía de Afganistán, donde se cultivan hasta 50 clases de uvas diferentes[46].

Sin la posibilidad de irrigación, una gran parte de la agricultura de Afganistán sería imposible. Esto ha sido así desde la Antigüedad y por eso los sistemas de reparto del riego son fundamentales. Las más importantes de las reglas del regadío están fijadas en el Corán, y otras se basan en tradiciones orales transmitidas de generación en generación. El agua se considera un regalo de Dios y por eso no puede ser monopolizada por nadie, excepto en el caso de las *karezas*, donde la explotación de cuyas aguas corresponde a los hombres que las han hecho.

---

46 Puede verse el esquema del regadío en peine en la figura 221 del mismo libro.

Desde la Antigüedad el derecho de utilizar el agua de riego que pasa por un terreno corresponde al propietario del mismo, y el agua y la tierra se venden a la vez. Como es necesario el mantenimiento del regadío y los canales de regadío, cada aldea o grupo de aldeas nombra un inspector llamado «director de las aguas» o «anciano de las aguas», que vigila el reparto del agua y resuelve las querellas entre todos los regantes. Esta misma autoridad puede regular el reparto del estiércol utilizado como abono. Para el estiércol se utilizan todos los excrementos, excepto los de los camellos, que contienen mucha sal, así como las cenizas, los escombros de antiguos muros y los sedimentos del agua de riego, que son un abono excelente. En la región de Herat la riqueza del suelo es muy grande, y permite dos cosechas al año. Normalmente, se alterna cada año la cosecha de primavera y la de otoño.

Hay un gran número de leyes y normas que regulan el préstamo del agua entre regantes. Cuando por ejemplo hay poca agua, los campesinos que tienen las tierras de cota más baja son los que tienen prioridad. El derecho de plantar árboles a lo largo de un canal le corresponde a los que tienen el uso del agua. Las presas de los molinos necesitan permiso del propietario del canal, y normalmente hay que pagar por ellas un precio considerable.

Estudiantes hazara haciendo la selectividad.

El robo de agua en períodos de sequía suele darse, pero es considerado un crimen capital que se castiga severamente. La apropiación ilegal del agua puede hacerse de distintas formas, pero las más corrientes son: coger más horas de riego de las que corresponden (los períodos son de 6, 12 y 24 horas); desviar el riego de los vecinos al campo propio. La mayor parte de las leyes que regulan el riego son comunes a todo Afganistán y a toda el Asia central musulmana[47]. Si un terreno cultivable se abandona durante tres años, su propietario pierde el derecho de propiedad, y esa tierra vuelve al Estado, que se la pasará a otro agricultor. También hay un derecho de propiedad llamado *milk* que regula el uso de la tierra en barbecho y su explotación, cuya propiedad se puede conceder bajo determinadas condiciones. En el *milk* se distinguen dos tipos de propiedad, la definitiva y la temporal, y la libre de impuesto y la que paga impuestos.

En el sistema de las *karezas* que pertenecen a varios agricultores, los períodos de irrigación son de ocho días y noches. Una noche y un día forman una *kholba*, que se subdivide en cuatro *chongol*, es decir, de las 6 a las 12 horas, de las 12 a las 18 horas, de las 18 a las 24 y de las 24 a las 6 de la mañana. Cada *chongol* se subdivide en 10 *sel* (hora y media). En un período de irrigación de ocho días, cada campesino tiene el derecho de utilizar la *kareza* durante un tiempo, pero no de un modo continuo. Se suele repartir en períodos de un día y una noche, pero normalmente se trata de períodos de un *chongol* o un *sel*, o de dos *sel* y medio o cuatro *sel*. Por lo general, los pequeños campesinos que tienen pocos *sel* concedidos se agrupan y dividen el *chongol* entre ellos. Entonces cultivan sus campos en común y luego se reparten la cosecha en proporción a sus derechos de irrigación. El arado, los bueyes y todos los instrumentos agrícolas tienen que ser proporcionados por el propietario de la tierra, que también es el propietario del agua.

También se pueden intercambiar derechos de regadío de la manera siguiente: A pide a B una semana de su agua y le cede la suya la semana siguiente. Cuando recibe el agua en préstamo

---

47 Ver J. Humlum: *ibid.*, p. 220.

por el día, la devuelve en el turno de la noche, en el que el calor es menor y el riego es más eficaz. Cada campesino suele tener parcelas en dos o tres lugares distintos, además de poseer un huerto para sus legumbres y sus frutales, que también necesitan agua del riego. También le corresponde un tiempo del uso de molino comunal. Cuando no tienen dinero para pagar al molinero le dan 1/20 de la harina como salario, y al herrero que se encarga del molino le dan la molienda de la noche del jueves al viernes. Todos los conflictos que surgen por las disputas de los derechos de irrigación los resuelve el *hakim* local.

Afganistán es un país de base agraria, pero está y estuvo dotado de una gran riqueza y posee además importantes recursos minerales, siendo una ruta comercial fundamental desde la prehistoria, como se demuestra con la presencia del lapislázuli en los objetos de las culturas sumeria y egipcia. Fue el interés por la explotación de estos recursos y por el control de las rutas del comercio caravanero, que unían la India con Irán, a través de la ruta de Kabul y Herat, lo que explica el interés del colonialismo inglés por este país.

Esto se puede comprobar en libros como el de George Bruce Malleson[48], o en el proyecto de Charles Marvin[49] y en toda la historia de la Compañía de la India, que comenzó como una mera empresa comercial que pasó a convertirse en la dueña de la India[50]. El colonialismo inglés generó todo tipo de conocimientos sobre Afganistán, por razones militares y políticas, que fueron sistematizados en amplios libros de referencia como el *Historical and Political Gazetter of Afghanistan*[51].

---

48   *Herat. The Granary and Garden of Central Asia*, W. H. Allen and Co., Londres, 1880 (Elibron Classics, 2005) en el que analiza los recursos de todo tipo de la región de Herat y su conexión con Europa, a través de Irán, contrastando la cultura de sus habitantes con la de los *highlanders* de las zonas montañosas del Hindu Kush.

49   Se trata de la construcción de una línea férrea de Herat a la India, esencial para los intereses del Imperio británico: *The Russian Railway to Herat and India*, W. H. Allen and Co., Londres, 1888.

50   Cuya historia ha sido estudiada por William Dalrymple: *La Anarquía. La compañía de las Indias Orientales y el expolio de la India*, Desperta Ferro, Madrid, 2021 (Londres, 2019).

51   Se trata de seis tomos, que suman más de 3000 páginas en la edición actualizada por Ludwig W. Adamec, Akademische Druck und Verlag, Graz, 1972.

Partiendo de estas fuentes podemos hacer una reconstrucción somera de los recursos del país en la perspectiva de la larga duración, que abarcaría desde la Antigüedad a la incipiente industrialización del siglo XX. Para ello será también fundamental el libro de J. Humlum, ya citado.

Los productos esenciales de la renta nacional son: trigo, frutos, algodón, animales domésticos, lácteos, cueros y pieles, otros productos agrícolas. Azúcar y minerales, textiles, alfombras y tapices. Los distintos cultivos serían: cebada, trigo de primavera, centeno, trigo de invierno, mijo, maíz, arroz, ricino. Los frutos: albaricoque, pera, manzana, nuez, melocotón, morera blanca, almendra, membrillo, ciruela, viña, granada, naranja, higo, dátil, platanera. Y otras plantas: guisante, haba, yero, rábano, aceite de linaza, colza, almorta, rúcula, alfalfa, adormidera, lenteja, trébol persa, zanahoria, pepino, nabo, tabaco, patata, garbanzo, calabaza, melón, eneldo, girasol, frijol negro, cinamomo, algodón, cebolla, sandía, tupinambo, sésamo y caña de azúcar[52]. La ganadería es de: caballos, asnos y mulos, bovino, porcino, caprino, camello, diferenciándose por regiones, como señala Humlum[53].

Casas campesinas del sur de Afganistán.

---

52   Ver J. Humlum, *op. cit.*, pp. 188-189.
53   *Ibid.*, pp. 264-265 y 272-273.

Y la distribución de la población por grupos sociales sería: grandes propietarios y comerciantes, comerciantes, eclesiásticos, campesinos sedentarios, nómadas, seminómadas, pequeños comerciantes y artesanos, artesanos, trabajadores del comercio y los transportes, funcionarios y trabajadores intelectuales.

Si nos centramos en el comercio, un factor esencial en la historia desde la antigüedad, tendríamos que las exportaciones serían de: frutos secos, frutos frescos, caracul, lana, algodón, cuero y pieles, tapices. Por grupos de mercancías tendríamos: alimentos: frutos y nueces y frutos frescos, nueces para el consumo, frutos secos, legumbres frescas y secas, especias, bebidas y tabaco. Materias primas: cueros y pieles sin elaborar, caracul, granos oleaginosos, nueces oleaginosas, lana y mantequilla, algodón, productos animales sin elaborar, productos vegetales sin elaborar. Y aceites minerales, lubricantes, y productos similares; aceites y grasas animales y vegetales, manufacturas: tapices de lana e hilados finos, piedras preciosas, pedrería fina y perlas[54]. Siendo las importaciones: telas de algodón, seda, artículos de metal, azúcar, cueros y otros.

Hazaras.

---

54 Ver J. Humlum: *ibid.*, pp. 346-347.

Afganistán es un país que posee grandes recursos minerales, que ya eran conocidos en la época del Imperio inglés en la India. El problema de la explotación de esos recursos viene dado por las dificultades de comunicación. La columna vertebral del relieve afgano es la prolongación de la cordillera del Hindu Kush y la altitud media de gran parte del país es superior a los dos mil metros. Si a esto sumamos la inexistencia de ríos navegables y que nunca se construyeron líneas férreas, ello explica que esos recursos no fuesen explotados hasta ahora. No es ajeno a ello la inseguridad política y militar y el aislamiento de las principales zonas en las que están situados esos recursos. Para lograr esa seguridad fue para lo que el Imperio británico hizo sus incursiones en Afganistán, con sus expediciones previas, como la que será objeto de nuestro estudio.

Estos recursos, por zonas, son los siguientes:

Grafito, abundante en la zona de Kabul, pero que no se ha explotado intensivamente aún. *Hulla.* Se calculaba su magnitud en más de 10 millones de toneladas, pero no se ha explotado intensivamente en el Hindu Kush por las dificultades de acceso y por carecer de una tecnología adecuada. La explotación sigue siendo básicamente artesanal. Las zonas mineralíferas son las próximas a Herat (15 millones de t.), las del valle de Saighan, que surten a Kabul, y las de Kataghan. Los yacimientos más importantes son los de Darra Yousouf, en la región de Balkh y los de la zona de Mazar i-Charif.

Minerales de hierro, principalmente la magnetita y la hematita, se han encontrado en muchas zonas del país, sobre todo en el norte y el este. El más rico de los yacimientos es el de Kandahar. También hay otros cerca de Kabul, en Maimene, en el Hazarayat y en las proximidades de Herat.

Minerales de cobre. Hay minas importantes en las proximidades de Kabul, en los valles del Panshir, en Mazar i-Charif y Kataghan; es decir, en las zonas próximas al Kafiristán.

Minerales de plomo y zinc y plata. Se han hallado en la cordillera del Hindu Kush, en las regiones de Hazarayat, Mazar i-Charif, Kataghan y Badakhshan. Hasta ahora su utilización y su procesado se hace con métodos artesanales.

Oro. La explotación del oro se ha realizado hasta ahora en las aguas fluviales de la zona norte del país, pero también se encuentra en las vetas de cuarzo de las zonas próximas a Kabul, Kandahar y Uruz Gan.

Azufre. Los yacimientos de azufre se han encontrado en diferentes provincias de Afganistán, como Kataghan, Mazar i-Charif, Kabul y en los valles del norte de la provincia de Bamian. La zona más rica sería la de Mazar i-Charif.

Sal. La presencia de alumbre, sal, nitrato y yeso está abundantemente atestiguada en las provincias de Kataghan y Badakhshan. La mayor mina de sal es la de Talikan, junto con las que se encuentran en la región de Kandahar y Namaksar, en la frontera con Irán. Durante siglos, el comercio de la sal se hizo a lomos de camello, pero ya desde hace tiempo se realiza por camión.

Piedras para la construcción. Entre los materiales de construcción, el más importante es el alabastro, que se extrae de la zona de Galichah en el territorio de Malik Dokand, y que se procesa en los talleres de Kabul. Tradicionalmente, su comercio se hacía también a lomos de camello y ahora por camión, y forma una parte crucial de la artesanía. Cada camello podía llevar hasta 350 kilos de alabastro. Su explotación está asociada a la explotación del talco. En segundo lugar, es importante la explotación de la arcilla y el caolín de las zonas de Kataghan y Badakhshan, que se utilizan para la fabricación de cerámica, cuyo uso es general en Afganistán.

Como piedras para la construcción se suelen utilizar el mármol, el pórfido, el granito, el cuarzo, la pizarra, junto con el asbesto y la mica. La piedra más rentable sería el mármol si se pudiese exportar de forma masiva, pero hasta ahora eso no es posible debido a las dificultades del transporte. La explotación de la mica puede ser muy rentable en las provincias de Kabul, Machiriki y Moukour. Hasta ahora el comercio de la mica estaba reservado a la tribu de los tchinwari, que la explotaban con una tecnología muy rudimentaria y la utilizaban para cambiar por alimentos. Para la construcción de las casas se elaboran ladrillos de *loess* mezclados con paja, siguiendo las mismas técnicas que están atestiguadas en el Antiguo Oriente desde hace 5000 años.

Piedras preciosas. Desde la prehistoria, Afganistán fue conocido por sus yacimientos de piedras preciosas. Su altísimo valor hizo que pudiesen ser transportadas obteniendo grandes beneficios. Las principales son: el jade, los rubíes, las amatistas, el berilo y la turmalina, todas ellas abundantes en la zona norte y este del país. Desde la prehistoria es conocido el lapislázuli del Pamir y de Badakhshan, que fue exportado a toda Asia y al Egipto faraónico. Las minas más importantes de Afganistán se sitúan entre los 2300 y 4500 metros de altitud, cerca de la aldea de Sar i-Sang en el valle de Koktcha. La mina principal de la región ha sido explotada con continuidad desde hace 4000 mil años y fue descrita, entre otros viajeros, por Marco Polo.

Desde esa región, las piedras preciosas son transportadas hoy en día a caballo a unos 50 kilómetros al norte de este valle, y desde ahí reenviadas por camión a Kabul, donde hay numerosos talleres especializados en el pulido de piedras preciosas. Muchas de estas piedras son de pequeño tamaño, por lo que se utilizaron en ocasiones para la elaboración de mosaicos, de adornos en cetros e incluso fueron molidas como polvo para conseguir el colorante azul ultramar.

Está muy claro que el mayor potencial económico que posee Afganistán, junto con la agricultura, son sus ingentes recursos minerales. Por esa razón, desde el siglo XIX el país fue sistemáticamente estudiado por geólogos, que acompañaron a las expediciones militares[55]. Estas bases económicas se mantuvieron estables en la larga duración por varios milenios y es sobre ellas que se desarrolló el devenir histórico. Un devenir que sintetizaremos hasta llegar a comienzos del siglo XIX, cuando tendrá lugar nuestra expedición.

Los pueblos más antiguos atestiguados por las fuentes históricas serían los pueblos turanios, que ocuparon el país en los dos últimos milenios antes de nuestra era. Sobre esos pueblos se impusieron las grandes inmigraciones de los pueblos iranios, que se desarrollaron a lo largo de muchos siglos hasta

---

55   Ver J. Humlum: *ibid.*, pp. 299-309.

que, en el siglo VI a. C., Ciro incorporó Afganistán al Imperio aqueménida. Bajo el reinado del rey persa Darío, siete de las veinte satrapías que formaban el imperio pertenecían al actual Afganistán, y constituían lo que en torno al año 500 a. C. se llamó «Ariana». El gran profeta de la religión persa Zaratustra vivió y difundió su doctrina en el primer milenio antes de Cristo en la región de Afganistán, que luego se llamó el reino de Bactriana, y desde allí se difundió en todas direcciones. Las satrapías de Bactriana y Sogdiana fueron la frontera del Impcrio persa con la India, y en ellas hubo problemas para controlar a los poderes locales. No obstante, tuvieron un sistema administrativo y militar que permitió, como ya habíamos señalado, establecer un sistema de irrigación centralizado[56].

Nómadas.

---

56   Ver Pierre Briant: *Histoire de l'Empire Perse,* pp. 764-774.

En el año 330 a. C., Afganistán fue conquistado por Alejandro Magno, pero pocos años después de su muerte, en el año 322, su imperio se hundió como un castillo de naipes. Sin embargo, los colonos y soldados griegos, formando los reinos de Bactriana y Sogdiana, se mantuvieron en la región hasta el año 160 a. C. Pero algunos grupos aislados de la aristocracia se refugiaron en las montañas en valles aislados, como los de Nuristán y Badakhshan, como atestigua la numismática. Es de entre esos grupos perdidos en el Hindu Kush de donde podrían haber nacido los kafires. Los griegos se unieron a las mujeres locales y de esas uniones habrían nacido los supuestos descendientes de Alejandro Magno, de los que hablaremos[57]. Desde ese momento, todo ese territorio se incorpora al Imperio Maurya de la India, que también abarcaba Beluchistán y prácticamente todo el subcontinente indio, excepto el extremo sur. Fue en esta época cuando el budismo penetró en Afganistán.

Durante los primeros siglos de nuestra era, Afganistán formó parte del Imperio budista de Kuchan, que también comprendía la región de Turán y de Irán, extendiéndose hasta Bengala. La capital de este imperio se llamaba Taxila y estaba situada en el Punjab. Fue bajo él cuando se desarrolló el arte grecobúdico, conocido por sus estupas y por las célebres estatuas de Bamian. A ese imperio lo sucedió el de los hunos blancos, que eran un grupo mongol nómada originario del Altai. Este imperio fue destruido en torno a los años 558-560 por los sasánidas, que eran aliados de los turcos. Los vencedores se dividieron el territorio de tal modo que los persas se quedaron con la parte meridional, en la que estaba incluido Afganistán.

A lo largo de los siguientes siglos, Afganistán estuvo dividido entre numerosos reyezuelos que en realidad eran reyes vasallos. Gran parte del país, entre los siglos VII y VIII, en realidad formaba parte del Imperio chino y esos reyes reconocían al emperador como su gobernante. Fue en esa época cuando se inició la conquista árabe, que se enfrentó con una fuerte

---

57   Ver William Tarn: *The Greeks in Bactria and India,* Cambridge University Press, Cambridge, 1951, pp. 301-303 y apéndice 3.

resistencia entre los siglos VII y IX. La victoria final se logró con la toma de Ghazni y Kabul, y se obligó a la población a convertirse al islam entre los años 870 y 871. Quizás ningún otro acontecimiento histórico haya sido tan importante a la hora de sellar el futuro de Afganistán como esta expansión triunfal del islam hace poco más de mil años[58]. No obstante, muy pronto algunas provincias comenzaron a disgregarse del Imperio islámico y se convirtieron en territorios independientes gobernados por los tayikos, los safáridas y los samánidas.

A partir de mediados del siglo X, Afganistán fue gobernado por la dinastía de los ghaznávidas, que hicieron de Ghazni la capital del reino. El más famoso de los reyes de esta dinastía fue Mahmud (997-1030), que emprendió numerosas expediciones de conquista hacia el norte de la India, donde consiguió crear importantes reinos mongoles, que a su vez servirían de base para la creación del Pakistán actual. El rey Mahmud de Ghazni, cuyo imperio comprendía Irán, Afganistán y el norte de la India, hasta Delhi, impuso la confesión sunita a toda la población e incluso a los musulmanes de la India. Pero tras su muerte, el Imperio ghaznávida se redujo poco a poco hasta derrumbarse en el año 1149, cuando Ala al-Din Hussain (de la tribu de los taimaníes) conquistó Ghazni y creó la primera dinastía afgana, que fue la de los reyes ghóridas, cuyo poder se vio bruscamente interrumpido por la conquista de Gengis Khan[59].

Los ejércitos mongoles conquistaron entre 1221 y 1222 la totalidad de Afganistán: Balkh, Herat, Bamian, Kabul y Ghazni, así como muchas otras partes de Asia central, siendo responsables de la destrucción de numerosas ciudades y de gran parte de los sistemas de regadío. Algunas de esas ciudades volvieron a recuperar más tarde su antiguo esplendor, pero otras como Balkh y Bamian jamás consiguieron recuperarse. Durante la

---

58   Sobre este proceso y el mecanismo de conversión, que consistió en la conversión de los reyes, seguida por la de sus súbditos, ver: David O. Morgan y Anthony Reid: *The New Cambridge History of Islam, vol.3. The Eastern Islamic World. Eleventh to Eighteenth Centuries*, Cambridge, 2010, pp. 529-539.

59   Ver Clifford Edmund Bosworth: *The Later Ghaznavids: Splendour and Decay, 1040-1186*, Edimburgh University Press, 1977.

segunda mitad del siglo XIV se sucedieron nuevas migraciones e invasiones protagonizadas por Tamerlán, que tomó Herat en 1380 y Kandahar en 1383. Fue el responsable de la destrucción de la floreciente cultura de Seistan, que jamás conseguiría recuperarse. Tras los duros saqueos de los mongoles, Afganistán quedó política y económicamente agotado, y por esa razón durante los cuatro siglos siguientes quedó al albur de grandes migraciones, como la de los turcos del Turán, los uzbekos y otros pueblos mongoles que son los que dieron origen a los habitantes del actual Afganistán septentrional.

Bazar de Kabul.

Uno de los sucesores de Tamerlán fue el célebre Babur, nacido en Ferghana en 1483 y expulsado del Turán por los uzbekos. Consiguió conquistar Kabul en 1505 y Kandahar en 1522, y con Kabul como capital, extendió su reino hacia gran parte del norte de la India, creando un nuevo reino mongol. Murió en 1530 y fue enterrado en Kabul, una ciudad que protegió y favoreció. El Afganistán oriental continuó durante varios siglos bajo el dominio de los soberanos mongoles, mientras que el Afganistán septentrional consiguió ser independiente, quedando el occidental bajo el dominio persa. En numerosas ocasiones, persas y mongoles se disputaron las regiones de Kandahar y Kabul. Entre los años 1739 y 1747, el sultán Nadir Shah consiguió incluir en su imperio a Irán y gran parte de Afganistán.

A lo largo de los siglos XVII y XVIII, los grupos pastunes, los ghilzai y durani se sublevaron contra el Imperio turco, adquiriendo un poder cada vez mayor, y se asentaron entre las regiones montañosas del Afganistán oriental, Kabul, Kandahar y Herat. A la muerte de Nadir Shah, en el año 1747, el príncipe Ahmed Khan Durani, que reinaba en Kandahar, fue nombrado rey de todos los afganos, fundando así el Imperio de Afganistán. Su hijo Timur se instaló en Kabul, que en 1773 se convirtió en la capital del reino. Pero ya desde 1747 el territorio de este reino había comenzado a reducirse, y así a finales del siglo XVIII Afganistán ya había perdido todo el país del Sind en el Indo inferior, que fue ocupado por los sijs, a la vez que el emir de Buchara conquistó Mary y otras partes del Turán afgano. A comienzos del siglo XIX, Afganistán continuó perdiendo territorio frente a los sijs por el norte y frente a la India por el sur. Durante el siglo XVIII y buena parte del siglo XIX, el trono afgano fue disputado por dos dinastías que pertenecían a las dos etnias del grupo durani. Esto permitió que la provincia de Herat fuese independiente del emir de Afganistán hasta el año 1842.

Todos estos conflictos internos, que se fueron desarrollando a la vez que la expansión rusa en Turán, tuvieron como consecuencia que la India británica comenzase a tener un gran interés en Afganistán, y decidiese utilizarlo como Estado tampón ante el Imperio ruso. La consecuencia de esto fueron las tres guerras anglo-afganas. La primera, de 1838 a 1842, fue provocada por los ingleses, que practicaban una política absurda y cortoplacista apoyando indirectamente las conquistas sijs en todos los países limítrofes con Afganistán, e intentando por todos los medios derribar del trono al emir afgano Dost Mohammed (1826-1863). Tras largas y duras batallas, se consiguió llegar a un acuerdo.

En la segunda guerra anglo-afgana (1878-1880), Inglaterra conquistó el paso de Jaiber, el valle de Kuram, Quetta, Pichin y Sibi, renunciando, sin embargo, a ejercer el control real sobre Afganistán, reino al que estaba dispuesta a garantizarle cualquier cosa menos sus fronteras. Fue en 1919 cuando, después de la tercera guerra anglo-afgana, consecuencia de la I Guerra Mundial, Inglaterra reconoció por fin a Afganistán como un Estado plenamente libre e independiente, bajo el gobierno del emir Amanullah, que en 1926 se proclamó rey.

Al estudiar un documento histórico, debemos tener en cuenta cuál fue el proceso mediante el cual ese documento se creó. En nuestro caso, el documento clave es la narración de un testigo presencial del sacrificio kafir. Este hecho tuvo lugar en el año 1808 de la historia de Afganistán, y está recogido en un libro que narra una expedición militar llevada a cabo por el ejército británico de la India. Los responsables del estudio serán oficiales de ese ejército, y sus resultados se recogieron en la descripción contenida en el libro de Mountstuart Elphinstone[60]. Debemos tener en cuenta que no se trata de un libro de viajes, como el de James Baillie Fraser[61]. Aunque las fechas son muy próximas, sin embargo, hay una diferencia fundamental. Baillie Fraser nos comunica sus impresiones y suministra informaciones dispersas, fruto de su curiosidad, pero en el libro de Elphinstone hay un trabajo sistemático, fruto de la labor de una serie de oficiales. En ese trabajo se llevó a cabo la elaboración de un mapa y la recopilación de datos etnográficos e históricos de todo tipo con propósitos militares y económicos, siendo un precedente del *Gazeeter* exhaustivo que luego elaborarían los ingleses, y que ha sido actualizado por Adamec.

Veamos la composición de la expedición. Secretario: Richard Strachey. Asistentes: señores Fraser y Alexander del servicio civil de la Honorable East India Company. Cirujano:

---

60 *An Account of the Kingdom of Caubul and its dependences in Persia, Tartaria and India, Comprising a view of the Afghan Nation and a History of the Dooraunee Monarchy*, I y II, Londres, 1888, 2.ª edición (1.ª ed. 1838), reedición Cosmo Publications, Nueva Delhi, 2015.
61 *Viaje a Persia*, Espasa, 2005 (Londres, 1822).

señor Macwhiter, del hospital de Bengala. Mando de la escolta: capitán Pitman, 2.º batallón, 6.º regimiento de la infantería nativa de Bengala. Supervisores: teniente Macartney, 5.º regimiento de la compañía nativa de Bengala, al mando de la caballería de escolta; y teniente Ticknell de los ingenieros de Bengala. Oficiales adjuntos a la escolta: capitán Raper, 1.ᵉʳ batallón del 10.º regimiento y teniente Harris, artillería; teniente Cunningham, 2.º batallón del 27.º regimiento; teniente Ross, del 2.º batallón del 6.º regimiento; teniente Irvine, del 1.ᵉʳ batallón del 11.º regimiento; teniente Fitzgerals, del 6.º regimiento de la caballería nativa y teniente Jacob del batallón *Sid* del 23.º regimiento[62].

Calle de Herat.

La presencia militar y las dimensiones de la expedición se explican por el interés de abrir una ruta segura para las caravanas hasta Kabul. Para lograr este fin a finales del siglo XIX el Imperio británico optó por apoyar la creación de la monarquía de Abdur Rahman, que fue el emir de Afganistán[63]. El contingente de tropas de la escolta lo formaron: el 5.º regimiento de la caballería nativa, un destacamento de cien hombres del 6.º regimiento, más otros doscientos soldados de infantería y cien de la caballería irregular. Si a ellos sumamos la impedimenta en alimentos, municiones, los criados de la expedición y los ganados de ovejas que solían acompañar a las caravanas para servir de alimento, veremos que se trata de una gran masa de animales y humanos en movimiento.

Ese monarca, gracias a las armas suministradas por los ingleses, creó un régimen durísimo, basado en la represión, el castigo indiscriminado y el uso de la tortura, que consiguió establecer un cierto orden en el país, basándose en el dominio de la etnia pastún, a la que se identificó con la totalidad de Afganistán[64]; y a costa de reprimir la rebelión de la etnia hazara, que fue víctima de uno de los grandes genocidios de la historia, cuyas consecuencias perviven en la actualidad[65].

Cada pueblo suele considerar a sus pueblos vecinos bajo la perspectiva deformante de los prejuicios, y a Afganistán esto le ha ocurrido y le sigue ocurriendo. Los hindúes e ingleses decían: «Los afganos solo están en paz cuando están en guerra»; o «no te fíes de un elefante, una víbora ni de un afgano». Los propios afganos dicen: «Mis hermanos y yo odiamos a nuestros primos, nosotros y nuestros primos odiamos a nuestros vecinos, y nosotros y nuestros vecinos odiamos a los pueblos

---

63 Sobre su vida ver: *The Life of Abdur Rahman, Amir of Afghanistan,* edited by Mir Munshi, Sultan Mahomed Khan, 2 vols., John Murray, Londres, 1900.

64 Sobre los pastunes véase el elogioso libro de Olaf Caroe: *The Pathans. 450 BC- AD 1957,* Macmillan, Londres, 1958, en el que, además de hacer interesantes análisis, no cesa de expresar su admiración por este pueblo.

65 Sobre los hazara ver Sayed Askar Monsavi: *The Hazaras of Afghanistan. An Historical, Culural, Economic and Political Study,* Curzon, Surrey, 1998, y Niamatullah Ibrahimi: *The Hazaras and the Afghan State. Rebellion. Exclusion and the Struggle for Recongnition,* Hurst and Company, Londres, 2017.

cercanos». Los afganos tienen fama de violentos, pero no lo son más que otros pueblos de otras épocas y del presente. Y si quisiésemos hacer un balance entre la violencia afgana y la desplegada, por ejemplo, por Bélgica en la colonización del Congo: en ese país, propiedad personal del rey Leopoldo II, la avaricia de la explotación del marfil, el caucho y luego otros productos, llevó a que se ejerciese una violencia sin precedentes. Se torturó a la población, con la costumbre de cortar manos por faltas, y se la llevó a la hambruna y a la muerte masiva por enfermedades, haciéndola trabajar sin sueldo. Entonces podríamos comprobar que esta colonización motivada por razones económicas, como la de Afganistán, superó en crueldad a lo que conocemos en este país[66].

La relación colonial y los prejuicios etnocéntricos hacen que se deforme el conocimiento de una cultura. Fue Edward Said quien llamó la atención sobre cómo la visión del islam —desde Marruecos a Indonesia— estuvo marcada por la expansión colonial occidental. Pero curiosamente esa visión también fue generadora de conocimientos geográficos, históricos, antropológicos y científicos de todo tipo, por lo cual es muy difícil a veces distinguir dónde acaba la ideología y comienza el conocimiento[67].

A pesar de las críticas que recibió E. W. Said[68], achacándole la creación de una especie de ideología omnipresente que justificaría la superioridad de Europa frente al islam, no cabe duda de que los prejuicios contra el islam eran reales. El islam fue asociado desde el siglo XVIII con la tiranía, la violencia, la hipersexualidad masculina, el lujo excesivo de las minorías y la

---

66   Sobre este tema ver Robert Harms: *Land of Tears. The Exploration and Explotation of Equatorial Africa*, Basic Books, Nueva York, 2019.
67   Ver: *Orientalism,* Routledge and Kegan, Nueva York, 1978. Deben también consultarse sus libros: *Cultura e imperialismo,* Anagrama, Barcelona, 1996 (Nueva York, 1993) y *Fuera de lugar,* Grijalbo, Barcelona, 2001 (Londres, 1999).
68   Ver Ziauddin Sardar: *Orientalism,* Open University Press, 1999, y sobre todo Pedro A. Piedras Monroy: *Max Weber y la India,* Universidad de Valladolid, Valladolid, 2005, quien deja muy claro que el orientalismo alemán no tuvo nada que ver con la colonización, pues Alemania no estuvo presente en la India.

pobreza general[69]. Y esos prejuicios se consolidaron en la época victoriana con la expansión global del Imperio británico, cuya joya de la corona fueron la India y Afganistán[70].

Fortaleza de Ghazni.

Fortaleza de Baka Hisar.

---

69   Ver Alain Grosrichard: *Estructura del harén. La ficción del despotismo asiático en el Occidente clásico*, Petrel, Barcelona, 1979 (París, 1979).
70   Sobre el racismo victoriano véase Peter Gay: *The Cultivation of Hatred*, Norton, Nueva York, 1993.

Jefes afganos.

Para los victorianos, el hecho de que todas las ciencias fuesen occidentales justificaba la superioridad de Occidente y su derecho a la expansión colonial. Pero se da la paradoja de que pueden ser esa expansión y esos prejuicios los que generen conocimiento antropológico, como será en el caso de la religión kafir.

Dentro del amplio abanico de informaciones que nos ofrece el libro de Elphinstone tenemos el *Account of Some Neighbouring Countries*[71]. En él se recogen informaciones de pueblos que quedan fuera del dominio del reino de Kabul, y que estarían situados en los actuales distritos de Badakhshan y Nuristan, en la parte NE del actual Afganistán. En concreto, centra su interés en Bajour, una tribu que pretende descender del ejército de Alejandro Magno, según Abul Fuzl y Sujun Rae. Su rey Dawauz dice ser descendiente directo del conquistador macedonio, un hecho aceptado por los pueblos vecinos, y que se corresponde con lo reseñado en este sentido por W. Tarn.

---

71   Vol. II, pp. 501-537, elaborado a partir de los datos de Rennell recogidos en su *Memoir of a Map of Hindostan*.

El autor se esfuerza en destacar los caracteres de estos pueblos, que serían comunes con los griegos antiguos. El primero es su belleza[72]. Debemos tener en cuenta que, en 1838, fecha de la primera edición del libro, en Europa existían unas ideas sobre las razas y sus jerarquías. Los ingleses conocen, por supuesto, el aspecto físico de los habitantes de la India, pero también el de las «razas semíticas», que sería común a los judíos e innumerables pueblos musulmanes, y el de la «raza amarilla», representada en Afganistán por los hazara, un pueblo de aspecto similar a los mongoles, y de los que de hecho se supone que descienden, según algunos autores y la creencia general. La belleza de los kafires se refiere a su parecido con los europeos.

Este aspecto físico lo comparten también algunos tayikos y uzbekos, pueblos que en ocasiones se denominan a sí mismos arios, y que aceptaron las ideas difundidas por Alemania en Afganistán desde la I a la II Guerra Mundiales. Alemania quiso establecer su influencia en ese país, al que ayudó a organizar su ejército, por estar en la frontera de la India. Es esa influencia y esa ideología proaria la que explica el éxito y credibilidad del que disfruta *Mi lucha* de Adolf Hitler en sus ediciones afganas, aun actualmente.

Tayikos.

---

72   Ver: *Account,* p. 502.

Además de su belleza, llama la atención del autor su adoración a los ídolos, imposible entre los musulmanes, y su consumo de vino, que se bebe puro o diluido, en copas y vasos de plata —uno de sus bienes más preciados— y es consumido masivamente tanto por hombres como por mujeres, lo que sería inconcebible en un pueblo musulmán. También utilizan mesas y sillas, al contrario que sus vecinos, y su lengua es diferente a las circundantes. Esa lengua, que el autor reconoce como semejante en parte al sánscrito, es el *pashai*, hoy desaparecida y sustituida por el pastún, debido a que esas zonas fueron conquistadas por los afganos y sus habitantes se convirtieron al islam, siendo actualmente integristas, lo que contrasta con el odio que tenían a los musulmanes, cuya muerte era la mayor gloria para un guerrero kafir. De esa lengua recogió algún vocabulario el mulá Nujib, hermano del mulá Behramil, que llegó a Kafiristán desde Peshawar siguiendo la ruta de Puncora, y que será una de las fuentes básicas del autor inglés. Su relato fue traducido por Irvine, que lo completa con las informaciones de un informante kafir, que había sido interrogado por un empleado de Irvine; con las del *syud*, criado del agente Cooner, que vivió en la frontera; y con los relatos de Eusofzye, que entró con una expedición militar en el país[73].

El Kafiristán estaba situado en la cordillera del Hindu Kush y en Belloot Taught. Limitaría al NE con Kaushkattr, al N con Badakhshan, al NW con Kunduz y a W con Khost y Balkh, extendiéndose hasta Cachemira. Es una región muy verde, con bosques y valle regados por ríos, y era famosa por su producción ingente de uvas, y por sus rebaños de ovejas, vacas, cabras, y sus cosechas de trigo y mijo. Pero la región es también muy importante por sus recursos minerales en hierro, azufre, lapislázuli y rubíes, explotados ya en 1808 y conocidos por los ingleses. Como en el resto de la zona se suceden los valles de difícil acceso, que solo tienen estrechos caminos, y como los ríos y torrentes son muy numerosos, hay bastantes puentes de madera y puentes colgantes para poder franquearlos.

---

73 *Account,* p. 504.

Las aldeas se sitúan en colinas escalonadas, y sus casas están construidas de tal modo que los techos de las casas de una fila inferior se utilizan como calles para llegar a los del nivel superior inmediato. Era una zona rica y muy poblada. Su capital Cammdaish tenía quinientas casas.

Fue el aislamiento de cada uno de estos valles y su fácil defensa, que perdura hasta la actualidad en los episodios de resistencia del famoso valle del Panshir, lo que pudo haber permitido una posible supervivencia de una cultura con rasgos griegos. Esa cultura carecía de un término étnico. Cada tribu, a la que correspondía exclusivamente un valle, tenía su nombre propio. Y esas unidades eran meramente territoriales y no familiares o genealógicas. El término *kafir* es una palabra árabe que significa infiel, y le fue impuesto por los musulmanes, que dividieron a la población entre los *Tor Kafirs*, o infieles negros, y *Spin Kafirs*, o infieles blancos. No se trataba del color de su piel, sino de que el primer grupo vestía con pieles de cabra negra y el segundo con tejidos de algodón blanco.

Estos pueblos habrían sido expulsados de Kandahar antiguamente por los musulmanes, y no se convirtieron al islam hasta fechas muy posteriores, cuando el Nuristán fue integrado en Afganistán por conquista. De sus antiguas tribus se habrían convertido al islam las de Camoze, Hilar y Silar, pero permanecido *infiel* la de Comoje, que sería la que habría conservado estas tradiciones. Pero centrándonos en su religión podemos destacar los hechos siguientes.

Creen en un dios único, Imra para los cammdaish, o Dagun para los tsokme. Y adoran ídolos que representan a los héroes del pasado, que son intercesores de los hombres ante dios. Esos ídolos son de madera o piedra, y representan a un hombre o mujer, bien a caballo o bien a pie. En la aldea de Cammdaish se alza un gran pilar con una figura sedente que tiene una lanza en la mano y en la otra un cetro. Se trataría del padre de un benefactor local, que habría sido famoso por su generosidad dando fiestas y que habría sido deificado tras su muerte. Tendrían un sacerdocio hereditario, pero sus sacerdotes no tendrían influencia social. Sus festivales irían siempre acompañados de sacrificios, realizados ante el altar de los ídolos, y en ellos se consumirían carnes. Las carnes de consumo serían el ternero, el cordero y el oso. Curiosamente detestarían el pescado, a pesar de poder pescarlo en sus ríos.

Los kafires creían en la existencia de un paraíso, llamado Bury Le Bula, y en un infierno, llamado Bury Duggar Bula. Y nuestro mulá proporciona los nombres de los hombres deificados que viven en él: Bugeesh, que protege las aguas; Mannee, que derrotó al Yoosh, príncipe del mal; Murrur; Urrum; Pursu; Geesh; los siete hermanos Paradik, nacidos de un árbol dorado y que tienen el cuerpo de oro; los siete Purron; Koomye, que sería la esposa de Adán; Dissaunee, esposa de Geesh; Doohee, Surijoo, y Nishtee. Los tsookee adorarían a los dioses Maunde; Marai; Murrasooree e Indrajee y Seddasteo, que porta un tridente[74]. La sabiduría de los filólogos podría desentrañar estos nombres y sus etimologías. Nosotros nos limitamos a reseñarlos y dar mera noticia de ellos.

El gobierno correspondería a los ricos ganaderos y terratenientes, que ostentarían el título de *Khan,* al igual que en el resto de Afganistán. Se cita el patrimonio de un hombre rico de Cammdaish, que dispondría de 800 cabras, 300 reses de vacuno y 8 familias de esclavos. El matrimonio de los ricos solía ser polígamo, y la edad núbil sería de 20 a 30 años para los hombres y de 15 a 16 para las mujeres[75]. Pero los ricos, además de esposas, podían tener concubinas, que, como los esclavos, solo podían ser kafires, pero jamás musulmanas.

Las mujeres tenían una fiesta exclusiva, en la que se escondían y defendían con palos de los hombres, que las perseguirían, como parte del ritual, con el fin de raptarlas. Podemos suponer qué ocurriría tras el rapto, pero nuestro mulá informante omite la descripción por pudor. En relación con las mujeres cabe destacar que la madre es segregada durante 24 días tras el parto, encerrándola en una casa para que no contagie su impureza. El día 25 se bañaría, junto con su hijo, y se

---

74 *Account,* pp. 508 y ss.
75 *Account,* pp. 512-514.

reintegraría en la aldea en una gran fiesta con acompañamiento musical. Esa música *is generaly quick, but varied and wild*[76].

En las fiestas hombres y mujeres danzan en círculo, golpeando el suelo con mucha fuerza, y siguiendo el ritmo de las flautas y los tambores. En ellas el vino tiende a consumirse en exceso, blanco, tinto, junto con otro muy denso y muy fuerte, con consistencia gelatinosa. Pero el vino también se consume a diario con las comidas y se utiliza mucho en los rituales de hospitalidad[77].

Junto a sus vestidos, el autor destaca que hombres y mujeres utilizan por igual pendientes. Los hombres son guerreros y responsables de la venganza de sangre. Su especialidad son las emboscadas en pasos y desfiladeros, atacando desde las faldas de las montañas con flechas. Es curioso ver cómo esa táctica fue utilizada en las guerras anglo-afganas y cómo fueron víctimas de esta, pero con armas de fuego, los ejércitos soviéticos y de la OTAN[78]. La gloria militar consistía en haber matado cuantos más musulmanes mejor, y los guerreros llevaban campanillas, plumas o anillos, enumerando el número de sus víctimas y como timbres de gloria bélica.

Pero a lo que dedica más atención el mulá Nujib es al ritual sacrificial. El mulá es un informante que cumple el requisito de ser un testigo presencial. Y por eso sus informes son como los utilizados por muchos antropólogos que usaron intérpretes y no conocían las lenguas nativas —en realidad la mayoría de los que hoy son nuestros clásicos—. Se trata de un mulá, o sea, de un erudito religioso, que conoce los textos y sabe interpretarlos, y por eso debemos concederle un amplio margen de credibilidad a la descripción densa del ritual sacrificial que llevó a cabo.

---

76 *Ibid.*, p. 519.
77 *Ibid.*, pp. 518-519.
78 Tenemos una descripción muy fiel de ellas en Rodric Braithwaite: *Afgantsy. The Russians in Afghanistan, 1979-1989*, Profile Books, 2011; y en The Russian General Staff: *The Soviet Afghan War*, University Press of Kansas, 2002. En los análisis de los oficiales del Estado Mayor soviético puede verse la importancia de la geografía y cómo la larga duración, también en el terreno militar, es esencial para comprender la historia afgana.

Estuvo presente en Cammdaish en un sacrificio al dios Imra, celebrado ante un pilar, similar al emblema hindú de Mahadeo. Destaca que, en ese ritual, como en todos, el fuego es omnipresente y permanece siempre encendido, y que se hacen libaciones de agua y se unta con mantequilla y se esparce harina sobre una piedra, sobre la que derrama la sangre del sacrificio a través del fuego. A la vez se pronuncian plegarias y se reza pidiendo el fin de todos los musulmanes. La madera que se utiliza para mantener siempre vivo el fuego del altar de Imra es la de *kauchur* y *kesopore*, según el mulá Mujib, pero Dhupunt Roy, se dice, afirma que es la madera *thoop*.

A continuación, ofrecemos la traducción completa de la descripción, a partir de la cual intentaremos conjeturar si ese sacrificio posee caracteres en común con la *thysía* griega, o bien con los sacrificios iranios, hindúes o semíticos, y con la esperanza de que pueda ser útil a otros investigadores[79].

Hay una piedra hincada de cuatro pies de altura y de un ancho similar al de hombre corpulento. Es el *Imrtan*, o piedra sagrada; y detrás de ella, hacia el norte, hay un muro. La piedra representa al dios; dicen: «La alzamos para él, aunque no sabemos cuál es su forma».

Al sur del *Imrtan* arde un pino verde que se quema para producir más humo. Una persona, cuyo nombre es Mulek y su título *Ota*, permanece ante el fuego y tras él una fila de adoradores. Primero se le lleva agua, con la que se lava las manos, y cogiendo una poca con la mano derecha, la arroja tres veces a través del fuego o el humo del *Imrtan*, diciendo cada vez *Sooch*, lo que quiere decir puro. Luego arroja un chorro de agua sobre el animal sacrificado, por lo general una cabra o una vaca, y dice de nuevo *Sooch*.

Después vuelve a coger agua y repite estas palabras: «Acepta este sacrificio», derramándola sobre la oreja izquierda de la víctima, desde el lado derecho. [El mulá Nujib dice que hay dos sacrificios, uno al dios y otro al ídolo].

Si el animal alza la cabeza al cielo, se interpreta que asiente en ser sacrificado, lo que produce gran satisfacción. Luego se repite

---

79 *Account*, pp. 510-511.

el acto sobre la oreja derecha y la testuz, y al final sobre la espalda, repitiendo cada vez *Sooch*.

Posteriormente, se derrama un poco de agua en el fuego, se coge un puñado de harina seca y se la arroja al fuego sobre la piedra, creyendo que es la parte del dios. A continuación, se arrojan puñados de manteca licuada al fuego, creyendo que también son parte del dios. Pero ya no se dice *Sooch*, sino que los sacerdotes gritan ¡He! tres veces y luego el resto de los adoradores *¡He Umuch!*, lo que quiere decir acepto.

Todo ello se acompaña con un gesto de manos y palmas extendidas a la altura de las rodillas, las que alzan diciendo *¡He Umuch!*

Entonces el sacerdote mata a la cabra con un cuchillo y coge la sangre con ambas manos, dejando caer una gota en el fuego y derramando la restante a través del fuego del ídolo, volviendo a repetir *¡He Umuch!*

Se gira la cabeza a la izquierda y se la arroja al fuego, pero ya no se dice *¡He Umuch!* Entonces se lleva vino al sacerdote y se derraman unas gotas en el fuego, arrojando el resto, al igual que la manteca licuada, y se dice tres veces *¡He Umuch!*

Entonces él recita a siguiente oración:

«Líbranos de la fiebre,
llena nuestras despensas,
mata a los musulmanes,
y tras la muerte,
recíbenos en el Burelelisola» [Paraíso].

Repitiendo tres veces *¡He-Umuch!* Luego el sacerdote se coloca delante y pone ante él a un *Pusha*, o persona poseída por un espíritu, toma su cabeza y la dirige al fuego, agitando su cuerpo, y levantando sus ojos al cielo, repite la oración junto a los fieles por tres veces y en tono muy alto gritan *¡He Umuch!*

Entonces cada hombre acerca los dedos de las manos a la boca y los besa, repitiendo el gesto con los ojos y la cabeza, para luego retirarse a un sitio determinado.

Cogen luego la sangre de la víctima con un poco de agua y la arrojan al fuego, y tras hervir un poco la carne la cogen y comen medio cruda. Pero si la víctima fuese una vaca, se trocea y cada hombre se lleva su parte a casa, correspondiéndole al sacerdote una ración doble en todos los casos.

Durante la comida mezclan el vino con el agua y es distribuido por la persona que aportó la víctima.

Los huesos se queman. Los sacrificios ante los ídolos son iguales (pero el mulá Nujib solo pudo ver uno en Koomy, al sur de la aldea en un terreno de muy difícil acceso). Allí se limitan a arrojar las ofrendas al ídolo. No tienen *kibla* y dan poca importancia a su ídolo.

Señala el mulá Nujib que entre los Umrtas y Umtumas, dos pueblos situados más al norte, se limitan a ejecutar a una vaca de un hachazo en la frente.

Lo primero que llama la atención es la precisión de la descripción y su preocupación por los detalles y la interrelación entre gestos, actos y fórmulas recitadas, lo que es común a todas las liturgias, pero que a veces historiadores y arqueólogos suelen obviar, tanto por carecer de datos como porque pueden dejarse cegar por el brillo de las grandes teorías. No deja de ser curioso que llamase la atención sobre este hecho F. S. Naiden[80], al observar cómo los sacrificios helénicos, posibles parientes del sacrificio kafir, variaron mucho con el tiempo y según los contextos, y sobre todo cómo son ininteligibles si desconocemos su componente verbal, al que podemos tener un acceso parcial en la historia antigua, pero que nos es inaccesible, por desgracia, cuando nuestras únicas fuentes son las arqueológicas, aunque algunos arqueólogos a veces den la impresión de creer lo contrario.

Los historiadores sensatos saben que no hay hechos sin teorías y que no puede haber teorías sin hechos. Y que por ello las teorías sin hechos son huecas y los hechos sin teorías están ciegos. Por esa razón, antes de entrar en la comparación entre el sacrificio kafir y otros que pudieron ser próximos y afines, como los son el iranio, el semita, el hindú, y el propio griego, será necesario repasar todas las teorías acerca del sacrificio, puesto que todas han condicionado las interpretaciones de los hechos.

---

80 *Smoke Signals for the Gods. Ancient Greek Sacrifice from Archaic Period through Roman Periods,* Oxford University Press, Oxford, 2013.

La primera de ellas es la de Henri Hubert y Marcel Mauss, publicada en *L'Année Sociologique*, 2, 1899[81]. Se trata de una teoría general, por ser sociológica, y que pretendió dar cuenta de todos los tipos de sacrificios posibles, eso sí, con los materiales de los que se disponía en ese momento. Ambos autores toman como referencia el sacrificio védico, y señalan curiosamente que el griego es muy mal conocido, lo que se debe a que el único libro que tenían a su disposición era el de Paul Stengel[82]. Estos autores establecen la definición siguiente: «El sacrificio es un acto religioso que, por la consagración de una víctima, modifica el estado de la persona moral que lo realiza o de determinados objetos por los cuales dicha persona se interesa»[83].

Basándose, pues, en el sacrificio védico, estos autores reconstruyen una estructura por secuencias del sacrificio, que es de un extraordinario interés, y constaría de los elementos siguientes:

1) *Sacrificante.* Se afeita, se corta las uñas, se baña y se viste de lino y se unge, alimentándose solo de leche, y además evita el sexo, no duerme y ayuna, todo con el fin de lograr la pureza[84].

2) *Sacrificador.* Es un sacerdote, diferente del sacrificante, que es un brahmán. No necesita preparación, pero se lava, no bebe vino ni licores y se viste de lino[85].

3) *Lugares y tiempos.* El acto tiene lugar en días especiales. En Asiria, por ejemplo, están prohibidos el día 7, el 14 y el 21. Unas veces se hace de día y otras de noche.

   Se lleva a cabo en templos y lugares sagrados, o en el caso del hinduismo, en lugares consagrados por el fuego. Ese fuego suele ser un fuego nuevo, encendido con

---

81   Recogida en Marcel Mauss: *Obras, I. Lo sagrado y lo profano,* Barral, Barcelona, 1970 (París, 1970), pp. 143-248.
82   *Die griechische Kultusaltertümer,* Beck, Múnich, 1920 (2.ª ed.).
83   Hubert y Mauss, *op. cit.,* p. 155.
84   *Ibid.,* pp. 162-164.
85   *Ibid.,* pp. 166-169.

palos. El papel del fuego, que hemos visto en los kafires, también es esencial en el judaísmo, en la Galia, y en general. En la India se traza el *Vihâra*, rectángulo consagrado por el fuego, o el *Vedi,* espacio del altar[86].

4) *Instrumentos.* El primero sería la *yûpa*, palo con el que se ata a la víctima. En la conducción de esta hasta el altar es necesario prepararla, teniendo en cuenta que: no debe estar enferma; debe tener un color y forma específicos; se la adorna, peina, se la blanquea, se le doran los cuernos, se la corona y se le ponen cintas. Debe además consentir en ser sacrificada, y tras ser atada a un pilar, se le da agua o vino y se la unge[87].

5) *Ejecución.* Se entiende que toda muerte violenta es un sacrilegio o un asesinato, y por eso se llora a la víctima, se le pide perdón por su ejecución, y a veces se castiga simbólicamente al sacerdote o al arma asesina, como es el caso de la doble hacha en el ritual griego de las Bouphonías, en el que luego se hacía una purificación del hacha. Puede haber dos formas de ejecución. La primera es la sangrienta. En ella la víctima se coloca en posición con una orientación concreta, mirando al cielo o la tierra. Y se la puede ejecutar mediante lapidación, degüello o ahorcamiento. Es siempre necesario evitar sus gritos de dolor, o conjurarlos. Su sangre se recoge sin perder ni una gota. Se queman su grasa y sus vísceras y se consume la carne, o parte de ella, quemándose la restante para el dios. La carne, como hemos visto en los kafires, se reparte entre los sacerdotes y los participantes, y a veces se venden luego las pieles.

Pero hay también otro tipo de sacrificio, el holocausto, en el que se quema todo el animal; es el *kadil* hebreo, o sacrificio completo. También pueden ser ejecutadas las víctimas precipitándolas a un abismo, un río o el mar, o arrojándolas desde el

---

86   *Ibid.,* pp. 169-172.
87   *Ibid.,* pp. 173-180.

techo de un templo o una torre. En este caso están dedicadas a dioses infernales, y por eso no se consume la carne. Si se consumiese se haría el mismo día, y a veces incluso en el recinto del santuario, pronunciando invocaciones y haciendo aspersiones de sangre, como vimos en el caso de los kafires. El proceso se terminaría con la salida, en la que se lavan los instrumentos y los sacerdotes se cambian de ropa y se bañan[88].

Hubert y Mauss, como otros teóricos del sacrificio, amplían su campo de estudio desde el sacrificio sangriento al de todo tipo de ofrendas, llegado a culminar la reconstrucción con los dioses o el Dios sacrificado —en este caso Jesús—. Así, concluyen diciendo que «el mecanismo de consagración de la misa católica es, en líneas generales, el mismo que el de los sacrificios hindúes. Con una claridad que no admite duda, nos presenta el ritmo alternativo de la expiación y de la comunión. La imaginación cristiana se ha construido sobre planos antiguos»[89].

El estudio del sacrificio sería un tema esencial para la ciencia naciente de la sociología durkheimniana, de la que Mauss formaba parte como uno de sus fundadores. De acuerdo con sus principios teóricos, que destacan la correspondencia casi absoluta entre religión y organización social, afirma que: «La función social del sacrificio se cumple tanto para los individuos como para la colectividad, y como la sociedad no solo está compuesta de hombres, sino también de cosas y de acontecimientos, podemos percatarnos de cómo el sacrificio puede seguir y reproducir el ritmo de la vida humana y de la naturaleza, cómo ha podido hacerse periódico en el uso de los fenómenos naturales, ocasional como las necesidades momentáneas de los hombres, en fin, plegarse a mil funciones»[90]. El problema es saber si esa diversidad de funciones puede ser explicada con una definición del sacrificio que vaya más allá de identificar sacrificio, religión y cuerpo social.

---

88 *Ibid.*, pp. 180-200.
89 *Ibid.*, p. 241.
90 *Ibid.*, p. 248.

Este mismo problema se plantea en el amplio estudio histórico que un gran historiador de las religiones, Alfred Loisy, llevó a cabo en sus libros sobre el tema[91]. La definición del sacrificio de Loisy lo deja bien claro:

> El sacrificio es la acción por excelencia, la acción sagrada. Se podría incluso hablar de eficacia sobrenatural en los primeros niveles de la evolución humana y religiosa, en los que la distinción entre lo natural y lo sobrenatural aún se desconocía. En cierto modo, todo era entonces sobrenatural. Porque el hombre inculto se comporta frecuentemente y de modo espontáneo según los principios de una acción consciente e irracional a la vez. Se diría, sin embargo, que, cuando pensaba, cuando planificaba sus acciones más importantes y quería garantizar su éxito, no descubría más que medios imaginarios sin eficacia real a los que parecía concederle cierta eficacia, una eficacia mucho más profunda, más venerable y más sagrada, que aquella que pueden dar los medios normales de la eficacia verdadera y natural. Trataremos, pues, de analizar detenidamente el carácter de la acción sagrada, ya sea en sí misma o en los agentes necesarios para su realización, y en la elección de los elementos necesarios para el logro de sus fines en las condiciones que los diferentes lugares y tiempo hayan requerido[92].

A lo largo del libro podemos ir viendo cómo los diferentes tipos de ofrendas y sacrificios abarcan toda la actividad humana, individual y colectiva. Así veremos su papel en el culto a los muertos, en los ritos de cambio estacional, en la adivinación, en el sello de los juramentos y tratados de alianza, en la purificación y la expiación, en la consagración, en la iniciación y el culto ordinario a dioses y héroes. Pero los sacrificios estuvieron unidos a la violencia y consolidaron el odio entre los grupos mediante el uso de símbolos, actos y acciones irracionales. Por esa razón habría sido necesaria su superación y asunción de toda la historia del sacrificio con el sacrificio de la cruz. Y

---

91   *Essai historique sur le sacrifice*, Emile Nourry, París, 1920, y *Los misterios paganos y el misterio cristiano*, Paidós, Buenos Aires, 1967 (París, 1915).
92   *Essai historique sur le sacrifice*, p. 19.

por esa razón toda la impresionante evidencia que sistematizó Loisy en las 540 páginas de su libro debería servirnos para ser conscientes, en su opinión, de que la fuente principal de la religión ha de ser la moral y la razón, y no la pasión y el rito, tal y como expuso en su ensayo filosófico sobre el tema[93].

El papel de la violencia en las religiones, y más en concreto en el sacrificio sangriento, suscitó las reflexiones de un ensayista, René Girard, y de un gran historiador de la religión griega, Walter Burkert. Y sus teorías merecen ser objeto de estudio.

Girard propone en cierto modo un contrato social opuesto al de Rousseau[94]. En los comienzos imaginarios de la historia la sociabilidad no habría nacido de un contrato de mutuo reconocimiento de derechos entre personas, ni tampoco de la delegación de la autoridad en manos de un monarca para que ejerciese el monopolio de la violencia, sino de un acuerdo recíproco para encauzar la violencia de un grupo frente a un enemigo externo. Ocurriría, así como en los proverbios afganos citados sobre el odio a los hermanos, primos y vecinos.

Esa violencia fundadora se ejercería contra los animales, en la caza, y contra las personas, para defender sus vidas y sus intereses. Pero esa violencia, inasumible en estado bruto, se transmutaría en la acción sagrada, ya sea en los ritos del sacrificio o en la génesis de las ideas y creencias religiosas, siguiendo el modelo freudiano desarrollado en *Totem y tabú*, al que alude. Girard asocia la violencia y la muerte subsiguiente con el consumo de la carne de los animales, siguiendo el modelo del siglo XIX sobre el totemismo, que lo asociaba con la exogamia y el nacimiento de la religión. Un modelo cuya crítica, después de C. Lévi-Strauss[95], es innecesaria.

Girard reúne muchas evidencias en apoyo de su tesis, pero lo hace como ensayista, de un modo muy selectivo, porque lo que le interesa es poner de manifiesto el papel de la violencia, y consecuentemente del odio en la historia y en el momento en

---

93   *A-t-il deux sources de la religion et de la morale?*, Nourry, París, 1933.
94   Ver: *La violence et sacré*, Grasset, París, 1972, y *Des choses cachées depuis la fondation du monde*, Grasset, París, 1978.
95   *El totemismo en la actualidad*, FCE, México, 1966 (París, 1966).

el que escribió estos libros. El racismo, las dos guerras mundiales, llevadas a cabo para defender a la civilización, por parte de los franceses, a la cultura por parte de los alemanes y a Dios y la patria en ambos casos, fueron una buena prueba de lo peligroso que puede ser olvidar la omnipresencia de la violencia en la sociedad. Girard quería destacar que hay un odio aprendido, y que ese odio aprendido es el más difícil de desaprender y que, tras el fascismo y el nazismo, pero también el estalinismo, quedó claro que la política y el Estado se asientan en una base irracional, pasional y violenta, como había señalado el gran filósofo alemán Ernst Cassirer, un exiliado alemán, cuando habló en este sentido del mito del Estado nada más terminada la II Guerra Mundial[96].

En el mismo año de la publicación del libro de Girard, publicó Walter Burkert su libro *Homo necans*[97]. En él analizó el ritual griego del sacrificio sangriento y los mitos helénicos relacionados con él, un tema que volvió a retomar en publicaciones posteriores[98].

Burkert sostiene que genéricamente los humanos somos cazadores, puesto que más del 99 % de nuestra historia como especie lo hemos sido. Y por eso estaríamos dotados de un instinto de caza y de un instinto asesino. Pero ese instinto se desarrolla en un marco social, porque se suele cazar en grupo, ya que es necesaria la cooperación, y por la misma razón los animales se consumen en grupo, siguiendo complejos sistemas simbólicos del reparto de su carne entre hombre y mujeres, ancianos, niños y diferentes categorías sociales.

Pero no solo eso, sino que los cazadores, por ejemplo, son conscientes de que su supervivencia depende de los animales que cazan o pescan. Por eso los consideran en cierto modo sus iguales. Por eso les piden permiso para ser cazados, como lo

---

96   *El mito del Estado*, FCE, México, 1947 (Yale, 1946).
97   *Homo necans. Interpretationen altgriechischer Opferriten und Mythen*, Walter de Gruyter, Berlín, 1972.
98   Como *Wilder Ursprung. Opferritual und Mythos bei den Griechen*, Wagenbach, Berlín, 1991, y *Strucure and History in Greek Mythology and Ritual*, University of California, Berkeley, 1979.

hacen los esquimales con Sedna, la diosa de las focas, y por eso intentan simbólicamente reconstruir su cuerpo tras su muerte, porque de otro modo la caza sería un asesinato.

Burkert reivindica la existencia de un nivel prepredicativo, o preverbal, para el estudio de las religiones, a pesar de ser un gran filólogo helenista. Ese nivel sería innato y estaría enraizado en el propio cuerpo, en su anatomía, su fisiología, sus instintos, su salud, sus enfermedades y su supervivencia[99]. Se trata de los gestos de agresividad, comunes a muchas culturas, y en común con algunos otros mamíferos, de los gestos sexuales, de los rituales de sumisión o rendición, como los que se pueden estudiar en el ritual griego de los suplicantes… Todos ellos nos permitirían comprender, no de un modo tan genérico como en Girard ni dentro de teorías generales del sacrificio, como las de Hubert y Mauss o Loisy, qué significa pedir permiso al animal para su sacrificio, y por qué es necesario codificar de un modo tan exhaustivo las palabras y los gestos en los ritos de ejecución de unos animales que en ocasiones son comidos en colectividad y otras simplemente abandonados para los dioses.

Todas estas teorías dan cuenta, lógicamente, del sacrificio sangriento de los kafires, pero también requieren el estudio de sus circunstancias específicas, ya que como señalaron Hubert y Mauss y Loisy, aunque todos los sacrificios son similares, nunca dos son idénticos. Por eso nos propondremos a continuación ver qué sacrificios tienen más semejanzas o diferencias con el sacrificio kafir.

No podremos recurrir a la arqueología ni a la prehistoria, porque no tenemos datos, y los del registro arqueológico, si lo hubiese, nunca serían lo suficientemente aclaratorios. Por eso nuestro método será ver estas semejanzas y diferencias en culturas geográfica e históricamente próximas, como la irania, ya que la Bactriana y la Sogdiana fueron parte del Imperio persa; las semíticas, pues, aunque los kafires odiaban a muerte a los musulmanes, sin embargo, las culturas semíticas se extendieron

---

99   Ver: *La creación de lo sagrado. La huella de la biología en las religiones antiguas*, Acantilado, Barcelona, 2009 (Harvard, 1996).

desde los inicios de la historia desde Libia a las fronteras de la India y por eso merecen un poco de atención.

No vamos a entrar en el juego de contraponer arios (persas, griegos e hindúes) con semitas, porque esta contraposición, como señaló Maurice Olender, es la base del racismo y de la ideología que quiere sentar las bases de la superioridad occidental y del derecho de occidente al gobierno del mundo[100].

Comenzaremos con el sacrificio persa, siguiendo los estudios de Geo Widengren y A. de Jong[101]. El sacrificio persa es conocido por las descripciones de Heródoto (I, 132) y Estrabón (XV, 3, 13/15). Dice Heródoto:

> El sacrificio de los persas respecto a los citados dioses así está establecido: no hacen altares ni prenden fuego cuando van a sacrificar; no utilizan libación ni flauta, ni cintas ni granos de cebada. Cuando se quiere sacrificar en honor de uno de ellos, conduciendo a un lugar puro a la víctima, se invoca al dios adornando la tiara con una corona de mirto generalmente. Para sí mismo, esto es, para el que sacrifica, no le es posible implorar bienes para él solo en privado: este ruega que el bien sea para todos los persas y para el rey, pues naturalmente también él se encuentra entre los persas. Y una vez que, después de cortar en porciones a la víctima, cuece las carnes; después de esparcir por el suelo hierba —lo más tierna posible, principalmente de trébol—, sobre ella coloca todas las carnes. Y después canta una teogonía, que por cierto dicen ellos que es el canto; pues, en efecto, sin un mago, ellos no tienen por costumbre hacer sacrificios. Y después de esperar un poco de tiempo se lleva el que ha sacrificado las carnes y hace de ello lo que su razón entiende.

Heródoto hace un uso constante de las imágenes especulares, de la polaridad y la analogía, como ya había señalado François Hartog, y también Aldo Corcella y C. Darbo-Peschanki, y por

---

100 Ver: *Les langues du paradis. Aryens et Sémites: un cuople providentiel,* Gallimard, París, 1989.
101 Respectivamente, *Les religions de l'Iran,* Payot, París, 1968 (Stuttgart, 1966), pp. 147-181, y «Animal Sacrifice in Ancient Zoroastrism. A ritual and its Interpretations», en A. I. Baumgarten, ed.: *Sacrifice in Religious Experience,* Brill, Leyden, 2002, pp. 127-148.

eso él mismo se encarga de decirnos aquello que es semejante y lo que es diferente entre los sacrificios griego y persa[102].

Estrabón dice lo siguiente: «Llevan a cabo sacrificios, tras recitar las plegarias, en un lugar purificado, trayendo a la víctima coronada con una guirnalda. Y cuando el mago que dirige la ceremonia ha cortado la carne en porciones, la gente coge su parte y se la lleva, no quedando parte alguna para los dioses, porque dicen que los dioses necesitan el alma de las víctimas, y nada más, y también, según algunos, ponen al fuego una pequeña porción del epiplón». Y: «Luego los magos colocan porciones de carne sobre mirto o laurel, los tocan con bandas delgadas y cantan invocaciones, mientras liban con aceite, leche y miel, no en el fuego o el agua, sino en el suelo. Y cantan sus invocaciones por largo tiempo, atando bandas finas de tamarisco en su cabeza». Y en Capadocia: «Hay muchos santuarios a los dioses persas en los que no se sacrifica con un cuchillo, sino que se golpea al animal con un palo».

Debemos tener en cuenta que Heródoto vivió en el siglo v a. C. y Estrabón en el primero de nuestra era, y que su descripción recoge aspectos del sacrificio zoroastriano ausentes en Heródoto. En ese sacrificio la vaca era el animal sacrificial, pero nunca el cerdo, que sí era sacrificado en Grecia y Roma[103]. Y que las vacas podían ser sacrificadas arrojándolas a una fosa, como en la India.

---

102   F. Hartog: *Le miroir d'Hérodote. Essai sur la répresentation de l'autre*, Gallimard, París, 1980, pp. 187-205, para el análisis del sacrificio escita del buey; A. Corcella: *Erodoto e l'analogia*, Sellerio, Palermo, 1984; C. Darbo-Peschanki: *Le discours du particulier. Essai sur l'ênquete hérodotéeenne*, Seuil, París, 1987. Sobre la etnografía y el método de Heródoto debemos tener en cuenta los libros de Rosalind Thomas: *Herodotus in Context. Ethnography, Science and the Art of Persuasion*, Cambridge University Press, Cambridge, 2000; Norma Thompson: *Herodotus and the Origin of the Political Community. Arion's Leap*, Yale University Press, 1996; Nino Luraghi (ed.), *The Historian's Craft in the Age of Herodotus*, Oxford University Press, 2001, y K. H. Walters: *Heródoto el historiador. Sus problemas, sus métodos y originalidad*, FCE, México, 1990 (Londres, 1985).

103   A. de Jong: *op. cit.*, pp. 135-136.

La secuencia del ritual persa zoroastriano sería:

1) Se acerca al animal al fuego, se le atan las patas.
2) Se lo dedica a Vohu Manah.
3) Se le rompe el cuello con un palo.
4) Se le degüella con un cuchillo.
5) Se asan o cuecen sus carnes en un caldero.
6) La cabeza se consagra a Haoma, junto con las mandíbulas, la lengua y el ojo izquierdo.
7) Se le da una parte especial al sacerdote.
8) Se reparte el resto de la carne, como parte de un deber sagrado.
9) El fin del sacrificio es lograr el favor de la divinidad, y es por eso por lo que se le ofrecía una parte.

Las diferencias evidentes en las descripciones de Heródoto y Estrabón serían la ausencia de altares, al contrario que en Grecia, el mundo antiguo en general, y los kafires; la ausencia de fuego, al contrario que en Grecia y el mundo antiguo y los kafires, al igual que la ausencia de libaciones, presentes en estos casos. Del mismo modo, contrasta la ausencia de la música de flauta, atestiguada en Grecia, Roma y los kafires, y la de cintas y el uso de granos de cebada.

Posteriormente, llevaremos a cabo un balance general entre los tipos de sacrificios. Pero antes será necesario hacer algunas consideraciones sobre el sacrificio semita, muy bien conocido en el judaísmo, pero con muchos caracteres comunes en el caso de Mesopotamia, los cananeos y los antiguos árabes. A su estudio dedicó William Robertson Smith cientos de páginas[104].

Señalaba Robertson Smith que las funciones sociales esenciales del sacrificio consistían en hacer patente la unidad del grupo que participaba en el acto, compartiendo los gestos, los actos y pronunciando las palabras, y, en el caso del sacrificio

---

104 En su clásica monografía: *Lectures on The Religion of Semites. The Fundamental Institutions*, Black Limited, Londres, 1927, pp. 213-440; además de sus consideraciones en su libro: *Kinship and marriage in Early Arabia*, Londres, 1907 (2.ª edición).

de algunos animales, a esa función se uniría la de la comida en común, tras un reparto regulado de la carne, y la división de las partes que corresponderían a los fieles y a los seres divinos a quienes se realiza el sacrificio. Fueron esos animales el cerdo, el perro, diferentes tipos de peces, el ratón, el caballo y la paloma, aunque tenían preferencia los animales domésticos.

Uno de los pueblos semitas mejor conocido es el pueblo hebreo, gracias a que disponemos para su estudio de la Biblia y, por supuesto, de todas las prescripciones rituales contenidas en el Talmud. Por esta razón seguiremos para este tema las indicaciones de la obra de Roland de Vaux sobre las instituciones del Antiguo Testamento[105].

De Vaux incluye su estudio del sacrificio israelita en el marco histórico del Próximo Oriente Antiguo, sean los pueblos semitas o no. Y lo sintetiza del modo siguiente. Comienza por decir que: «El sacrificio es toda ofrenda, animal o vegetal, que se destruye en todo o en parte sobre el altar como obsequio a la divinidad»[106]. Se distinguen dos tipos de sacrificio: el holocausto y el sacrificio de comunión.

El holocausto, *olah* —cuya raíz significa subir—, es el que se hace sobre el altar, un instrumento esencial del sacrificio, para que su humo suba al cielo. La víctima se quema entera y solo el sacerdote tiene derecho a una parte de ella: la piel. Se trata de un sacrificio total, y por eso a veces se le denomina *kalîl*.

La víctima es un animal macho, sin defecto, ya sea de ganado mayor o menor, o un ave, pero solo si es una tórtola o paloma. Quien la ofrece debe estar en estado de pureza ritual. Coloca su mano derecha sobre la cabeza de la víctima. Esa imposición

---

105 *Instituciones del Antiguo Testamento*, Herder, Barcelona, 1964 (París, 4 vols., 1958-1960). Del mismo modo, seguiremos las observaciones de Cristiano Grotanelli, Lucio Milano, Carlo Zacagnini y Maria Giulia Amadasi Guzzo, en los capítulos correspondientes del libro de Cristiano Grotanelli y N. F. Parise: *Sacrificio e Società nel Mondo Antico*, Laterza, Bari, 1988. Para una valoración global del Talmud, ver: *The Cambridge Companion to The Talmud and Rabbinic Literature*, Charlotte Elisheva Fonrobert y Martin S. Jaffe, eds., Cambridge, 2007.

106 *Instituciones del Antiguo Testamento*, p. 528.

de manos no es un gesto mágico para establecer el contacto con Dios, ni un medio para transmitir la impureza o el pecado a la víctima, sino solo una prueba de que esa víctima es ofrecida por quien la está tocando y la ofrece al sacerdote que la va a sacrificar.

La víctima es degollada por el oferente en persona fuera del altar, y solo en el caso de los sacrificios públicos lo es por parte del sacerdote. El papel del sacerdote comienza cuando la víctima toca el altar y el sacerdote derrama su sangre alrededor de este. La sangre contiene la vida, porque «la vida de toda carne es sangre» (Lev. 17,15; Gén. 9, 4; Dt. 12, 23 y Lev. 7, 26-27), y la sangre pertenece solo a Dios.

La víctima es luego desollada, despedazada y los cuartos son colocados por los sacerdotes sobre el altar, en el que arde un fuego perpetuo. Todo se coloca sobre el altar: cabeza, vísceras y patas, y luego se quema. Pero si la víctima es un ave, no hay imposición de manos ni degollación, sino que se la quema directamente. Estos eran los sacrificios de los pobres, quienes a veces podían ofrecer una oveja, pero nunca una vaca. El holocausto se acompaña de una ofrenda, *minhah*, de harina amasada con aceite y de una libación de vino. La harina se quemaba y el vino se libaba al pie del altar.

Hay una gran fluidez de vocabulario, porque el holocausto a veces se denomina *qorban* —algo que se acerca—, a Dios o al altar. Y otras veces *isseh*. A veces se le denomina «olor apaciguante de Yahveh», para indicar que Dios acepta el sacrificio como compensación.

El sacrificio de comunión se denomina *zebah selamîm*, o bien con uno de estos dos sustantivos aislado. Ambos significarían «sacrificio de salud». Se trataría de un sacrificio que da las gracias a Dios y procura la unión con él. Había tres clases de sacrificios de comunión: el de alabanza, *tôdah*, el espontáneo, *nedâbah*, y el que se ofrece por un voto o promesa, *neder*, aunque a veces las fronteras entre ellos son imprecisas.

En su ritual la víctima se reparte entre Dios, el sacerdote y el oferente, y pueden ser las mismas que en el holocausto, menos las aves, pudiendo ser por igual machos o hembras. Se hace la imposición de manos y el degüello.

La parte de Yahveh se quema sobre el altar: grasa, riñones, hígado y la cola grasa de los ovinos. Eso se debe a que: «Toda grasa pertenece a Yahveh…, no comerás grasa ni sangre» (Lev. 3, 16-17 y 7, 22-24). La parte del sacerdote es el pecho y el muslo derecho, que se consideran como el pago de la contribución debida al sacerdote, ya desde la época babilónica. Y al oferente le corresponderían el resto de las carnes, que se consumen con la familia y los invitados que han de estar en estado de pureza ritual. Se debe comer el primer día, a veces el segundo, pero al llegar el tercer día los restos deben quemarse. También ese sacrificio va acompañado de una ofrenda de tortas sin levadura.

Además de estos dos tipos esenciales de sacrificio, estarían los expiatorios: por el pecado, en concepto de reparación, y las ofrendas vegetales, o en forma de panes o quemando incienso[107].

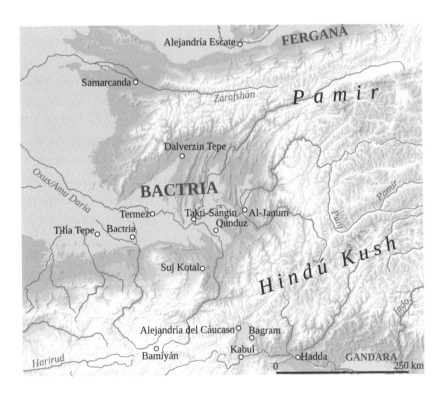

Localización del antiguo reino griego de Bactriana.

---

107   Ver R. de Vaux: *op. cit.*, pp. 528-538 y 538-548, para el estudio del origen de cada uno de estos tipos de sacrificios.

Como se puede apreciar, estos tipos de sacrificio semita tienen características comunes con el sacrificio védico, el iranio y el de los propios kafires, todos ellos teóricamente indoeuropeos. Pero antes de dejarnos llevar por el ansia clasificatoria, será necesario analizar el sacrificio sangriento griego, posible antepasado del sacrificio kafir, por razones históricas y tipológicas.

El sacrificio helénico había sido objeto de estudios exhaustivos, como el libro de Samson Eitrem[108]. Pero, como suele ocurrir muchas veces, este tema que estaba un poco olvidado volvió a la palestra gracias a los estudios de Jean-Pierre Vernant y Marcel Detienne, y de Jean-Louis Durand[109].

Vernant reaccionó contra la teoría del sacrificio de Hubert y Mauss, que es la única que cita[110], señalando que en Grecia no hay una palabra única para designar al sacrificio en general, sino que se distinguen dos tipos de sacrificios sangrientos, que serían similares a los de comunión y holocausto del judaísmo: la *thysía* y el *enagismós*.

Hubert y Mauss pretendieron construir una teoría sociológica general para el sacrificio, o lo que es lo mismo, un modelo formal aplicable a distintas épocas y culturas, aunque se basaron en el sacrificio védico por ser el más conocido por ellos. Podían estar equivocados, pero su teoría es general en su propósito, mientras que la de Vernant no lo es, porque no se trata de una teoría, sino de una descripción de un tipo de ritual helénico, al que se le da sentido en el marco de la lengua y cultura griegas.

Ya Jean Casabona había estudiado el vocabulario sacrificial, y es a él a quien siguen Vernant, Detienne y Durand[111].

---

108 *Opferritus und Voropfer der Griechen und Römer,* Jacob Dybwad, Kristiania, 1915, donde contiene una recopilación exhaustiva de las fuentes escritas.

109 J.-P. Vernant y M. Detienne: *La cuisine du sacrifice en pays grec,* Gallimard, París, 1979; J.-L. Durand: *Sacrifice et labour en Grèce ancienne. Essai d'anthropologie religieuse,* La Découverte, París, 1986.

110 Ver: «Théorie générale du sacrifice et mise à mort dans la thysia grecque», en *Le sacrifice dans l'Antiquité,* Vandoeuvres, Ginebra, 1980, pp. 1-40.

111 J. Casabona: *Recherches sur la vocabulaire des sacrifices en grec des origines è la fin de l'époque classique,* Publications de la Faculté des Lettres, Aix en Provence, 1966.

Centrándonos en el vocabulario, y sobre todo en los verbos, que son esenciales, porque son los que designan la acción, podemos observar que las formas en las que los griegos pensaban los actos sagrados y la acción sacrificial serían las siguientes.

En primer lugar, existe la noción de los ritos de culto en general, *hierá*, que se pueden distinguir de los cultos concretos, y sobre todo de los cultos oficiales de una ciudad, *órgia*. Las víctimas de los sacrificios son denominadas *hiereîon*. Las ofrendas en general, sobre todo si son distintas a las víctimas del sacrificio, son llamadas *hierá*, mientras que los animales que van a ser inmolados se denominan *hiereîa*.

Hay dos clases de víctimas: las que van a ser consumidas, *hiereîon*, y las que no van a ser consumidas, pero en las que la sangre va a tener un papel esencial, *sphágion*. Cuando se lleva a cabo un sacrificio sangriento, el conjunto de la ceremonia se designa con el término *thyo*, mientras que el gesto del degüello se llama *spházo*, aunque a veces por metonimia esa palabra designa al conjunto de la ceremonia.

Las ofrendas propiamente dichas se designan como *thyo*, las de sangre como *sphagiázo*, y el término *spházo* se utiliza para nombrar a las que se hacen fuera del sacrificio. Todos los ritos de culto en general son denominados *hierá*, siendo una subclase de ellos la *thysía* y otra la *sphágia*. Estos dos términos designan a la ceremonia, mientras que el gesto de degollar se describiría con *sphagé*. El sacrificio a los dioses se llamaría *thyo* y *enagizo* el de los héroes y los muertos, y este solía ir acompañado de libaciones, ofrendas de sangre y juegos fúnebres. En el griego de la koiné se utiliza también *holokauteîn*.

Al igual que entre los semitas, el juramento y los acucrdos solían ir acompañados de un sacrificio. Por esa razón tenemos el verbo *témmein,* que designa la acción de degollar a un animal cuando se quiere hacer un juramento. En ese caso las *sphagia* eran denominadas *hórkia* y los trozos en los que se cortaba a la víctima *tómia*, siendo la propia víctima llamada *tómion*. Así pues, se distingue la ofrenda de sangre en general de aquella que se lleva a cabo para hacer un juramento, y la víctima en general de aquella utilizada para este fin, diferenciándose del mismo modo sus porciones.

Como los sacrificios se pueden llevar a cabo antes de iniciar una acción o al concluirla, se distinguen los verbos *prothyomai* y *apothyoo*. Y también se especifica cuándo se hace una ofrenda para conseguir algo, *thyomai* o *sphagiázomai*, según el tipo de sacrificio llevado a cabo. Por último, debemos señalar que las libaciones pueden realizarse en general, en el marco de una fiesta de comunión —*spéndo*—, o bien destinadas a un muerto —*chéo*—.

Está muy claro, como señalan Casabona y Vernant, que los griegos concebían sus sacrificios, que tienen paralelos en sus actos y gestos en otras culturas, de un modo específico, y no bajo la categoría histórico-religiosa de sacrificio, pero no debemos caer en la tentación de confundir su visión propia con sus acciones. Y además puede ser muy tramposo, como señaló G. S. Kirk, hacer una tipología excesivamente formalizada de la *thysía*, pues, si nos centramos en los poemas homéricos, por ejemplo, veremos que no siempre se cumplen todos los pasos de esta secuencia que él elaboró[112].

1) Se envía a buscar al animal.
2) Se le doran los cuernos.
3) Se le conduce hacia delante.
4) Se lo coloca ante el altar.
5) Se hace un círculo en torno al animal.
6) Se enseñan el cuchillo o el hacha.
7) Se mezcla el vino.
8) Se le cortan unos pelos.
9) Se arrojan al fuego.
10) Se le colocan unas cintas y se lavan las manos.
11) Se toma cebada.
12) Se rezan las plegarias sacrificiales.
13) Se hacen libaciones.
14) Se arrojan granos.
15) Se golpea a la víctima.

---

112 «Some Methodological Pitfalls in the Study of Greek Sacrifice», en: *Le sacrifice dans l'Antiquite*, pp. 41-90.

16) Se grita un lamento por ella (*ololugé*).
17) Se le tuerce el cuello.
18) Se la degüella.
19) Mana su sangre y su espíritu la abandona.
20) Se despelleja a la víctima.
21) Se separan sus huesos.
22) Se cubren de una doble capa de grasa.
23) Se corta la carne en porciones.
24) Se asa al espeto.
25) El sacrificador derrama vino.
26) Se tuestan las vísceras.
27) Se cortan en pedazos.
28) Se queman los muslos y se comen las vísceras.
29) Se corta el resto y se asa al espeto.
30) Se separan.
31) Se come y se bebe vino.
32) Se separan las porciones de los hombres y los dioses.
33) Se separan los restos.

No siempre se cumplen todos los pasos al pie de la letra, del mismo modo que muy pocas veces se sacrifica el buey, víctima por excelencia, debido a su valor. La arqueología y la epigrafía confirman que las víctimas frecuentes fueron la oveja y el cerdo, al igual que las cabras entre los kafires[113].

Esta secuencia ideal de G. S. Kirk nos será muy útil si queremos comparar el sacrificio kafir con el griego y los demás citados. Para ello volveremos al texto de mulá Nujib y lo iremos analizando paso a paso.

1) Hay una piedra, que representa al dios, junto a la que se realiza el sacrificio. Sería el altar, *bómos* o éschara de los griegos, o el altar semítico, iranio o hindú.

---

113 La arqueología ofrece inmensos recursos para el estudio de la práctica real del sacrificio, a través del estudio de los templos, altares e inscripciones. Pueden verse algunos resultados en el coloquio editado por Robin Hägg: *Ancient Greek Cult Practice from the Archaeological Evidence. Proceddings of the IV International Seminar of Ancient Greek Cul,* Svenskar Instituter i Athen, 1993.

2) Se conduce a la víctima hacia ese lugar en todos los casos.

3) Se enciende un fuego con una madera de pino especial. Encender un fuego en el altar también es parte esencial en los sacrificios helénico, semítico e iranio.

4) Conducción del animal al altar en una procesión, al igual que en Grecia y la India. Al contrario que en la India o Grecia y el mundo semítico, no parece que se prepare especialmente al animal, ni se dice nada de su color o sexo. No se le doran los cuernos, como en Grecia o la India, pero sí se arroja agua sobre el animal para purificarlo. También en la India se le da agua o vino y se le unge.

5) Previamente, el sacrificador se había purificado con agua, a la que arroja al fuego, diciendo a la vez *Sooch,* lo que repite con la víctima. Esto sería similar a la purificación védica con baño, cortado de uñas, unción, ayuno, vigilia, prohibiciones sexuales y alimentación exclusiva con leche.

6) Se busca el asentimiento del animal. «Acepta este sacrificio», dice el sacrificador kafir, a la vez que derrama agua sobre la oreja izquierda. Lo mismo ocurre en Grecia, en la que el animal expresaba el asentimiento bajando la cabeza para comer unos granos, y en la India. Entre los kafires es el alzado de la cabeza al cielo lo que expresa el consentimiento, ante la alegría de los participantes que vuelven a decir «sagrado» (*Sooch*). En el caso kafir el consentimiento se repite varias veces.

7) Se utiliza harina seca, que se arroja al fuego, como los griegos hacen con la cebada y los semitas también. Junto a la harina se utiliza manteca derretida en el caso kafir.

8) Se utiliza como gesto de oración el alzado de manos con las palmas hacia arriba. Eso es común con Grecia y el mundo semítico.

9) Ejecución. Con un cuchillo. Se coge algo de sangre y se arroja al fuego. A la vez se hacen libaciones con vino, lo que es común con Grecia y el mundo semítico, pero no aparece en Persia.

10) Se reza una oración pidiendo la protección del dios ante los musulmanes. Eso es común con Grecia, en la que las plegarias son esenciales, y con el mundo semítico.
11) Es necesaria la presencia de una persona poseída por un espíritu. Esto no tiene paralelo en ninguno de los casos.
12) Los participantes acercan sus dedos a la boca, los besan y luego se tocan los ojos y la cabeza. Tampoco tenemos paralelos de esto. Tras ello se sientan en unos sitios determinados.
13) Reparto y consumo de la carne. Ente los kafires no se puede consumir la sangre, tampoco entre los hebreos, griegos ni persas. La carne se cuece y se reparte, correspondiéndole al sacerdote una porción especial. Esto es común con los hebreos, los persas y los griegos. Cada persona puede llevarse la carne y consumirla en su casa. No se dice que la carne deba ser consumida ese día o al siguiente.
14) Los huesos se queman ante el ídolo o el altar, al igual que en Grecia y entre los hebreos.
15) En la comida se consume vino, puro o mezclado en copas y vasos. Esto es común con los griegos y hebreos, pero no entre los persas.
16) Hay otras formas de ejecución, como el hachazo en la frente de una vaca entre los pueblos del norte, según lo que dice el mulá Nujib.

Si tenemos en cuenta esta lista de concordancias, podremos comprobar que curiosamente el tipo de sacrificio menos similar es el persa, ya que en él no suele haber parte dedicada a los dioses. Lo único que parece ser más similar entre persas y kafires es la omnipresencia del fuego. Tampoco existe el holocausto, común a griegos y semitas, ni la ejecución de la víctima arrojándola a un precipicio.

Ahora bien, si tenemos en cuenta las observaciones de G. S. Kirk acerca de los peligros de los sistemas, y a ellas añadimos que los rituales sacrificiales más elaborados y estables y formalizados requieren un corpus de textos sagrados, fijados y transmitidos de generación en generación, lo que se da en el mundo védico, o en el caso de la liturgia cristiana, que permaneció muy estable desde sus orígenes porque hubo una institución, la Iglesia, que fijo un corpus de textos canónicos, reguló la liturgia en sus gestos, acciones, invocaciones y oraciones[114], podríamos entonces plantear la pregunta siguiente: ¿es posible que los rituales kafires puedan tener un origen helénico, teniendo en cuenta que en su país existió realmente el reino griego de Bactriana, conocido como hemos visto por las fuentes literarias, arqueológicas y numismáticas? Para contestar esta pregunta estableceremos un balance de pruebas a favor y en contra.

Localización del antiguo reino griego de Bactriana.

---

114 Puede consultarse sobre este tema el libro de Louis Duchesne: *Origines du culte chrétien. Étude de la liturgie latine avant Charlemagne*, Fontemoing Editeur, París, 1908, que sigue siendo muy útil, a pesar de la fecha de su publicación.

Quizás a algunos lectores les haya sorprendido que un trabajo sobre el sacrificio comience con una introducción histórica y antropológica tan amplia. Pero esa introducción era necesaria para que se pueda comprender la complejidad del devenir histórico de los pueblos del actual Afganistán. Hemos visto cómo desde la protohistoria surgieron allí culturas urbanas basadas en la agricultura de regadío. La historia de esas culturas se caracteriza porque sus poblaciones rurales mantuvieron el mismo tipo de organización social y la misma cultura material durante milenios. Y eso explica que las aldeas de Egipto, Irak, Irán, India o China hayan permanecido en el mismo estadio hasta la llegada de la industrialización y la colonización occidental, que estuvo motivada por el interés en la explotación de los recursos de esos países, ya sea el algodón egipcio o todos los productos afganos enumerados.

Los cambios políticos en esas civilizaciones fueron en paralelo a la vida de las aldeas de campesinos y pastores. Sin embargo, en ocasiones fueron funestos, como cuando los mongoles destruyeron los regadíos y ciudades afganas. Una de las causas de la decadencia de esas civilizaciones fue el deterioro de sus sistemas de regadío. Eso ocurrió en Afganistán, pero también en los valles irrigados por el Éufrates y el Tigris, cuyo suelo se salinizó por el excesivo regadío y la sedimentación fluvial en el área próxima al golfo Pérsico.

Cuando un sistema político decae, los campesinos pueden seguir viviendo más o menos igual y se ven liberados del pago de los impuestos y la prestación de las corveas. Pero si se da el caso, como en el Kafiristán, en el que esas aldeas se sitúan a más de 2000 metros sobre el nivel del mar, en valles aislados de un acceso tan difícil que ni siquiera los ejércitos soviético, norteamericano y de la OTAN fueron capaces de controlarlos, eso explicaría que en ellos pudiese pervivir aislada por muchos siglos una cultura anterior, aunque se fuese empobreciendo.

Lo que pudo ocurrir con los kafires y su religión es que, tras la decadencia de los reinos de Bactriana y Sogdiana, algunos grupos griegos consiguieron sobrevivir aislados en esos valles, imponiéndose sobre las poblaciones indígenas. Recordemos que practicaban la esclavitud y había mucha diferencia de riqueza entre los guerreros y las clases inferiores. En esos valles no se dio la fusión entre la minoría dominante griega y los indígenas, al igual que en la mayor parte de los reinos helenísticos. Y la lengua griega quedó reducida a los grupos superiores dominantes. Claire Préaux explicó ese proceso a nivel general[115]. Y tal y como ella cree, lo mismo pudo producirse en estos reinos helenísticos más orientales.

Con el tiempo y el aislamiento, la lengua griega de los grupos superiores habría ido desapareciendo, como ocurrió en Egipto y los reinos seléucidas, manteniéndose las antiguas lenguas locales y pudiendo penetrar otras de grupos vecinos más poderosos, como las del grupo del sánscrito, al que parece ser que se correspondía la antigua lengua *pashai*. Pero, como las bases materiales de esa cultura continuaron siendo las mismas hasta 1808, cuando llega a su proximidad la expedición de M. Elphinstone, se conservaron costumbres tan exóticas en esa región como el consumo general del vino, puro o mezclado con agua y bebido en copas y vasos de plata; el uso de la música de flauta y las danzas corales de hombres y mujeres, y el propio ritual sacrificial.

Todos los ritos poseen un nivel prepredicativo, tal y como ha señalado W. Burkert. Se repiten por generaciones en sus actos, gestos y palabras, sobre todo cuando están tan ligados a la solidaridad del grupo, como en el caso del sacrificio sangriento. Por esa razón, y porque el mulá Nujib fue un testigo presencial, capaz por su formación letrada de recoger descripciones minuciosas, podemos conjeturar con un cierto margen de probabilidad que el sacrificio kafir recoge, posiblemente, al menos en parte, rasgos esenciales de la *thysía*. Algunos son semejantes a los del sacrificio védico, pero lo que lo diferencia de él es la inexistencia de textos rituales formalizados, transmitidos por una clase sacerdotal tan especializada y diferenciada del resto de la población como lo fueron los brahmanes.

---

115 *El mundo helenístico, II. Grecia y Oriente (323-1546 a. C.)*, Labor, Barcelona, 1984 (París, 1978), pp. 332-358.

Así, en el marco de una macro expedición militar y colonial del Imperio británico, se habría producido el contacto directo con estos pueblos que se consideraban a sí mismos griegos, no por el conocimiento de la historia escrita, sino por una tradición que tiene cierta verosimilitud de ser real, pero en la que no es posible saber si quizás en algún momento fue alimentada por alguna otra tradición culta.

Los kafires han desaparecido como pueblo. Ahora en Nuristán viven gentes que son musulmanas muy integristas, que han dejado de beber vino, de tocar música de flauta, que hablan pastún, o bien la lengua de los uzbekos y tayikos, que ya no tienen dioses, héroes ni ídolos, ni por supuesto hacen sacrificios. Y que han borrado su pasado, pues como buenos musulmanes consideran que la historia comienza con la hégira y que las religiones anteriores al islam no tienen ningún valor. Por eso los testimonios del mulá Nujib tienen un valor inapreciable.

Capítulo 2
Los dos pilares del Imperio británico. La India de un historiador utilitarista: James Mill

> «Me desconsuela la inmovilidad, la apatía e inercia de este pueblo. Pasan la vida en un perpetuo sueño en lugar de comerciar, de construir nuevos pueblos, de dar movimiento a las antiguas ciudades, establecer vías de ferrocarril, lanzarse a los negocios, inventar, organizar, vivir en una palabra».Rudyard Kipling, *El collar sagrado*, p. 1100.
>
> (*Obras completas*, Janés, Barcelona, 1951).

En la historia intelectual pueden darse curiosas paradojas, y una de las más llamativas es que autores que en su época fueron considerados como fundamentales hoy han caído en el olvido. No se trata de una cuestión de modas o de gustos estéticos, como la que hace que pintores, escultores y todo tipo de literatos pasasen de ser considerados como referentes a caer en un olvido tan notorio que hasta resulta imposible hallar ejemplares de sus obras. El hecho sobre el que deseamos llamar la atención es algo más profundo y va más allá de las modas, porque implica diferentes visiones globales del pasado en los distintos campos de la historia de las ideas.

Nuestra tradición filosófica suele entenderse como una lucha constante entre el idealismo y el realismo, que serían encarnados en las dos figuras prominentes de Platón y Aristóteles. Sin embargo, ni en la Antigüedad clásica, ni en la historia de la filosofía europea anterior al siglo XIX, eso fue así. El filósofo más famoso del mundo grecorromano fue Posidonio de Apamea, que fue además geógrafo e historiador, pero del que no conservamos ninguna de las obras de su extenso catálogo. En la época de Posidonio el platonismo y el aristotelismo estaban prácticamente fundidos de un modo algo artificial, y por eso nadie pensaba que la opción filosófica fundamental fuese la de escoger entre uno de ellos.

Si la obra de Posidonio, como la de la mayor parte de los filósofos estoicos, o la de Epicuro se perdieron, fue porque dejaron de ser copiadas y de transmitirse de generación en generación. Y ello se debió no solo a circunstancias puramente filosóficas, sino también a factores institucionales. La Academia de Platón perduró desde su fundación en el siglo IV a. C. hasta su cierre por orden del emperador Justiniano. En ella se conservó la obra del maestro prácticamente en su totalidad. Y fue ese factor, unido a la idea de que el platonismo era en cierto modo un precedente del cristianismo, lo que mantuvo vivo a Platón en el mundo bizantino.

Aristóteles y el Liceo tuvieron mucha menos suerte. El filósofo macedonio tuvo que exiliarse de Atenas por razones políticas y emigrar a la ciudad de Assos junto a su biblioteca, de la que se perdieron la mayor parte de sus libros. Eso hizo mucho más difícil la transmisión histórica de su pensamiento, que fue revitalizado en la Edad Media gracias a las traducciones al sirio, en primer lugar, y luego al árabe y de este al latín. La historia intelectual es un juego estratégico en el que concurren diferentes circunstancias: la propia estructura de las teorías, los conocimientos disponibles, pero también las circunstancias biográficas de cada autor, así como las circunstancias económicas en las que vivió; lo que Ortega y Gasset llamaba las circunstancias en sentido antropológico y metafísico.

LOS MILL: UNA HISTORIA FAMILIAR E INTELECTUAL

Un ejemplo muy claro de todo esto es la vida y la obra de James Mill (1773-1836), que vivió a caballo de las edades Moderna y Contemporánea, y cuya figura quedó, en cierto modo, anulada entre las de su maestro, Jeremy Bentham, el creador del utilitarismo, y la de su hijo, John Stuart Mill, uno de los más importantes filósofos ingleses. Pero a estos factores de carácter intelectual debemos añadir una circunstancia muy particular, y esa fue el hecho de que J. Stuart Mill escribiese su autobiografía, en la que tuvo la ayuda de su mujer, Harriet Taylor Mill, con la que fue coautor de sus célebres ensayos sobre la libertad sexual y la sujeción de la mujer[116].

J. Stuart Mill fue víctima del ensayo pedagógico llevado a cabo por su padre James, que intentó educarlo, ya desde su nacimiento, siguiendo un método totalmente racional y científico, orientado al desarrollo de sus capacidades intelectuales, a costa de su desarrollo emocional. La figura de James Mill fue objeto de sátira, mediante la alusión indirecta, en la novela de Miguel de Unamuno *Amor y pedagogía*, en la que su protagonista intenta educar a su hijo siguiendo un método similar al de James, con el fin de hacer de él un científico, pero se ve abocado al fracaso cuando su hijo se convierte en poeta, que es lo más opuesto que puede haber a la visión del mundo utilitarista.

Pero John Stuart Mill, que ya estudiaba a Homero a los tres años, no solo no salió poeta, sino que fue un continuador del pensamiento utilitarista, y de la obra de su padre, a costa de sufrir un largo padecimiento psíquico de difícil diagnóstico, pero al que por lo general se le suele llamar depresión. En la salida de esa depresión fue fundamental su mujer casada, Harriet Taylor, que pasaría a ser su compañera, y luego esposa, pero con la que no parece —en la medida en que eso se pueda saber con certidumbre— haber sido capaz de mantener relaciones sexuales, siendo para él más una figura materna que una compañera sexual.

La relación padre-hijo de los Mill pesa sobre ambos como una maldición. De hecho, el historiador Bruce Mazlish intentó analizar el pensamiento de ambos bajo un prisma psicoanalítico unilateral, dejando un poco de lado sus obras, que valdrán o no por su contenido, y no por las circunstancias personales que

---

116 J. Stuart Mill: *Autobiografía*, Alianza Editorial, Madrid, 1986 (Londres, 1873); J. Stuart Mill, Harriet Taylor Mill: *Ensayos sobre la libertad sexual*, Península, Barcelona, 1973.

hayan rodeado su producción[117]. El James Mill de B. Mazlish es un represivo padre inglés, que mantiene una mala relación con su esposa e intenta anular los sentimientos de su hijo, ahogándolos en los moldes del pensamiento puramente racional estrictamente laico, pero no por ello menos dogmático. Mazlish contrapone constantemente lo masculino, racional y autoritario, con lo femenino, emocional y subordinado. Y ese modelo que forma la base del triángulo edípico lo traspone al estudio de todo el pensamiento de James, incluyendo el libro que lo hizo rico y famoso, su *History of British India*[118].

UN LIBRO DE REFERENCIA DEL UNIVERSO VICTORIANO

James Mill dedicó diez años a escribir esta obra, que supera las 2000 páginas, en numerosos volúmenes, y que en lo esencial es un minucioso relato del dominio de la Compañía de las Indias Orientales, de la que él fue un empleado muy bien pagado, como más tarde su hijo John. Pero en la que se incluyen análisis de los hechos económicos, de las instituciones de todo tipo, de la religión y de las costumbres, sintetizando todos los conocimientos de la época. Sin embargo, para Mazlish existe un esquema que permite comprender la totalidad de la inmensa obra, y es el siguiente: James Mill es un racista, que cree que los hindúes no son capaces de gobernarse por sí mismos, debido a su carácter como pueblo, que se define no solo en contraposición a los ingleses, destinados a hacerse ricos con el comercio de la India primero y luego a civilizarla, sino a los musulmanes. Los musulmanes serían los héroes de su narración, que acaba antes de que se estableciese la institución del gobierno británico, dirigido por el virrey de la India, como delegado de la emperatriz de esta, la reina Victoria. Y frente a ellos estarían los hindúes.

---

117   Véase *James and John Stuart Mill. Father and Son in the Nineteenth Century*, Basic Books, Nueva York, 1975.

118   *The History of British India*, Baldwin, Cradock and Joy, Londres, 1817, 3 vols. Mazlish analiza esta obra en *op. cit.*, pp. 116-145.

Mazlish desarrolló su interpretación siguiendo un modelo psicoanalítico, que se ajusta muy bien a las propias ideas de James Mill; tendríamos el contraste siguiente: los musulmanes son viriles, activos, valientes, y no aceptan el despotismo, mientras que los hindúes son indolentes, débiles, degenerados, afeminados y viciosos, sobre todo en el terreno sexual. Y mientras los musulmanes son capaces de desarrollar el pensamiento racional, los hindúes, por el contrario, son víctimas de una imaginación desbordada, que se manifestaría en su mitología, sus ritos, y su incapacidad para la creación intelectual que, como luego veremos, intenta desacreditar forzando los argumentos y seleccionando los hechos a favor de su teoría. De este modo, todo lo válido en las artes, las ciencias y el pensamiento que podamos hallar en la India se debería o bien a las influencias occidentales —más en concreto griegas a través de los reinos de Bactriana y Sogdiana— o musulmanas.

Como en la familia burguesa decimonónica solo existe una autoridad, pues no en vano ya había ironizado Gladstone diciendo que «en el matrimonio el marido y la mujer son una única persona, y esa persona es el marido»; y esa autoridad, más racional, debe guiar a su esposa e hijos que le son inferiores, no solo intelectualmente, sino también porque su conducta se guía básicamente por las pasiones y los sentimientos, del mismo modo, en el caso de la India, como señala Mazlish, solo la introducción de la razón, mediante la difusión del utilitarismo, que ha de establecer un sistema de administración y crear nuevas leyes, y de la religión evangélica, se podrá llegar a crear un gobierno racional. Un gobierno en el que la razón, de los que saben, permita a los que no saben mejorar sus vidas y refinar sus costumbres, lográndose así el equilibrio de placeres y dolores que permita crear la mayor cuota de felicidad para el mayor número de personas, gracias a un equilibrio de intereses similar al que regula el mercado[119].

La obra de James Mill merece un análisis más detallado, no solo por la inmensa cantidad de información que maneja, sino

---

119   John Stuart Mill sintetizó estas ideas creadas por J. Bentham y su padre James
      en sus ensayos: *Sobre la libertad*. *Utilitarismo*, Aguilar, Madrid, 1971 (1859 y 1863).

porque sirvió como libro de referencia para la representación inglesa de la India en el siglo XIX, en el que su autor gozó de un inmenso prestigio como historiador, cuando la profesión de historiador aún no tenía reconocimiento académico en Inglaterra o Escocia. Se da la paradoja de que un autor como David Hume, al que hoy estudiamos en el ámbito de la historia de la filosofía, se hizo famoso, y rico, con sus dos grandes obras históricas, su *History of England* y su *History of England Under Tudors*. Y lo mismo ocurrió con James Mill, al que se quiere a veces desacreditar por parte de los historiadores académicos, que olvidan que las más grandes obras historiográficas del siglo XVIII inglés y escocés se escribieron fuera del ámbito académico.

Este fue el caso de Edward Gibbon, cuya obra *The Decline and Fall of the Roman Empire*, concluida en 1871[120], que fue esencial para James Mill, no debe nada a su formación académica en la universidad de Oxford, como él mismo señaló en su autobiografía[121]. La obra de Mill debe entenderse en el marco de la Ilustración escocesa y de la vida intelectual de la ciudad de Edimburgo, en la que desarrollaron su vida intelectual el propio David Hume, Adam Smith, y la escuela de la llamada historia conjetural escocesa. Sus autores, como Adam Ferguson, entendieron la historia como un proceso global, cuyo protagonista es la humanidad como conjunto, o lo que ellos llamaban la sociedad civil, que estaba dirigida por las leyes que determinan el progreso dentro del proceso histórico, leyes cuya referencia básica sería la economía política[122].

---

120 Se compone de siete volúmenes, que fueron reeditados en 1909 por John Bury, Methuen and Company, Londres, con numerosas notas, apéndices y comentarios que hacen balances del valor de la obra en esos momentos.

121 *Memorias de mi vida,* Alba Editorial, Madrid, 2003 (Londres, 1815). Sobre este tema pueden verse también J. W. Burrow: *Gibbon,* Oxford University Press, 1985, y J. Cotter Morison: *Gibbon,* Macmillan, Londres, 1878, todavía de interés.

122 Adam Ferguson, *An Essay on the History of Civil Society,* Cambridge University Press, 1995, edición de Fania Oz-Salzberger (Edinburgh, 1761). Sobre la vida intelectual de Edimburgo puede verse James Buchan: *Capital of Mind. How Edinburgh Changed the World,* John Murray, Londres, 2003, y también es muy interesante Ian Simpson Ross: *The Life of Adam Smith,* Oxford University Press, 2010, por su análisis de los círculos intelectuales de la ciudad y del mundo de la Ilustración escocesa.

JAMES MILL, ADMINISTRADOR, JURISTA E HISTORIADOR

James Mill fue a la vez un trabajador especialista en los mecanismos económicos de la Compañía de las Indias Orientales, un economista y reformador social y un filósofo. Y por eso, al contrario que muchos historiadores académicos, hizo una reflexión sobre el conocimiento histórico, sus métodos y su valor. Los historiadores suelen decir que ellos hacen o escriben la historia, y que su misión no es hablar sobre ella[123]. El problema es que por esa razón no suelen distinguir entre el conocimiento tácito y el conocimiento implícito y por eso transmiten, sin ningún tipo de reflexión, no solo los métodos y los valores en los que se basan sus comunidades profesionales, sino también sus valores y sus prejuicios de todo tipo: nacionalistas, de género, religiosos, políticos y sociales. James Mill deja claro en su obra cuáles son sus ideas, y por esa razón saca a la luz sus presupuestos y prejuicios sobre los que él cree que se ha de basar el dominio británico sobre la India, y en eso, además de en su ingente información, reside el interés de su libro sobre el tema.

J. Mill no pretender escribir una historia universal, o filosófica y conjetural como se llamaba en su época. Ni tampoco quiere escribir una historia de Inglaterra, como había hecho David Hume, ni mucho menos una historia de la India, pues achaca a los hindúes, entre otras muchas cosas, que carecen de historiografía, por lo cual esa labor no sería posible. Lo que él quiere narrar está muy claro: es el dominio inglés sobre una parte de la India, y cómo la India llegó a ser británica.

Comienza por reconocer que no estuvo en la India y que además desconoce las lenguas orientales, estudiadas por muchos ingleses, como sir William Jones, y por filólogos de otros países, como Anquetil Dupeiron, o más tarde Max Müller[124]. Sin embargo, considera que eso no es óbice para poder escribir su libro, por varias razones. La primera es que manejará

---

123 Sobre este tema ver José Carlos Bermejo Barrera: «Making History, Talking about History», *History and Theory*, 40, 2001, pp. 190-205.
124 Ver: *The History of British India,* I, p. XII (de ahora en adelante, *HBI*).

todos los libros europeos que recogen cualquier tipo de información sobre la India. El conjunto de esos libros es superior a lo que podría ser el testimonio directo de una persona que viajase, o viviese, en la India, porque ese testimonio sería parcial, por estar espacial y temporalmente limitado, y además puede ser subjetivo y estar condicionado por simpatías o antipatías de viajero.

Cita J. Mill una fábula hindú, la de la ciudad de los ciegos y el elefante, que puede resumirse así. En Afganistán había una ciudad cuyos habitantes eran todos ciegos. Un día les llegó la noticia de que iba a llegar a ella un elefante, y decidieron mandar a tres mensajeros para informarse de cómo era el animal[125]. El primero tocó su trompa y llegó a la conclusión de que el elefante era un gigantesco gusano que se mantenía vertical; el segundo tocó una pierna y llegó a la conclusión de que el elefante era como una columna; y el tercero tocó la oreja y llegó a la conclusión de que el elefante era como un abanico. Al llegar a la ciudad cada uno narró su historia, pero ninguno quiso escuchar a los otros dos. Por eso no llegaron a ningún acuerdo y la ciudad de los ciegos sigue todavía discutiendo cómo es un elefante. Para evitar este defecto, lo que propone J. Mill es seguir el método de la filosofía, o sea, de la lógica de la investigación o de la lógica inductiva, que se basa en los siguientes principios:

– Combinación de la información.
– Discriminación y selección de la misma.
– Clasificación de los hechos.
– Aplicación de las reglas de juicio, o sea, del razonamiento práctico.
– Comparación entre las informaciones y los hechos.
– Valoración de su importancia.
– Aplicación de las reglas de la inferencia.
– Aplicación de las reglas de la inducción[126].

---

125 *HBI*, I, p. XVIII.
126 *HBI*, I, p. XV.

Todos estos principios ya habían sido sintetizados por sir Francis Bacon, pero en el siglo XVIII fueron la base de la filosofía escocesa del *common sense* de Thomas Reid[127]. Pero el gran estudioso de los mismos, y a la vez creador de una lógica inductiva sistemática, iba a ser precisamente su hijo, John Stuart Mill[128].

El historiador, según J. Mill, debe conocer los campos de la legislación, de hecho, él será un gran reformador legal, de los procedimientos judiciales, de la administración en todas sus ramas, de la guerra, del comercio y sus leyes y de la diplomacia. Como todas las leyes que rigen esos campos son universales, su aplicación, unida al conocimiento de los hechos, permite conocer el proceso histórico entendido bajo el prisma de la ciencia social, y sobre todo de la economía política, en la que James Mill será un fiel seguidor de David Ricardo.

Una característica de un buen historiador ha de ser su imparcialidad, por eso, tomando una cita del *Dictionnaire Historique et Critique* de Pierre Bayle, dice: «La perfección de una historia es conseguir desagradar a todas las sectas, porque eso es una prueba de que su autor no adula ni a los unos ni a los otros, y que le suelta a cada uno sus verdades»[129]. Si bien es cierto lo que decía P. Bayle al aplicarlo a católicos y protestantes, el caso de J. Mill es diferente, porque tiene muy claro que su conocimiento del método científico le garantiza su neutralidad y veracidad, a pesar de que a veces reconoce que sus citas pueden no ser muy exactas, porque muchas veces son de segunda mano[130].

Intenta evitar los prejuicios más evidentes de su época, como los que contraponen la crueldad de los orientales con la benevolencia de los europeos, como, por ejemplo, cuando reconoce

---

127 Ver: *Investigación sobre la mente humana según los principios del sentido común*, Trotta, Madrid, 2004 (1764), edición y traducción Ellen Duthie.
128 *System of Logic Racionative and Inductive. Being a Connected View of the Principles of Evidence and the Methods of Scientific Investigation*, I y II, Longmans, Green, Reader and Dyer, Londres, 1875. Ver sobre todo I, pp. 448-471, para los métodos de la investigación, y II, pp. 291-400, sobre las falacias, y pp. 409-460, para la lógica y los métodos de las ciencias sociales.
129 *HBI*, I, p. XXIV.
130 *HBI*, I, p. XXVII.

que algo que llama mucho la atención, la aplicación de la tortura por parte de la Compañía de las Indias Orientales, era también general en la Europa del siglo XVII, tanto en el caso de los interrogatorios como en su uso como castigo, muchas veces público[131].

COMERCIO, PROGRESO Y EL
AMANECER DE LA RAZÓN

La estructura de su libro es la que marca la propia historia de la compañía para la que trabaja. Explica cómo se formó, cómo se fueron sumando las diferentes participaciones de capital, y cuáles fueron, una tras otra, las expediciones y los cargamentos de cada barco, así como los rendimientos de las distintas operaciones comerciales, ya fuesen de la propia compañía o de los comerciantes. La Compañía aparece como competidora de los mogoles que controlan y gobiernan la India, a la vez que compite en ello con Holanda y Portugal, con quienes se disputa los beneficios del comercio.

La dinámica comercial en cada uno de estos tres países se basaba en el poder del rey que otorgaba licencias, *cartazes* para los portugueses, por ejemplo, a los comerciantes y sus empresas. Lo mismo ocurriría en Inglaterra con las patentes reales, pero no así en Holanda. Los comerciantes de estos tres países se disputan el mercado, arrinconando Holanda e Inglaterra a Portugal a partir del siglo XVII.

De ese mercado se extrae la producción local y mediante él se introduce el capital del que la India era deficitaria. Pero ese mercado no puede funcionar sin el apoyo de la fuerza, ya sea la local de los *nawabs*, reyes, y de los *zamindars*, nobles, que poseen ejércitos mercenarios que poco a poco van a ser sustituidos por los de la propia Compañía, que eran estables por poder pagar a sus mercenarios todo el año. En un principio el comercio no se habría regido por su propia lógica, como señala

---

131   *HBI*, I, pp. 34-35.

J. Mill: «Da la impresión de que, en el período inicial, cuando el comercio y la soberanía estaban mezclados, como es lógico, aunque por desgracia eso no deja de ser lamentable, el comercio fue objeto de desprecio; y de ser objeto de desprecio, como consecuencia lógica, pasó a ser objeto de desprestigio. Un comercio que es objeto de desprestigio es, por supuesto, un comercio sin beneficio»[132].

J. Mill, al igual que Adam Smith y David Ricardo, consideraba que en la historia la transición más importante habría sido el paso de la sociedad militar a la comercial e industrial[133]. Las sociedades militares se caracterizan no solo por el uso de la violencia, sino también por la falta de garantías jurídicas, la venalidad y la crueldad. Por eso en la propia historia de la Compañía fue esencial la depuración de todos estos componentes, que estaban presentes en sus primeras fases, tanto en su propia patria como en la India. Señala J. Mill que: «La Compañía, mientras tanto, no olvidaba los métodos corruptos habituales para conseguir favores en su patria. Parece ser que distribuyó sumas grandes de dinero a los poderes para conseguir licencias. La Cámara de los Comunes estaba dispuesta a semejantes transacciones»[134].

Raja hindú hecho prisionero por los afganos.

---

132 *HBI*, I, p. 73.
133 Ver el análisis de Víctor Méndez Baiges: *El filósofo y el mercader. Filosofía, derecho y economía en la obra de Adam Smith*, FCE, México, 2004.
134 *HBI*, I, p. 79.

Hasta fines del siglo XVII los robos y los asesinatos eran comunes en Europa, incluso en sus países más avanzados. Se robaba en la tierra y se robaba en el mar, en el que abundaban los piratas. La violencia general hacía que, al igual que en la India, las mutilaciones de narices, ojos, miembros o del cuero cabelludo se utilizasen como castigo, las ejecuciones fuesen públicas y los cadáveres quedasen expuestos en los árboles, en las picotas o en las murallas de las ciudades. Mill no era en modo alguno un maniqueo y puso ejemplos de todo ello en las leyes sajonas, burgundias, salias, alamanas, bávaras, turingias, anglias, frisias o lombardas, especificando cómo regulaban la venganza de sangre y cómo establecían tasas para lograr acuerdos que pusiesen fin a las venganzas de sangre [135]. Por eso no se debe caer al analizar su obra en juicios simplistas que lo presenten únicamente como un ideólogo del colonialismo inglés: pues, aunque sí lo fue, sus planteamientos fueron mucho más complejos.

La regulación de las actividades de la Compañía se iniciaría en el año 1699, cuando se creó la New Company, tendiendo poco a poco a desaparecer la Sociedad de Caballeros Aventureros, o lo que es lo mismo, la vieja Compañía. La nueva fundación se consiguió mediante un decreto, o una orden, de la Cámara de los Comunes, que accedió a promulgarla gracias a un crédito concedido por la nueva Compañía al gobierno, crédito que fue posible porque había incrementado su capital gracias a la suscripción de nuevas acciones[136]. Así nació *The United Company of Merchants trading to the East Indies*, que consiguió monopolizar el comercio.

Habíamos visto cómo la figura de J. Mill tuvo la desgracia de ser conocida como la de un padre autoritario, a fuer de querer ser racional, y quizás como incapaz de comprender la naturaleza femenina. Sin embargo, él consideraba que si hay algo que marque la diferencia entre los salvajes y los civilizados es la condición de la mujer: «La condición de las mujeres es una de las principales circunstancias entre las costumbres de cada

---

135   *HBI*, I. pp. 152-159.
136   *HBI*, I, p. 86.

nación, y uno de los criterios más importantes para medir el estadio social al que han llegado»[137]. Una idea esta que fue compartida por algunos de sus contemporáneos, como el doctor William Alexander, también escocés, quien, partiendo de los datos tomados de la historia antigua, de la Biblia y de la historia medieval, había escrito una historia de las mujeres en la que expone la tesis de que es esencial el acceso de las mujeres, de clase media exclusivamente, a la educación[138]. La historia de Alexander estuvo muy relacionada con el movimiento conocido como las *blue stockings*, un grupo de mujeres burguesas cultas que aspiraban a su emancipación y llevaban como signo oculto de su identidad colectiva unas medias azules. Este libro recibió en Escocia e Inglaterra numerosas críticas por parte de los sectores eclesiásticos y políticos más conservadores, que lo ridiculizaron como una *History of Spinters,* o una historia de las solteronas.

DEL SALVAJISMO A LA CIVILIZACIÓN

Para Mill, la diferencia básica entre los salvajes y los civilizados es que los salvajes son personas moralmente degradadas. Estaban dominados por la pasión sexual casi sin control, y por ello carecerían de ternura y sensibilidad. Su cuerpo dominaría totalmente a su mente. Y esa sujeción a sus pasiones hacía de ellos presa fácil de la esclavitud por parte de unos déspotas de su misma naturaleza. Por el contrario, los civilizados tenderían a buscar los componentes más elevados de la naturaleza humana. Practicarían la contención sexual y serían capaces de empatía y ternura. Ese dominio de su cuerpo mediante el poder de sus mentes los haría libres y capaces de resistirse a la tiranía [139].

Los salvajes desprecian a las mujeres, haciendo que no puedan recibir ninguna educación. Le impiden el acceso a la propiedad y las hacen vivir segregadas, hasta el punto de que ni

---

137 *HBI*, I, p. 243.
138 *History of Women,* I y II, Edinburgh, 1783.
139 *HBI*, I, pp. 294-295.

siquiera podrían comer con sus maridos. Esas mujeres son golpeadas, pueden ser vendidas y compradas. Sus maridos pueden repudiarlas sin necesidad de justificación alguna, e incluso pueden ser sacrificadas en el salvaje ritual del *sati*, en el que las viudas eran quemadas vivas en la pila funeraria del marido. Hay, sin embargo, una curiosa excepción, que J. Mill no ve con demasiados malos ojos. Y es el caso del pueblo *nayar*, muy conocido en la antropología, en el cual se practica la poliandria, y una mujer puede tener varios maridos simultánea o sucesivamente[140]. El ejemplo no deja de ser curioso, pues para los europeos del siglo XVIII y XIX eso solo sería un caso de promiscuidad sexual femenina, que tendía a explicarse por razones médicas, tal y como hizo el doctor Isaac Baker Brown, que gozaba de un enorme prestigio, por ser, entre otras cosas, cirujano principal de la London Surgical Home, ginecólogo jefe del Hospital Saint Mary, presidente de la Medical Society of London, y miembro titular o correspondiente de una decena de academias médicas.

Pues bien, el doctor Baker Brown fue el gran apóstol de la cliterectomía, a la que consideraba como un medio curativo extraordinario de todos los trastornos del deseo sexual femenino y los consecuentes desórdenes mentales que se suponía que acarreaba. Dedicó un libro a explicar los beneficios de su técnica, que naturalmente también causaba infecciones, hemorragias e incluso la muerte[141]. Que el pudoroso James Mill considerase que la poliginia *nayar* fuese un signo positivo de liberación de la mujer en la India es, desde luego, llamativo en este contexto histórico[142]. Quizás sea otra muestra más del carácter más complejo de lo que se pensaba de su pensamiento.

---

140 *HBI*, I, p. 307-308.
141 I. Baker Brown: *On the Curability of Certain Formes of Insanity, Epilepsy, Catalepsy, Hysteria in Females*, Robert Hardwicke, Londres, 1866.
142 No en vano, el célebre criminólogo Cesare Lombroso atribuyó también la delincuencia femenina al desorden sexual. Ver Cesare Lombroso y Guglielmo Ferrero: *Criminal Woman, the Prostitute and the Normal Woman*, ed. y traducción Nicole Han Rafter y Mary Gibson, Duke University, Londres, 2004 (ed. Original, 1893). Y lo mismo ocurrió en el caso del doctor A. Moll: *Les perversions de l'instinct génital*, Georges Carre, París, 1897.

Maharaja hindú.

El sistema que va a diseñar James Mill para justificar el dominio inglés sobre la India se basa en la contraposición entre los hindúes y los musulmanes en los aspectos psicosociales, culturales y religiosos. Comenzaremos por los hindúes: «El hindú es una especie de planta sensible. Sin imaginación, y sus pasiones están listas para dispararse a la mínima exaltación. Y tiene una agudeza y velocidad mentales que parecen estar íntimamente conectadas con la sensibilidad de su ambiente»[143]. Su carácter moral, documentado por relatos de todo tipo, y por personas que viven en la India, dejaría muchísimo que desear. Se caracteriza por su doblez, que le lleva a practicar el fraude y el perjurio. Es ingrato, falso y depravado, a la vez que ignorante y supersticioso. Como señala el juez de Janpore citado por J. Mill: «He observado entre los habitantes de este país que algunos de ellos son más eminentes que los de otros países, pero jamás he visto a un hombre moral y virtuoso»[144].

La conducta general de la población está caracterizada por las constantes discordias, el odio generalizado, los abusos y las afrentas de todo tipo, las quejas, verdaderas o falsas, los litigios sin fin, las injurias y la malevolencia general. Y como sus mujeres están sometidas a una abyecta subordinación, son enemigas furibundas unas de otras, se gritan continuamente. Son muy obscenas y violentas, ladronas a gran y pequeña escala, y no cesan de conspirar y urdir toda clase de intrigas. Todo ello está favorecido por el despotismo, que degrada a las personas, y por las innumerables manipulaciones que genera el sistema de castas.

En los siglos XVIII y XIX algunos autores europeos crearon la ficción de los sabios y buenos sacerdotes, depositarios de una sabiduría ancestral, que serían los brahmanes. Pero la visión de ellos que tiene J. Mill, apoyada en innumerables testimonios, es mucho más prosaica, pues carecen de principios, en la práctica, y no tienen ningún tipo de escrúpulos, ni moral alguna, siendo además muy mentirosos. Son egoístas, aceptan sobornos,

---

143 *HBI*, I, p. 313.
144 *HBI*, I, p. 323, y en general, pp. 321-331.

son defraudadores y extorsionadores de la población. Abusan de su poder, pues son venales y corruptos, a la vez que serviles y aduladores con sus superiores. Y por lo general maltratan a sus mujeres y a sus hijos [145]. «La astucia y el artificio son para ellos sabiduría: engañar y ganar es el modo de conseguir la reputación de sabio»[146].

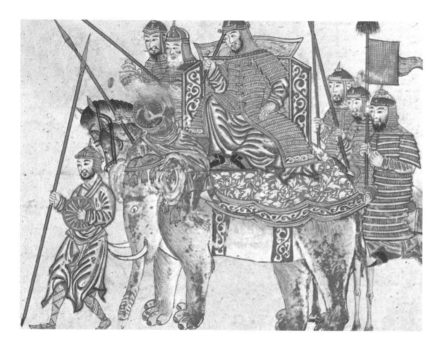

Mahmud de Ghazni.

Mill dedica un ímprobo esfuerzo a intentar demostrar que la India no ha aportado nada original a la historia de la civilización en las matemáticas, sobre todo en el álgebra, en la astronomía, la gramática, las leyes y las artes en general. Mientras que se admitía por unanimidad que a ellos debemos el descubrimiento del cero y la numeración posicional, para Mill el álgebra sería creación de Diofanto, y todas las matemáticas y astronomía hindúes

---

145 *HBI*, I, pp. 326-327.
146 *Ibid.*

serían creaciones griegas recibidas desde el reino de Bactriana. Lo único que ellos tendrían sería la astrología.

Para Mill la civilización y el progreso son occidentales y europeos, y por eso considera absurdas las alabanzas a la sabiduría hindú, sobre todo por parte de William Jones[147]. «El progreso del conocimiento y la fuerza de observación muestra la necesidad de considerar el actual estado de los hindúes como muy poco alejado de las naciones semicivilizadas»[148]. Es insostenible que hubiese decaído desde un estadio superior, porque el progreso histórico es lineal, y en él es necesario ir superando sucesivos pasos, que los hindúes no recorrieron[149]. Los restos del salvajismo o del estadio religioso pervivirían en la India en el despotismo, el dominio de los sacerdotes, el sistema de castas con sus tabúes y sus ritos innumerables que no son más que una justificación de la desigualdad, así como la corrupción y la avaricia de los sacerdotes.

En la India no existe el mercado, domina el trueque y escasean el dinero y el capital, que aportará Inglaterra. No hay ejércitos racionalmente organizados. Por todo esto, los hindúes son muy inferiores a los chinos, a los persas y a los árabes; e incluso a otros pueblos subordinados a estos, como son los japoneses, los habitantes de la Cochinchina, los siameses, los birmanos, los tibetanos y los malayos. Son asiáticos, sin más, y como tales son inferiores a los occidentales. Puesto que: «Las circunstancias que hemos examinado, comparadas con las de otras naciones, nos proporcionan materiales para llegar a una conclusión satisfactoria. La opinión que no cree que las antiguas civilizaciones de Asia hayan sido filantrópicas y profundas. Y es que el despotismo es muy destructivo del ocio y la seguridad, y lo más opuesto al progreso de la mente humana, mucho más que la misma anarquía»[150].

---

147 Ver sus argumentos detallados en pp. 429-480.

148 *Ibid.*, p. 436.

149 Este mismo argumento de los estadios sucesivos sería recogido por John Stuart Mill, cuando asume la ley de los tres estadios de Auguste Comte en: *Auguste Comte and Positivism*, N. Trübner and Co., Londres, 1865, inicialmente publicado en la *Westminster Review*.

150 *HBI*, I, p. 480.

HINDÚES Y MUSULMANES:
UNA PAREJA MAL AVENIDA

Los aspectos más positivos de la India se deben a la expansión musulmana[151] y a la introducción de la civilización persa con el reino de Ghazni, en el actual Afganistán, que renovaría a la sociedad hindú. Debemos tener en cuenta que: «Los defectos del gobierno mahometano, que justamente se han considerado enormes, no pueden ser comparados con los que distingue al gobierno de los hindúes»[152].

Para comenzar los musulmanes no tienen castas, las más injustas de las instituciones. Todas las personas son consideradas iguales ante Alá y ante la ley. Y en su caso, los gobiernos despóticos fueron una protección contra el poder de los nobles, como ocurriría ahora, dice J. Mill, en España y Polonia. El gobierno se caracteriza porque tiene cargos con funciones precisas. Y en él el soberano solo abusa de su poder cuando es atacado o se ve amenazado. En el islam no existe una teocracia, porque el rey no es sacerdote, y puede controlar el poder de los sacerdotes. Los musulmanes son más rebeldes que los hindúes, porque tienen más dignidad, y por eso los abusos de los poderosos son menores. Sus califas, o reyes, según el caso, construyen mezquitas, madrasas, hospitales; y se preocupan del bienestar económico de la población y de la justicia, pues uno de los cinco pilares del islam es precisamente la limosna. Tampoco cobran impuestos excesivos, pues disponen de medios de contabilidad eficaces que les permiten administrar sus recursos, y son capaces de frenar la corrupción de sus subordinados. Y es que: «Aunque en un despotismo puro las cosas dependen de las cualidades del soberano, sin embargo, cuando se introduce un buen sistema administrativo, una buena parte de su buena calidad perdura con el tiempo y tiende a convertirse en perpetua»[153].

---

151 Ver detenidamente pp. 625-648.
152 *Ibid*, p. 628.
153 *HBI*, I, p. 636. Naturalmente en este caso habla el cualificado empleado de la Compañía.

En el campo del derecho, mientas que las leyes de los hindúes son obra de unas mentes débiles, las de los musulmanes son mucho mejores, y hasta se las puede comparar con las inglesas en sus diferentes ámbitos. Su *derecho civil* es el inferior al inglés o al del derecho romano, pues tiene dos defectos. Y es que básicamente es oral y depende de los jueces. Pero como no hay códigos ni recopilaciones de sentencias que pudiesen servir como inapelables precedentes, como ocurre en la *common law*, puede darse un margen para el abuso. Las personas jurídicas son los sujetos físicos o las familias, con el padre, sus hijos y sus sirvientes en lo que se refiere a las transmisiones *mortis causa*, a las fórmulas testamentarias, a los contratos matrimoniales que regulan las dotes o los precios de la novia. Pero también a los préstamos, al derecho hipotecario, al derecho mercantil, fundamental en el comercio a larga distancia, por mar o por caravanas.

El *derecho penal*, por el contrario, sería muy limitado, como también ocurrió en el caso del derecho romano. Lo que intentó sobre todo fue evitar o regular la venganza de sangre, y «esto indica un considerable refinamiento del pensamiento en lo referido a la ley penal, muy lejana de la brutalidad que caracteriza a los códigos hindúes»[154]. Aunque sí que existen normas muy crueles, por ejemplo, en el caso del robo, que se castiga con el corte de las manos. En este caso es además excesivamente casuístico, ya que, por ejemplo, el robo de una vaca se castiga con una ley, mientras que el de una oveja es castigado con otra diferente; y lo mismo ocurriría con el robo de un caballo.

En el aspecto *procesal*, el derecho musulmán es excesivamente breve y laxo y carece de técnica jurídica, mientras que el hindú es mucho más formular, y tiene unos procedimientos mejor establecidos. Pero como los juicios son públicos en el mundo musulmán, eso limita y controla los excesos de los jueces, que pueden ser objeto de censura pública, mientras que el excesivo tecnicismo del derecho procesal hindú facilita el soborno. En ese mismo derecho hay un buen sistema probatorio, que sería

---

154 *HBI*, I, p. 640.

incluso mejor que el inglés, según J. Mill, pero tiene un defecto: que el testimonio de una mujer vale menos que el de un hombre, de modo que haría falta el testimonio de dos mujeres para compensar el de un solo hombre. «No hay nada, sin embargo, en las leyes mahometanas de la evidencia, comparables a los absurdos del sistema hindú, que hace del perjurio una virtud, en algunos casos»[155].

Por último, en lo que se refiere al *sistema fiscal*, que será uno de los elementos clave en las propuestas de reformas legislativas que harán James y los utilitaristas, reconoce que los musulmanes apenas introdujeron cambios, sino que únicamente simplificaron el sistema. Ello se debe a que la economía de la India permaneció estática durante milenios, porque en ella el principal medio de producción era la tierra y la magnitud económica más importante para la circulación de la riqueza y la financiación del poder político y militar fue la renta de la tierra.

Ya Karl Marx y Friedrich Engels habían observado cómo en la India, por una parte, estaban las comunidades aldeanas, que prácticamente podían ser autárquicas y que tenían sus sistemas de gobierno locales propios, y por otro estaba el poder político que únicamente se limitaba a cobrar la renta de la tierra[156]. Ese poder podía ser centralizado, cuando era necesario controlar grandes sistemas de regadío, o feudal, cuando se ejercía a un nivel geográfico más reducido. Pero en cualquier caso la vida rural seguiría igual, en lo que despectivamente Marx y Engels llamaron la idiotez de los campesinos.

Es el propio J. Mill quien hace al final del primer tomo de su obra una síntesis del contraste entre hindúes y musulmanes, que merece ser citada por entero:

> En lo que refiere a la capacidad y al temperamento, el mahometano es menos blando, delicado y aprovechado que el hindú. Por supuesto, no debemos pensar que por eso le guste a su señor y

---

155   *HBI*, I, p. 644.
156   Ver sus cartas sobre la India y la Compañía, recogidas por Maurice Godelier: *Sobre el modo de producción asiático*, Martínez Roca, Barcelona, 1969 (París, 1969).

amo inglés, quien no quiere tener nada que ver con él, sino únicamente recibir su obediencia. A decir verdad, el hindú, como el eunuco, destaca por sus cualidades como esclavo. La indolencia, la seguridad y la soberbia del déspota, ya sea político o doméstico, hiere mucho menos al hindú obediente que a casi ninguna otra parte de nuestra especie.

El mahometano, al contrario, es menos blando y más varonil y vigoroso. Casi se parece a nuestros antepasados semicivilizados, que, aunque más rudos, sin embargo, no eran tan toscos y aunque menos sutiles en su conducta, eran, no obstante, más susceptibles de mejorar su nivel de civilización que cualquier pueblo de los hindúes.

En lo que se refiere a las cualidades más importantes, que constituyen lo que llamamos el carácter moral, el hindú, tal y como hemos visto, está en un nivel muy bajo y el mahometano está un poco por encima de él. La misma falta de sinceridad, la misma mendacidad y perfidia, la misma indiferencia ante los sentimientos de los demás y la misma prostitución y venalidad son notorias en ambos. Los mahometanos son pródigos cuando tienen riqueza, y se entregan al placer, mientras que los hindúes casi siempre son tacaños y ascéticos[157].

Sea como fuere, queda claro que los habitantes de la India no parecen muy aptos para gobernarse a sí mismos de una manera racional, y por eso es necesaria la intervención inglesa, en aras de su beneficio. Esa intervención estuvo en un principio al cargo exclusivo de la Compañía, y luego de la propia corona, y se basó en dos formas de pensar, o dos mentalidades diferentes: la de los misioneros evangélicos y la de los filósofos utilitaristas, Jeremy Bentham y James Mill, que fue luego desarrollada por el mismo John Stuart Mill, otro empleado cualificado de la Compañía, y por diferentes políticos, militares y jueces ingleses en la India[158].

El gobierno de la India fue muchas veces más el resultado de una serie de pruebas sometidas al principio de ensayo y error que el resultado de un plan sistemático. Hubo dos intentos de

---

157 *HBI*, I, p. 646.
158 Este tema ha sido analizado en profundidad por Eric Stokes: *The English Utilitarians and India*, Oxford University Press, Bombay, 1959.

sistematizarlo basándose en dos mentalidades, como ya se ha señalado, la metodista evangélica y la utilitarista, que se veían entre sí como totalmente opuestas, pero que compartían muchos caracteres en común. Pues ambas partían del principio de que la civilización occidental, que es cristiana, es moralmente superior a todas las demás. Y por eso su moral debe ser difundida mediante la educación de los indígenas. Fruto de esa educación será el nacimiento del orden social, y solo de él podrá derivarse la justicia y el derecho. Y fruto de la seguridad jurídica y social, que solo el derecho puede ofrecer, vendría de un modo subsiguiente el desarrollo del comercio, y con él la civilización y la integración en el mejor de los mundos: el mundo occidental.

En la Inglaterra de los siglos XVIII y XIX se consideraba que la historia universal se desarrollaba en una línea de progreso única, que comenzaría con el origen del hombre —a partir de C. Darwin— y culminaría en la Europa industrial. Esta era una creencia ampliamente difundida, y compartida por creyentes y no creyentes, y por todos los espectros políticos, desde el liberalismo hasta el propio marxismo[159].

La visión evangélica estaba en contraste radical con la actitud que tradicionalmente había tenido la East India Company. Los evangélicos proponían un cambio radical, mientras que la Compañía quería mantener las instituciones existentes. Los evangélicos deseaban la asimilación, mientras que la Compañía optaba por la convivencia. Los evangélicos querían imponer todo un sistema de gobierno, mientras que la Compañía solo deseaba practicar el libre comercio. Era esencialmente el contraste entre la mentalidad del misionero y la del mercader.

Los misioneros querían implantar la educación inglesa, mientras que la Compañía prefería que continuase la tradición. El referente de los evangélicos era Dios, mientras que el de los comerciantes era la idea de justicia, unida a la ley, que debía ser independiente de la religión. Los evangélicos prometían la salvación, gracias a la conversión y la educación, mientras que los

---

159   Ver Paul Costello: *World Historians and their Goals. Twentieth-Century Answers to Modernism*, Northern Illinois University Press, 1994.

comerciantes prometían la felicidad y el bienestar, logrados por el libre ejercicio del comercio y la libertad civil. Para los evangélicos era esencial la anglización de la India y la introducción del inglés, mientras que los comerciantes eran partidarios de aprender las lenguas vernáculas.

EL HISTORIADOR Y LAS REFORMAS POLÍTICAS

James Mill protagonizó diferentes iniciativas legislativas en sus propuestas al Parlamento, referidas al gobierno de la India[160]. En ellas podemos ver cómo su concepción de la historia se relaciona con la realidad concreta y cómo historia, política y reforma económica y social forman parte de un todo, pero también veremos cómo ocultan una profunda contradicción, la de un liberal en Inglaterra que es un autoritario en la India.

Lo esencial para J. Mill era el control de la renta de la tierra. Mill seguía a David Ricardo, quien consideraba que la renta de la tierra, percibida básicamente por la aristocracia, era un obstáculo para el desarrollo económico[161]. Él odiaba a las aristocracias inglesa e hindú, y creía que, si se les expropiaba en cierto modo la renta de la tierra, desaparecerían las élites locales, que se oponían al dominio inglés y bloqueaban la compra de terrenos por parte de los británicos con el fin de establecer un sistema de plantaciones, que nunca llegó a ser efectivo en la India. Esta misma idea, como muchas otras, fue compartida y desarrollada por su hijo en su tratado de economía política[162].

---

160 Ver E. Stokes: *op. cit.*, pp. 66-80.
161 Ver: *Principios de Economía política y tributación*, Pirámide, Madrid, 2003 (Londres, 1817), pp. 131-157, para la renta de la tierra, y 273-280, para la economía de las colonias. Sobre él ver René Passet: *Les grandes réprésentations du monde et de l'économie à travers de l'histoire*, Les liens qui Libéren, París, 2010, pp. 161-342, en relación con la economía del equilibrio de mercado. Y Joseph Schumpeter: *History of Economic Analysis*, Oxford University Press, Nueva York, 1954, pp. 463-490 para David Ricardo y pp. 527-574 para John Stuart Mill.
162 *Principles of Political Economy with some of their Applications to Social Philosophy*, George Routledge and Sons, Londres, 1891, pp. 289-297.

Su propuesta se basaba en la creación de una administración eficiente, que necesitaría elaborar un censo de todas las tierras de la India. Debería hacerse en catastro, un censo de población y crear todo un sistema de funcionarios administradores del mismo, coordinados con un nuevo sistema judicial. De este modo, el Estado pasaría a ser el gran propietario de la tierra, que sería lo que, según Marx, caracterizaría al modo de producción asiático, y cobraría rentas a toda la población. Los campesinos pagarían una renta más baja, mientras que los *zamindars*, que serían concesionarios de la tierra estatal, la pagarían más alta[163].

La reforma de la propiedad de la tierra, que llevaría a crear una curiosa especie de capitalismo de Estado, que no habría disgustado a Karl Marx, debería ir acompañada de la creación de un sistema judicial, sobre el que se hicieron otras propuestas, además de las de James y John Stuart Mill, como fueron la de sir Henry Maine (1822-1888), hoy conocido como antropólogo y teórico del derecho, pero que fue también entre 1862 y 1869 Law Member of the Government of India y miembro del Indian Council, aunando también así teoría y práctica.

Este sistema jurídico había de basarse para los utilitaristas en el principio siguiente: «La ciencia de la legislación tiene sus leyes universales inmutables, tan válidas como las de las ciencias físicas, y es el conocimiento de sus principios una condición esencial para ser legislador. Ajustar estos principios a un país concreto es una tarea secundaria y relativamente simple»[164]. Las leyes de estas propuestas debían tener las siguientes propiedades: ser breves, simples, expresar de un modo claro la voluntad del legislador, y ser sistemáticas, tal como ya había establecido Jeremy Bentham, el maestro de James Mill, en su *Nomographia*[165]. Y fueron estos principios los que inspiraron a Macauly en la redacción de los códigos para la India. Macauly era también un utilitarista, y tenía muy claro que el gobierno británico en la India se basaba en la fuerza, y no en el consenso,

---

163 Ver los textos en E. Stokes: *op. cit.*, pp. 81-139.
164 James Mill, citado en Eric Stokes, *ibid.*, p. 178.
165 Ver E. Stokes: *ibid.*, p. 229.

al contrario que en Inglaterra. Para él había dos palabras clave: ley y orden. Y fue aplicando esos principios como los utilitaristas «hicieron una de las principales contribuciones a la fe en el imperialismo inglés»[166], la de la misión educadora, civilizadora y de creación del derecho, necesario para el nuevo gobierno. Partían del contraste entre la India anterior, que viviría en el desorden bajo el régimen de las pasiones, y que aplicaba arbitrariamente la coerción a un pueblo pasivo; y la del nuevo gobierno inglés, que aunaría la aplicación de la fuerza con el dominio de la ley, y que crearía el orden social, que se basaría en la razón y no en el deseo. Por eso ese mismo gobierno, además de colonizador, tendría un papel redentor, al crear un claro régimen de despotismo ilustrado. Para los utilitaristas, según E. Stokes, «la cohesión, disciplina y subordinación del cuerpo militar, que trabaja casi en silencio y casi sin discusión, obedeciendo órdenes, aparecía a sus mentes como una cosa intelectualmente admirable»[167].

Y es que el utilitarismo, que tomaba como ciencia modélica a la economía política del equilibrio del mercado, según la cual las leyes inmutables del cosmos o la economía logran que las fuerzas opuestas se equilibren en un todo armonioso, incurría en una curiosa contradicción en el terreno de la ética. Frente a la moral basada en los mandatos divinos o concebida a partir de la idea abstracta del deber, que establece una dicotomía tajante entre lo bueno y lo malo, entre lo permitido y lo prohibido, J. Bentham proponía el modelo *eudemonista,* según el cual no existiría la idea del bien en abstracto, sino que el propósito de la moral sería conseguir la mayor felicidad para el mayor número.

Para que eso fuese posible era necesario establecer una tabla cuantitativa de los placeres y los dolores, puesto que hablar de mayor o menor es hablar de magnitudes, como lo son los precios en el mercado. El problema es que el dinero es un patrón universal del valor de cambio, mientras que no puede

---

166   *Ibid.*, p. 298.
167   *Ibid.*, p. 309.

existir un placer universal abstracto. En el mercado se suponía que en toda transacción se lograba un beneficio para las dos partes, un beneficio computable en moneda. El problema en el caso de la moral es que los placeres, por su propia definición, son subjetivos, ya que son sensaciones agradables, frente a las desagradables del dolor. Por esa razón lo que para uno puede ser un placer, para otro puede ser un dolor no querido ni buscado. Y como eso no era aceptable, los utilitaristas tuvieron que crear un catálogo de placeres admisibles y otro de los no admisibles.

Consecuentemente acabaron por admitir que hay placeres que son buenos y otros que son malos, y que debemos buscar los placeres que son buenos en sí mismos, con lo que estaremos volviendo a la ética anterior con la que se pretendía romper. Montesquieu había dicho que la libertad consiste en que todo el mundo pueda hacer lo que debe hacer, y no ser obligado por la fuerza a hacer lo que no debe. Los utilitaristas vienen a proponer algo similar, en Inglaterra y mucho más en la India, porque saben que sin el derecho no puede haber orden, y sin orden no puede lograrse la felicidad. Del mismo modo que el mercado libre no es posible si no existe la propiedad, a la que hoy se llama de un modo muy vago y confuso «seguridad jurídica»[168]. Marx y Engels lo dijeron también a su manera, cuando señalaban que la propiedad es imposible si no existe el Estado como su escudo y la familia como uno de los medios esenciales de su transmisión.

No hay propiedad sin ley, ni felicidad sin orden, pero todo ello dimana del poder militar, en general, y más en concreto en el caso de la India. Lo dijo de un modo muy claro sir J. Fitzjames Stephen en su artículo en *The Times*, con fecha 4 de enero de 1878:

> El poder británico en la India es como un largo puente por el que pasa una enorme cantidad de seres humanos, y espero

---

168 Sobe la relación entre propiedad y coerción, ver José Carlos Bermejo Barrera: *La tentación del rey Midas. Para una economía política del conocimiento*, Siglo XXI, Madrid, 2015, pp. 51-122.

continúen pasando por mucho tiempo; que va desde una tierra terrible en la que la violencia descarnada reina a su antojo desde hace siglos — un país de crueles guerras, fantasmales supersticiones y plagas y hambrunas devoradoras— hasta otro país, del que, sin ser profeta, puedo trazar una panorámica del futuro: un futuro que sé que será ordenado, pacífico e industrioso, como no podía ser de otro modo, gracias a los cambios imperecederos similares a los que legó a la humanidad el Imperio romano.

No será construido el puente sin luchas desesperadas y costosos sacrificios. Solo un puñado de nuestros conciudadanos vigilan la entrada y ponen orden en la masa. Si cayese, ya fuese a causa de quienes lo vigilan, de los que están sobre él, o de quienes hayan perdido toda esperanza de llegar a una tierra mejor, golpeando así sus pilares y precipitando su caída. ¿Pero cuáles son esos pilares?

El primero es el poder militar, el segundo la justicia, por la que entiendo la firme voluntad y la determinación constante por parte de los ingleses de promover por todos los medios la imparcialidad para conseguir lo que los ingleses consideren lo mejor para los nativos. Pero ni la fuerza ni la justicia bastarían por sí mismas. La fuerza sin justicia es la vieja maldición de la India, administrada desde siempre con mano dura. Pero la justicia es un fin inalcanzable sin la fuerza. Por eso creo que una voluntad de mando, un corazón vigoroso o un cerebro activo y unos nervios de acero, así como un cuerpo fornido, pueden lograr que el poder militar se dirija hacia el fin que constituye lo que creo que es la justicia.

No vacilaré, incluso cuando vea que no hemos conseguido hacer lo mejor. En ese caso caeremos con honor. Pero si tenemos éxito demostraremos nuestra fuerza, habilidad y valor para la historia universal. Por otra parte, no veo una razón por la que tengamos que fallar[169].

Nuestro lord inglés es elocuente por sí mismo. El primer motor es el poder militar, y gracias a él puede hacerse que reine la justicia y que luego vengan la prosperidad, la felicidad y el bienestar colectivos; por lo menos en teoría. En la práctica, de lo que se trataba era de mantener el control por la fuerza

---

169 Citado por E. Stokes: *op. cit.*, pp. 299-300.

y permitir que se desarrollase el mercado. Si eso fuese así, se habría logrado el éxito en la India. En el caso contrario, que es el de Afganistán, como no se quiso favorecer el comercio y se prefirió mantener un aislamiento favorecido por la geografía, pero no insuperable, solo quedó el poder militar en estado puro, que fue lo que decidió apoyar el poder inglés desde la India.

Capítulo 3
Inglesas y afganas. Poder político y subordinación femenina: el destino de Gul Begum

Se han dado diferentes definiciones de la historia universal, pero todas tienen en común estar basadas en una idea o un principio que da sentido al proceso histórico global. Y esa idea o principio se suele denominar metarrelato, o sustancia narrativa, en la terminología de Frank Ankersmit[170]. Todas estas definiciones de la historia universal tienen en común poseer un carácter emancipador. El metarrelato tiene un final feliz, que consigue superar todo lo que en el proceso histórico fue negativo integrándolo en un nuevo mundo y un nuevo orden. Pero también hay otros modos de escribir la historia, que son aquellos que no intentan dar sentido global al proceso, sino que intentan analizar un punto concreto, y entre ellos son los más destacados los que se centran en la descripción de una experiencia sensible, que suele estar unida a un sentimiento específico, teniendo ambos una clara base corporal. Nos centraremos a continuación en un punto muy concreto: el cuerpo de las mujeres y más específicamente su capacidad de engendrar, parir y criar hijos.

No hay duda de que lo que, durante siglos, e incluso milenios, se consideraron hechos naturales en el orden social son

---

170   Véase *Narrative Logic. A Semantic Analysis of the Historian's Language,* The Hague, Nijhoff Publishers, 1983.

construcciones sociales, como ya señalaron hace años Peter Berger y Thomas Luckmann[171]. Sin embargo, el construccionismo sociológico, filosófico y científico debe tener un límite, pues hay hechos naturales de todo tipo: físico, químico, biológico, cuya existencia no se puede poner en duda, de la misma manera que existen métodos que permiten establecer su existencia y desarrollar con base en ello un limitado tipo de teorías, pero no otras. La evolución de las ciencias sociales a partir del posmodernismo desembocó en lo que podríamos llamar algo así como un alegre desbarre de paradigmas, utilizando el término de John H. Zammito[172], o el culto a una nueva superstición académica, a veces tan asfixiante como las viejas religiones, tal y como señalan Paul R. Gross y Norman Levitt[173]. Una de esas supersticiones es actualmente un tipo de discurso feminista, que muchas veces no tiene nada que ver con la necesaria lucha feminista. El feminismo racional y sistemático tiene muchas cosas que aportar al estudio de la historia, de las ciencias sociales, e incluso al de algunas otras ciencias; sin embargo, puede caer en una mera retórica, cuando se reduce a un mero juego de intereses académicos[174].

Naturalmente, desde una perspectiva feminista real puede hacerse todo lo contrario. Es decir, partir de que existe una realidad física, somática, afectiva y social indiscutibles, e intentar analizar el problema de las relaciones entre las realidades físicas del mundo femenino y sus manipulaciones y determinaciones sociales y políticas. Así lo ha hecho Marilyn Yalom, en su estudio de la historia del pecho femenino, desde los puntos de vista anatómico y fisiológico, social, cultural y artístico, para dejar claro que esa historia es inseparable de la experiencia y de la existencia femeninas, en relación con los papeles

---

171 *La construcción social de la realidad*, Buenos Aires, Amorrortu, 1968.
172 *A Nice Derangement of Epistemes. Postpositivism in the Study of Science from Quine to Latour*, Chicago, University of Chicago Press, 2004.
173 *Higher Superstition. The Academic Left and its Quarrels with Science*, Londres, Johns Hopkins University Press, 1998.
174 Puede verse una síntesis de este debate en Lynn Hankinson Nelson y Jack Nelson: *Feminism, Science and the Philosophy of Science*, Dordrecht, Kluwer Academic Publishers, 1996.

de la mujer como madre y como esposa, dos papeles que, de mil formas distintas, pero con una irrenunciable raíz común, han desempañado a lo largo de toda la historia[175]. M. Yalom no parte de ninguna mística de la feminidad, ni intenta justificar los valores morales y religiosos más tradicionales, en relación con los papeles de la mujer como esposa y madre, sino todo lo contrario. Sus ideas se basan en la existencia de un modo específico de ser un ser humano, que es el de ser una mujer. Psicólogos, como F. J. J. Buytendijk, o filósofas, como Simone de Beauvoir, hicieron análisis sobre este tema, aún plenamente válidos, pero no intentaron crear un metarrelato histórico feminista, tal como hicieron Carole Pateman o Bonnie G. Smith en dos obras clásicas[176].

Esos metarrelatos tienen grandes limitaciones si lo que queremos es analizar un aspecto concreto de la experiencia que las mujeres tienen de sus cuerpos: su papel como madres, y como reproductoras del grupo, que es inseparable de la percepción que tienen de sí mismas y de la construcción de su identidad, como puso de manifiesto Roy Porter para la época de la ilustración europea[177].

Nuestros cuerpos son nuestros propios límites ante la muerte, la enfermedad, la violencia y la sexualidad. Tenemos una identidad corporal de base que nos permite reconocernos en nuestro propio cuerpo y que podemos perder ante diferentes trastornos neurológicos, como el alzhéimer, o psiquiátricos, como la esquizofrenia. Una vez que nos reconocemos en nuestro cuerpo asumimos esa identidad sexual de base y sobre ella construimos nuestro género social. Es partiendo de él como desarrollaremos nuestra vida y nuestra actividad sexual, sea la

---

175 Marilyn Yalom, *Historia del pecho,* Barcelona, Tusquets, 1997, e *Historia de la esposa,* Barcelona, Salamandra, 2003.
176 Véase respectivamente F. J. J. Buytendijk: *La mujer. Naturaleza, apariencia, existencia,* Madrid, Revista de Occidente, 1963; Simone de Beauvoir: *El Segundo Sexo,* Madrid, 2005, pp. 542-682 para los papeles de esposa y madre; Carole Pateman; *The Sexual Contract,* Stanford, Stanford University Press, 1988; Bonnie G. Smith: *The Gender of History. Men, Women and the Historical Practice,* Harvard, Harvard University Press, 1988.
177 Roy Porter: *Flesh in the Age of Reason. How Elinghtenment Transformed the Way We See Our Bodies and Souls,* Hardmonsworth, Penguin Books, 2003.

que sea. Pero hay límites que no podemos traspasar con ningún tipo de cirugía, como es poseer un útero y la capacidad de
engendrar y dar a luz un niño[178].

Será partiendo del útero y del acceso al cuerpo de la mujer
con fines sexuales y reproductivos, como iniciaremos nuestro
análisis intercultural en dos partes: el acceso al cuerpo de la
mujer por la violencia, con el rapto o la violación; o mediante
el contrato y el matrimonio. En ambos casos, de lo que se trata
es de conseguir su subordinación a través de su desarrollo de
la maternidad. Se ha dicho que la historia universal ha sido en
gran parte la crónica de las hazañas de diferentes pandillas de
gloriosos violadores, que se vieron a sí mismos como héroes en
la guerra y señores en la paz. Y en buena parte esto es cierto si
nos atenemos a los hechos.

Que la violación y el rapto de las mujeres es un hecho cul-
turalmente asumido desde hace milenios es algo que hoy es
admitido por buena parte de los historiadores. Y no solo eso,
sino que muchas violaciones y raptos han sido consagradas en
las grandes obras de la cultura occidental, como nuestros poemas épicos, y la propia historia. Los varones violentos han estado siempre presentes en la historia de la guerra, por ejemplo.
Nunca se los consideró como enfermos, sino como guerreros
victoriosos unas veces, o simples criminales infames, otras. Y
es que quien viola mujeres, como ha destacado Joanna Bourke
en un libro sobre el tema, lo hace porque eso le produce placer, de la misma manera que casi siempre produce placer hacer el mal[179].

Comenzaremos por Grecia y dos obras maestras de su literatura, la *Ilíada* y la *Odisea*. Comienza la historia de la guerra de
Troya un día en el que un joven pastor, Paris, estaba en el mon-
te con sus ganados. Se le aparecieron tres diosas, Hera, Atenea

---

178 David Brez Carlisle presenta de modo detallado todos los aspectos
quirúrgicos, psicológicos y sociales de cambio de sexo y género, y a su
vez deja muy clara la imposibilidad de disponer de un útero funcional
para quien no ha nacido con él. Véase *Human Sex Change and Sex Reversal.
Transvestism and Transexualism*, Lewiston, Edwin Mellen Press, 1988.
179 Joanna Bourke, *Los violadores*, Barcelona, Crítica, 2009.

y Afrodita, que estaban discutiendo quién era la que se merecía la manzana que la diosa de la discordia, Eris, había arrojado para «la más bella». Cada una de las tres diosas ofreció a Paris, elegido como juez, aquello que representaba, si la consideraba la más bella: Hera el poder real, Atenea la gloria militar y Afrodita el placer sexual. Paris escoge a Afrodita, que lo premia con la invencible capacidad de seducción de todas las mujeres, que no podrán resistírsele. Acudió Paris a Esparta al palacio de rey Menelao, casado con la bella Helena, hija de una diosa, y decidió seducirla y raptarla, a lo cual Helena lógicamente no pudo resistirse porque el poder de seducción de Paris era sobrenatural. Paris la rapta, se la lleva a Troya y para vengarse, Menelao y su hermano Agamenón forman una gran expedición militar que acabará con la destrucción de la ciudad[180].

¿Era Helena culpable? Autores griegos como Gorgias dijeron que no porque no podía resistirse a Paris, un seductor mágico. Y así, tras ser amante de su raptor, vuelve a casa con su marido, como muchas otras mujeres reales en la historia. Y es que en el mundo antiguo las prisioneras de guerra pasaban a ser las amantes de los asesinos de sus maridos, esposos e hijos[181]. La *Ilíada* comienza con una disputa porque Agamenón le roba a Aquiles una de las esclavas que eran parte de su botín; en la Biblia el rey David se casa con Abigail, después de asesinar a su marido y robarle todo su ganado y hacerse con el mando de su tribu. En la *Odisea* podemos ver la matanza de todas las esclavas de su palacio por parte de Odiseo, que retorna a su casa tras veinte años de ausencia y las mata por haber sido amantes de los pretendientes a su trono, como tenían que serlo todas las esclavas. Recordemos que en Grecia y Roma los amos tenían derechos sexuales reconocidos por la ley sobre todas sus esclavas y esclavos[182].

---

180 Véanse Jonathan Gottschall, *The Rape of Troy. Evolution, Violence and the World of Homer*, Cambridge, Cambridge University Press, 2008, y Barry Strauss, *The Troyan War. A New History*, Nueva York, Simon and Schuster, 2003.

181 Véanse Hans van Wees, *Greek Warfare. Myths and Realities*, Londres Duckwoth, 2005 y Paul Chrystal, *Women at War in the Classical World*, Londres, Pen and Sord Military, 2017.

182 Véase Elton T. E. Barker, *Entering the Agon. Dissent and Authority in Homer, Historiography and Tragedy*, Oxford, Oxford University Pres, 2009.

Comienza la historia de Roma cuando una pandilla de guerreros, los romanos, raptan a las sabinas, las mujeres de una ciudad vecina, para repartírselas como esposas, sin que a nadie eso le pareciese extraño. Y es que el rapto, reparto y compraventa de mujeres tras las guerras fue durante toda la antigüedad un hecho socialmente alabado como proeza bélica, y lo continuó siendo en gran parte del mundo hasta la época contemporánea, tal y como podremos comprobar en Afganistán en la vida de Gul Begum, narrada por Lillias Hamilton[183]. ¿Podían las mujeres negarse y resistirse a ser las amantes de los asesinos de sus familias? Aparentemente sí, pero de hecho no. En la historia de Roma tenemos la figura de Lucrecia, que se suicida tras ser violada por el rey Tarquino, siendo luego vengada por su familia. Pero esto no es más que un mito[184]. En el caso de Gul Begum y las mujeres hazara, vendidas como esclava por mandato de Abdur Rahman Khan, todas ellas fueron perfectamente conscientes de cómo sería su destino tras la derrota de su pueblo en la guerra.

En un principio, cuando una mujer era violada, se consideraba que el ofendido era su marido o su padre, y el delito se castigaba con la venganza y la muerte o con el pago de una cantidad, tanto en el Antiguo Oriente como en Grecia o en Roma, en el mundo musulmán y en el caso concreto de Afganistán. Se daba a veces la circunstancia de que la familia no quería vengar la violación y se deshacía de la víctima. Entonces lo que podía hacer la mujer para vengarse era suicidarse con la soga para conseguir que su alma torturase a sus parientes hasta que la vengasen. Estos podían cumplir su obligación o evitarla enterrando a la mujer con sus cuatro miembros cortados y atados al tronco para impedir que su espíritu saliese de su tumba. Y es que a veces pensaban que la culpable de la violación era la víctima, que podía ser sometida a ordalías como lanzarla al mar

---

183   En: *The Vizier's Daughter. A Tale of Hazara War,* John Murray, Londres, 1900.
184   Sobre la historia mítica de los orígenes de Roma véanse Dario Sabbatucci, *Il Mito, il Rito e la Storia,* Roma, Bulzoni Editore, 1978; Florence Dupont, *Rome, la Ville sans origine,* París, Gallimard, 2011; y Bernadette Liou-Gille, *Cultes «Heroiques» Romains. Les fondateurs,* París, Les Belles Lettres, 1980.

desde un acantilado o dejarla en alta mar en un bote sin remos para comprobar su inocencia. No será hasta san Agustín cuando un hombre defienda la inocencia e incluso la pureza de las mujeres violadas en la guerra, en este caso en la toma y saqueo de Roma, puesto que ellas no habrían podido evitar ser violadas.

Las violaciones han sido constantes en la historia. Muchas veces fueron consideradas delitos, pero en la guerra no. En la Edad Media, la Moderna y hasta hoy mismo, los soldados han violado a las mujeres, con o sin el consentimiento de sus mandos, que en muchos casos organizaron burdeles como mal menor para evitarlo. Así fue en el siglo XX en el mundo de los ejércitos coloniales. Cada regimiento inglés en la India viajaba con su burdel ambulante, y la crónica de esos burdeles en el África colonial es algo más que espeluznante. Así ocurrió en la I y II Guerras Mundiales y en la guerra de Vietnam, en la que los historiadores militares norteamericanos han analizado cómo muchos generales hicieron la vista gorda sobre la barra libre para violar, una barra libre para eso y para saquear, que se incluyó en los contratos de alistamiento de las tropas coloniales francesas en la II Guerra Mundial. Vargas Llosa escribió *Pantaleón y las visitadoras* como ilustración de este tema. Hay violadores solitarios y violadores en grupo. Y estos son los más peligrosos, porque se apoyan unos a otros y consideran que lo que hacen es parte de sus juergas, ya sean macarras, bandas de delincuentes o grupos de soldados de algunos ejércitos, no regulares, como ocurre ahora en África, o regulares como en la II Guerra Mundial, en la que ningún ejército se vio libre de esta lacra. Para ellos, la mancha siempre cae sobre la mujer[185].

Se solía pensar y así lo aseveró R. Krafft-Ebing, un célebre psiquiatra vienés autor del primer tratado de sexología, publicado en latín por lo *escabroso* de su tema, y utilizado como manual por médicos forenses y jueces, que una mujer sana no debe

---

185 Sobre las violaciones de mujeres en las guerras y el uso de prostitutas por parte de los soldados véase Fernando Henriques, *Prostitution and Society. A Survey*, Londres, Macgibbon and Kee, 1962 y *Prostitution in Europe and the New World*, Londres, Macgibbon and Kee, 1963.

tener apenas deseo sexual, mientras que las prostitutas lo tienen a todas horas, como el imaginario deseo de las actrices del
porno[186]. Muchos hombres están fascinados por esas imágenes
y tienden a confundir cada vez más la ficción con la realidad.
La proliferación de imágenes de zombis nos inmuniza ante el
temor a la muerte y el horror reales. Pero la realidad de la violencia sexual y de todo tipo no puede ni sublimarse ni ocultar-
se cuando se sufre o se contempla físicamente. Por esa razón se
está intentando, como ha hecho Walter Scheidel, analizar sistemáticamente los distintos tipos de violencia y enfocar la historia desde el punto de vista de los que las sufren, tal y como ha
hecho Jonathan Glover[187]. A continuación, intentaremos mostrar como existe un tipo muy específico de violencia derivado
de la necesidad de controlar los vientres de las mujeres.

La especie humana se reproduce sexualmente, pero solo las
mujeres son capaces de engendrar y parir hijos. Ningún grupo
humano puede sobrevivir si no se renueva con el tiempo y para
ello necesita un determinado número de mujeres en edad fér-
til. Pero no solo eso, sino que además hasta hace unos pocos
años los niños se criaban gracias a la leche materna, por lo que
era necesario proteger y controlar a las madres hasta que los niños pudiesen alimentarse igual que los adultos, lo que puede
suponer un largo período de tiempo, prolongado por el hecho
biológico de que en nuestra especie desde el nacimiento hasta
la edad mínima de supervivencia han de transcurrir años, incluso después del fin del período de lactancia.

Existen cientos de tipos de familias diferentes en el espacio
y han existido también a lo largo de la historia, y la antropología, en concreto la teoría del parentesco, las ha estudiado
minuciosamente. De la misma manera, los papeles económicos, sociales, políticos y religiosos de las mujeres han conocido

---

186 Véase R. Krafft-Ebing, *Psychopatia Sexualis,* Viena, 1886; y también Cesare
Lombroso y Guglielmo Ferrero, *Criminal Woman, the Prostitute and the
Normal Woman,* Londres, Duke University Press, 2004 (Roma, 1893).

187 Walter Scheidel, *The Great Leveler. Violence and the History of Inequality from
the Stone Age to the Twenty-First Century,* Princeton, Princeton University
Press, 2017; Jonathan Glover, *Humanity. A Moral History of the Twentieth
Century,* Londres, Pimlico, 2001.

una enorme variedad[188]. Pero, a pesar de todo, y del mismo modo que nadie que no nazca con un útero funcional podrá recibir uno trasplantado, hay un hecho básico de la teoría del parentesco: solo las mujeres pueden parir hijos y los hombres dejan embarazadas a las mujeres[189]. Por esa razón, Claude Lévi-Strauss dejó muy claro que la circulación y el intercambio de mujeres entre los grupos de hombres es la base de todos los sistemas de parentesco[190]. Ese intercambio puede ser restringido o generalizado, simétrico o no, inmediato o diferido, pero siempre ha de intentar lograr un equilibrio entre los grupos que se intercambian futuras madres. Y si no lo logran por medios pacíficos, han de recurrir al rapto y a la violación.

Nada tienen que ver esos intercambios con la compraventa. Se rigen de acuerdo con la teoría del regalo de Marcel Mauss[191]. Esta teoría parte de la idea del hecho social total. Se llama hecho social total a una serie de relaciones humanas que abarcan simultáneamente los aspectos que nosotros llamamos económicos, junto con los políticos, los roles sexuales, los comportamientos afectivos, los comportamientos religiosos y simbólicos, así como las representaciones mentales que los acompañan. La teoría de Mauss señala que los conceptos sociales y las ideas no son más que una parte esencial de nuestras relaciones sociales, y viceversa. La economía del regalo se basa en los principios de que hay que dar, de que es obligatorio rccibir lo que se ofrece como regalo y de que es obligatorio devolverlo, ya sea con otros bienes, con servicios o con relaciones de todo tipo: sexuales,

---

188 M. Kay Martin y Barbara Voorhies han llevado a cabo una buena síntesis de los mismos en *La mujer: un enfoque antropológico*, Barcelona, Anagrama, 1978.

189 Véanse Robin Fox: *Sistemas de parentesco y matrimonio*, Madrid, Alianza, 1972; y Rodney Needham (ed.), *La parenté en question. Onze contributions à la théorie anthropologique*, París, Seuil, 1977.

190 Véase: *Las estructuras elementales del parentesco*, Buenos Aires, Paidós, 1969. Sobre la teoría de Lévi-Strauss véanse Denis Berthlet: *Claude Lévi-Strauss*, Valencia, PUV, 2005; y Patrick Wilcken: *Claude Lévi-Strauss. The Poet in the Laboratory*, Nueva York, Penguin Press, 2010.

191 Véase: *Sociologie et anthropologie*, París, PUF, 1950, pp. 145-284. Sobre el concepto de regalo véanse Maurice Godelier: *L'énigme du don*, París, Fayard, 1996; y Bartolomé Clavero: *La Grâce du don. Anthropologie catholique de l'économie moderne*, París, Albin Michel, 1996.

familiares, militares, religiosas, etc. Nada más apropiado para describir este tipo de relaciones que las relaciones amorosas y sexuales, ya que implican a la totalidad de la persona. Por eso son tan profundas, por eso pueden causar tanto dolor, y por eso siempre se las relacionó en la realidad y en la literatura con la locura, el matrimonio y el amor, pero sobre todo con la locura de las mujeres[192].

Es evidente que la violación y el matrimonio son dos realidades sustancialmente diferentes. Una violación es un acto sexual llevado a cabo generalmente por un hombre que utilizando la violencia somete a una mujer, pudiendo de ello resultar un embarazo o no. El matrimonio, por el contrario, es una institución estable en la que históricamente las mujeres han estado subordinadas y sometidas a sus maridos, quienes tienen el derecho exclusivo al acceso sexual a las mismas. Normalmente nacen hijos dentro del matrimonio y mediante él se transmiten no solo la filiación de los hijos con la familia del padre, de la madre, o de ambas, sino que además se transmite también el patrimonio familiar, sean tierras, inmuebles, capitales o reinos.

Sin embargo, en el siglo XIX un gran jurista suizo, Johann Jakob Bachofen, hizo una reconstrucción de la historia del matrimonio basándose en las fuentes clásicas, la etnografía y las mitologías en las que veía alguna continuidad entre estas dos realidades diferentes[193]. En su voluminosa obra: *El derecho materno. Una investigación sobre la ginecocracia del mundo antiguo según su naturaleza religiosa y jurídica*, reconstruyó una primera etapa de la historia de la humanidad, el hetairismo, en la que grupos de guerreros sometían sexualmente a las mujeres, siendo este el único modo de engendrar niños. Las mujeres, con el fin de frenar estos abusos, se habrían organizado para crear el derecho materno, una forma de organización social en la que por

---

192 Véase Marilyn Yalom: *Maternity, Mortality and the Literature of Madness*, Pennsylvania, Pennsylvania State University Press, 1985.
193 Véase: *Le Droit maternel*, París, Editeur L'Age d'Homme, 1996 (Basilea, 1874), una traducción especialmente interesante por las notas que la acompañan. Sobre la obra de Bachofen véase Philipp Borgeaud (ed.): *La mythologie du Matriarcat. L' atelier de Johann Jakob Bachofen*, Genève, Droz, 1999.

primera vez se regularía la familia, las reglas de descendencia y la administración de justicia, muy unida a la religión. Si bien es cierto que en esa fase se introducirían elementos positivos, sin embargo, estaría limitada por su carácter fuertemente emotivo, derivado de la naturaleza femenina. Y por eso el derecho materno habría sido superado por el patriarcado en el que nacería la familia monógama, estructurada por la autoridad del marido, administrador exclusivo del patrimonio, y autoridad jurídica, religiosa y social de la misma.

Desde la antigüedad se imaginaron utopías de comunidades exclusivamente femeninas, en las cuales las mujeres, para ser libres, habrían decidido o bien matar a todos los hombres o vivir en tierras lejanas fuera de su alcance. Bachofen confundió esas utopías con etapas históricas, y una de ellas fue la del mundo de las amazonas, una sociedad exclusiva de mujeres gobernadas por sucesivas reinas, y que vivirían de la guerra, en la que combatían con sus arcos. Las amazonas desconocían la agricultura y en su mundo no existían ni el matrimonio ni la familia. Para reproducirse se unían a los hombres una vez al año, y tras sus partos abandonaban a sus hijos varones y criaban exclusivamente a las niñas. Esto puede parecernos muy cruel, aunque solo estemos hablando de un mito, pero la verdad es que ellas se limitaban a hacer en la imaginación lo que los hombres hacían en la realidad, porque en el mundo griego se abandonaban muchas niñas porque eran muy difíciles de mantener: no eran herederas, ni ciudadanas y para casarlas los padres debían costearles una dote.

En la mitología griega, las amazonas intentaron atacar la ciudad de Atenas, y fueron derrotadas por Teseo, el héroe nacional de esa ciudad, de quien curiosamente se enamoró Hipólita, la reina de las amazonas, justo en el momento en el que la mataba. Las utopías de un mundo sin hombres fueron el reflejo de cierto miedo a las mujeres por parte de los griegos antiguos. Siempre temieron que las mujeres pudiesen envenenarlos, sobre todo si eran brujas, y que pudiesen hacerles magia, evocar a los muertos y causar la esterilidad de todo un país. Ese extraño miedo, del que los psicoanalistas han dado explicaciones, pudo estar en relación con el modelo griego de familia, en el que la mujer legítima compartía el lecho de su marido con diferentes esclavas, cuyos hijos podían recibir la herencia familiar hasta el siglo v a. C., si el padre así lo deseaba[194]. Pero la verdad es que era un miedo fantasmal, porque las mujeres griegas no tenían derechos ni votaban, ni eran ciudadanas ni ejercían cargos. Solo eran meros sujetos pasivos en las relaciones familiares[195]. Al igual que lo serán las mujeres afganas, como podremos ver en el texto de Lillias Hamilton. La principal diferencia entre ambas es que la poligamia de hecho de griegos y romanos es sustituida por una poligamia legal, regulada por el derecho y la religión en el islam.

En la antigüedad el matrimonio era muy precoz para las niñas, a partir de los doce años, que en realidad solían ser los catorce o quince, con hombres que les doblaban la edad. Los embarazos eran muy frecuentes y peligrosos para las adolescentes, cuyas muertes por parto están muy documentadas en los tratados médicos griegos. Y lo mismo ocurrió, y sigue ocurriendo, en Afganistán y en muchos otros países de África y Asia. Los griegos concebían al matrimonio en la poesía como la domesticación de la mujer, similar a una bella yegua a la que se le pone el freno; al igual que ocurre en el islam. Y por esta razón en Grecia y Roma las mujeres vieron como una liberación el estado de viudedad, sobre todo en Roma, en donde sí podían heredar los bienes de su marido. Se crearon a veces comunidades de mujeres libres, para las cuales la castidad era esencial, por ser el único medio de no tener más embarazos, ni de

---

194 Esta es la teoría de Philip E. Slater: *The Glory of Hera. Greek Mythology and the Greek Family*, Boston, Beacon Press, 1969.
195 Un intento de identificar la sociedad de las amazonas con algunas culturas de la Edad del Bronce fue llevado a cabo por Carlos Alonso del Real: *Realidad y leyenda de las Amazonas*, Madrid, Espasa Calpe, 1968, dentro de un estudio más amplio en el que analiza el tema a lo largo de la historia europea. Los tratamientos actuales del tema son de naturaleza exclusivamente sociológica y mitológica. Estos son los casos de Page duBois: *Centaurs and Amazons. Women and the Prehistory of the Great Chaing of Being*, Ann Arbor, University of Michigan Press, 1999; William Blake Tyrell: *Las Amazonas. Un estudio de los mitos atenienses*, México, FCE, 1989; y Josine H. Blok: *The Early Amazons. Modern and Ancient Perspectives on a Persistent Myth*, Leyden, Brill, 1995, en los que nos basamos.

caer de nuevo bajo el yugo de los hombres. Esas comunidades de mujeres con los bienes compartidos fueron frecuentes en el cristianismo primitivo de los dos primeros siglos, en el que esas «vírgenes de Dios» conquistaron unas ciertas cotas de libertad, como las amazonas del mito. Por el contrario, la religión musulmana nunca permitió, ni siquiera concibió, que pudiesen existir ese tipo de comunidades femeninas, hasta después de la época de la descolonización.

En otras reconstrucciones de la historia del matrimonio no se incluyó este estadio del hetairismo, ni se hizo un análisis del mito de las amazonas, de los casos de Lewis Henry Morgan, o de Edward Westermack, pero sus autores sí que coincidieron con Bachofen en que la forma más perfecta del matrimonio es la de tradición romana, que es la que domina en Occidente[196]. En ella la mujer es cedida y traspasada de una autoridad masculina, la paterna, a una nueva, la del marido. De ello da fe no solo el derecho, sino también el propio lenguaje. En las lenguas indoeuropeas, el marido toma a la mujer y la conduce a su nuevo hogar, mientras que el padre se la entrega o se da en un acto público y solemne[197]. La acción verbal activa se aplica a los hombres que llevan a cabo el acuerdo o el contrato. La mujer es un mero bien que se traspasa. Este traspaso se acompaña de una ceremonia, en la que se dramatizaba la salida del hogar familiar, el tránsito y la entrada en el nuevo hogar. Esa ceremonia sellaba un contrato entre el padre y el futuro marido, que podía ser escrito y estar formalizado o ser meramente oral. Y exactamente lo mismo ocurre en el caso del islam, y en concreto en la historia de la vida de Gul Begum.

En ese contrato de trasferencia de la tutela se podía especificar la dote que acompañaba a la novia, las obligaciones del marido y la mujer, la administración de los bienes e incluso los pasos

---

196 Respectivamente, *La Sociedad primitiva*, Madrid, Ayuso, 1971 (Nueva York, 1877) e *Historia del matrimonio*, Barcelona, 1984 (Nueva York, 1929).

197 Véanse Emile Benveniste: *La Vocabulaire des institutions indo-européens, I. Économie, parenté, societé*, París, Editions de Minuit, 1969, pp. 233-252; Oswald Szemerényi: *Studies in the Kinship Terminology of the Indo-european Languages with special reference to Indian, Iranian, Greek and Latin*, Leyden and Teheran, Brill, Acta Iranica, VII, 1977, pp. 87-94.

a seguir ante un posible divorcio o repudio de la mujer, que volvería de nuevo a la autoridad familiar de origen[198]. Aunque la mujer no era ni en Grecia ni en el Antiguo Oriente sujeto de derecho en el ámbito matrimonial, sí que podía ser castigada con dureza por desobediencia a su marido, por administrar mal el hogar, y sobre todo por adulterio, pues eso suponía negar a su marido el derecho de acceso sexual exclusivo y traería además consigo el riesgo de un embarazo y el nacimiento de un hijo, posible heredero del patrimonio, que el marido nunca reconocería, mientras que, por el contrario, sí se podían dar casos, en Oriente, Grecia y Roma, en los que los hijos bastardos del marido pudiesen ser reconocidos como herederos de los bienes familiares o de los reinos y las coronas reales en las edades Media y Moderna[199]. En las familias polígamas de las cortes reales, las rivalidades entre las diferentes esposas podían dar lugar a diferentes tipos de complots para favorecer el acceso del hijo de una u otra esposa al trono real. Esas rivalidades del harén las veremos también atestiguadas en la historia de la vida de Gul Begum.

El matrimonio occidental es en lo esencial heredero de la tradición romana y como en ella, aunque su función esencial es transmitir la filiación masculina, o lo que es lo mismo, dar hijos al marido, para así poder garantizar la herencia de bienes, prerrogativas y cargos, sin embargo, también fue muy importante en el matrimonio la *maritalis affectio*, o el amor entre los cónyuges[200]. Y fue de ese amor, o de esa falta de amor, de lo

---

198 Véase para el matrimonio griego el libro, todavía útil, de Walter Erdmann: *Die Ehe im alten Griecheland*, Múnich, Beck, 1934; y Claude Vatin: *Recherches sur la mariage et la condition de la femme mariée á l'époque helenistique*, París, De Boccard, 1977. Una buena síntesis para el matrimonio romano es la de Eva Cantarella: *La mujer romana. La monarquía y la república*, Santiago de Compostela, USC, 1991.

199 Sobre este tema véanse los libros de Elizabeth Meier Tetlow: *Women, Crime and Punishment in Ancient Law and Society, I, The Ancient Near East; II, Ancient Greece*, Nueva York, Continuum, 2004 y 2005.

200 Véase Jean Gaudemet: *El matrimonio en Occidente*, Madrid, Taurus, 1993; James A. Brundage: *La ley, el sexo y la sociedad cristiana en la Europa Medieval*, México, FCE, 2000; véanse también Vern L. Bullough y James A. Brundage: *Handbook of Medieval Sexuality*, Nueva York, Garland Pubishing, 1996; y Adeline Rucquoi: *Aimer dans l'Espagne Médiévale. Plaisirs licites et illicites*, París, Les Belles Lettres, 2008.

que derivaron muchas desgracias, tanto para las mujeres como para los futuros hijos, como veremos en los casos ingleses que vamos a analizar, y que fueron parte esencial de la historia de Inglaterra, bien conocida por Lillias Hamilton.

En la vida de un matrimonio podían surgir muchas tensiones por la infidelidad del marido, que casi nunca se castigaba, al contrario de la infidelidad femenina, que podía ser castigada de un modo brutal con la muerte de la mujer y el amante mediante un «homicidio por causa de honor», en el que marido que hubiese sorprendido en su casa a su mujer con un amante podía matar a ambos, quedando libre de culpa. De la infidelidad del marido podían derivar daños económicos para la familia y además podía ir unida al maltrato de la esposa, casada por sus padres, a veces prematuramente, como veremos en los casos de las reinas de los que vamos a hablar. Ilustraremos esto con un ejemplo tomado de la literatura popular española, que, como señaló en su momento Julio Caro Baroja, es una fuente excelente para el estudio de la vida social, de las instituciones y costumbres y sobre todo de las ideas y la moralidad de los pueblos en épocas de larga duración[201].

En la mayor parte de las culturas existe una literatura de transmisión oral, que está muy relacionada con el desarrollo de la música popular. Las ideas y los valores contenidos en la literatura popular son ampliamente compartidos, y eso es lo que explica su perduración en el tiempo. Dentro de estas literaturas conocemos un tipo de composición, el romance, recopilado en el romancero. El romancero, nacido en la Edad Media europea, se creó en los diferentes idiomas románicos y germánicos y sus temas estuvieron presentes en amplias áreas geográficas durante siglos. Uno de estos romances es el titulado *La niña malcasada*, del que ofrecemos esta versión riojana, recogida en Santo Domingo de la Calzada y que puede datar del siglo XVI:

---

201   Julio Caro Baroja: *Ensayo sobre la literatura de cordel*, Madrid, Revista de Occidente, 1969.

Me casó mi madre/ chiquita y bonita
con un muchachito/ que yo no quería.
A la media noche/ el pícaro salía.
Le seguí los pasos/ por ver dónde iba,
y le vi entrar/ en casa su amiga;
y le oí decir: / «Abre vida mía,
que vengo a comprarte/ sayas y mantillas;
y a la otra mujer/ palos y mala vida».
Me volví a mi casa/ triste y afligida;
y atranqué la puerta/ con mesas y sillas.
Me puse a cenar/ cenar no podía;
me puse a coser/ coser no podía;
me puse a bordar/ bordar no podía;
me puse al balcón/ por ver si venía,
y le vi venir/ por la calle arriba
con capa terciada/ y espada tendida.
Venía diciendo: / «Ábreme María,
que vengo cansado/ de ganar la vida».
—Tú vienes cansado/ de casa tu amiga.
—Pícara mujer, / ¿quién te lo decía?
Hombre del demonio, / yo que lo sabía.
Me soltó un cachete, / me dejó tendida.
Llamé a la justicia/ y al corregidor.
Dijo: «Adiós María, / boca de piñón.
Que por ti me llevan/ a la Inquisición».

Este pequeño romance es toda una obra maestra sobre el maltrato y la violencia masculina, a la vez que un testimonio de primera fila sobre la condición de la mujer casada, desde la Edad Media hasta la actualidad, por desgracia. Debemos comenzar por señalar que María fue casada por su madre, siendo aún niña, como le ocurrirá a la mayor parte de las reinas y las princesas, arreglándola para su boda «chiquita y bonita». El suyo es un matrimonio pactado entre sus padres y el novio o los padres del novio. Un novio que es «un muchachito que yo no quería». Y ese matrimonio pactado en casi nada se diferencia de los que se siguen pactando en la India, Pakistán, Afganistán y en gran parte del mundo musulmán. Ese joven marido, que acepta el matrimonio sin amor, pasa pronto a tener una amante.

El marido de la «niña malcasada» parece tener esto muy claro, a su amante le compra «sayas y mantillas» y a su mujer le da «palos y mala vida». María sufre claramente la violencia en los mismos términos que muchas víctimas actuales de la violencia masculina. Está «triste y afligida» y atranca la puerta con mesas y sillas porque tiene pánico. Cualquier psicólogo lo podría diagnosticar cuando puede ver cómo la «niña malcasada» no puede cenar, ni coser, ni bordar, parte de los trabajos a los que estaba destinada por su matrimonio. Asustada y con la puerta de su casa atrancada, espera la llegada de su marido, que llega armado con su espada y le da un golpe, o más de uno, porque la deja tendida en el suelo. María consigue, sin embargo, denunciar a su marido, que es detenido, lo que indica que el autor y los oyentes de esta versión del romance condenan la violencia masculina, que, no obstante, solía ser frecuente.

El destino de María fue un prematuro matrimonio pactado y sin amor, como los hubo hasta el siglo XX en nuestro país, y como lo sigue habiendo cada día en muchos países del mundo. Un matrimonio forzado, desigual, y casi siempre sin salida. María, y otras tantas niñas malcasadas —y miles de mujeres malcasadas que ya no son niñas—, está atrapada en su matrimonio. Su marido puede tener otra amante y gastar dinero en hacerle regalos y mantenerla. Ella no solo no podría hacer nada similar, sino que su destino es quedarse en su casa haciendo sus labores propias, de las cuales las más agradables serían coser y bordar, más que fregar, lavar y cocinar. María acepta su destino, sin embargo, su violento marido la considera a ella la culpable del destino de ambos, y por eso le «da palos y mala vida», cuando ella fue casada «chiquita y bonita».

El romance tiene una moraleja, el corregidor y la Inquisición acaban por hacer justicia, porque la ley protege a las víctimas, pero María, además de víctima de la violencia, es víctima de su propio destino, porque siempre hubo de depender de otras personas: sus padres que la casan con el «muchachito que yo no quería» y su falta de independencia económica. María es un personaje imaginario, como Gul Begum, pero las mujeres de los siglos XV y XVI que vamos a estudiar fueron personas de carne y hueso. Nacidas en familias reales, sin embargo, su destino tiene muchos caracteres en común con el de la protagonista de este romance, por ser, o bien mujeres casadas mediante pactos, y trasladadas de su país a otro país muy lejano, como será el caso de la reina Catalina, o bien elementos esenciales para la reproducción de una dinastía, como será el caso de Anne Boleyn.

Si el matrimonio es un contrato en el que la mujer es un bien trasferido, el matrimonio real lo era en un grado mayor, pues con él se jugaba la herencia de un reino y un cargo que iba acompañado de gran cantidad de bienes, y de él podía depender el futuro de los reinos en la paz y en la guerra. Este fue el caso de las dos reinas inglesas, y de la misma Gul Begum, con la que su padre intentó pactar una alianza dinástica que evitase la guerra entre el Emir de Hierro y el pueblo hazara.

De todos es sabido el papel y la importancia de las alianzas dinásticas en la Europa medieval y moderna, pero esas alianzas son mucho más antiguas. Ya en el Antiguo Oriente podemos ver cómo se establecen alianzas entra los Imperios egipcio e hitita entre los siglos XV y XII a. C.[202]. En estas alianzas se intercambian princesas como parte de las cláusulas de los tratados de alianza político-militar, y se hace constar por escrito, como nos permite ver la correspondencia hallada en el archivo egipcio de Tell-el-Amarna. Las princesas llegaban acompañadas de grandes cortejos, a veces de cientos de personas, que aportaban regalos que se intercambiaban entre las partes, aunque los regalos de la parte más débil debían de ser mayores que los de la más fuerte.

Conocemos estos cortejos por la historia y la arqueología ya desde hace muchos años, y en parte nos evocan las descripciones de las partidas para sus nuevos reinos de princesas como Juana y Catalina, las hijas de Isabel de Castilla[203]. Del mismo modo, el hecho de que se llevasen a cabo estos intercambios matrimoniales forzados en la Antigüedad o en las edades Media y Moderna trajo a veces consecuencias muy similares, como son las de forzar las reglas del intercambio familiar

---

202 Véase Franco Pintore: *Il matrimonio interdinastico nel Vicino Oriente durante i secoli XV-XIII*, Orientis Antiqui Collectio, XIV, Roma, Istituto per Oriente, 1978.

203 Jean Vercoutter: *Essai sur les relations entre Égyptiens et Préhellènes*, París, Maisonneuve, 1954.

establecidas por las leyes y las costumbres, llegando a rozar el incesto. En un artículo clásico sobre los matrimonios de los tiranos de la Grecia arcaica, Louis Gernet sacó a la luz el hecho de que, como esos intercambios de hijas y hermanas se hacían entre un número muy reducido de familias con el fin de conservar el poder, a veces se podía caer casi en el incesto, como ocurrió con las alianzas entre las *gentes* de la tardía República romana y del Imperio[204]. Esos matrimonios forzados trajeron consigo otros tipos de conflictos, como los conflictos entre sucesivas mujeres separadas por divorcios y unidas por nuevos matrimonios, o las varias mujeres de un matrimonio polígamo; o los conflictos entre madrastras e hijastros, y entre los hermanos, que también veremos a continuación[205].

Ya en el mundo griego y en el Antiguo Oriente el propio sistema de parentesco favorecía esta tendencia, pues se buscaban alianzas dentro del mismo *génos,* es decir, dentro del mismo grupo de descendencia masculina unilineal mediante los matrimonios entre primos paralelos patrilaterales[206]. Esa tendencia se vio agudizada por las tensiones políticas, del mismo modo que esas mismas tensiones causarán grandes sufrimientos en las vidas de las princesas y reinas de la Inglaterra de los Tudor. Dijo un gran historiador que «la historia es la política del pasado y la política es la historia del presente», y por esa razón la historia hasta hace muy poco estuvo protagonizada casi exclusivamente por los hombres, que fueron los que tomaron las decisiones políticas y militares y quienes controlaron el poder económico y dominaron la vida cultural e intelectual. Las

---

204 Véase Louis Gernet: *Anthropologie de la Grèce Antique,* París, Maspero, 1976, pp. 344-360.
205 Véase Patricia A. Watson: *Ancient Stepmothers. Myth, Misogyny and Reality,* Leyden, Brill, 1995, pp. 135-206, para los casos de la República y el Imperio romanos.
206 Véase el exhaustivo estudio de Molly Broadbent: *Studies in Greek Genealogy,* Leyden, Brill, 1968, de momento insuperable, y el libro de Ladislav Holy: *Kinship, Honour and Solidarity. Cousin Marriage in the Middle East,* Manchester, Manchester University Press, 1989. Comparando ambos estudios tendríamos que llegar a la conclusión de que, en sus estructuras familiares, la Grecia antigua se parece más al Oriente semítico que al Occidente europeo. Curiosa lección y aviso para navegantes etnocéntricos.

mujeres en la historia suelen aparecer desempeñando un «estatus vicario». Este fue el caso de las reinas, que casi siempre no fueron más que las mujeres de los reyes y las hembras encargadas de garantizar la descendencia que permitiese mantener viva una dinastía.

De la historia de las vidas de algunas de ellas, consideradas como personas de pleno derecho por ser mujeres y no consortes del rey, podemos extraer grandes lecciones que nos dejarán muy claro que a lo largo de la historia de la humanidad el ser mujer, esposa y madre, fue desgraciadamente fuente de muchas más desgracias que satisfacciones. Podremos ilustrarlo escuchando las voces de dos mujeres, conservadas en los documentos: Catalina de Aragón (1485-1536), reina de Inglaterra y esposa de Henry VIII, y su sucesora en el trono Anne Boleyn (1501 o 1507-1536).

El día 31 de mayo de 1529, ante el tribunal que había de dictaminar la nulidad de su matrimonio, Catalina se dirigió de rodillas de este modo a su marido y rey:

¡Señor, os suplico por todo el amor que nos hemos tenido, y por el amor de Dios, que me hagáis justicia! Tened un poco de piedad y compasión de mí porque solo soy una pobre mujer extranjera nacida fuera de vuestro reino, y por eso aquí no tengo amigos y mucho menos ningún buen consejero.

¡Decidme, Señor, cuándo os he ofendido o cuándo he merecido vuestros reproches! He sido para Vos una buena, humilde y obediente esposa, intentando agradaros en todo momento, y nunca llevándoos la contraria. Siempre he aceptado con gusto todo aquello que pudiese agradaros, fuese poco o mucho, sin levantaros nunca la voz, ni poniéndoos mala cara.

He amado a todos los que Vos habéis amado solo para complaceros y sin buscar razones, ya fuesen mis amigos o enemigos. Durante veinte años he sido vuestra verdadera esposa, y conmigo habéis tenido varios hijos, a todos los que Dios dispuso llevárselos de este mundo, sin que yo hubiese hecho nada para merecerlo.

Y cuando por primera vez me poseísteis, ¡pongo a Dios por testigo!, yo era una auténtica doncella, nunca tocada por un hombre, y Vos sabéis según vuestra conciencia que esto es cierto. Si hubiere causa alguna por la que la ley pudiese demostrar mi deshonestidad, o cualquier otro impedimento que justifique que me alejéis de Vos, con grado partiría para mi mayor vergüenza y deshonor. Pero si no lo hubiere, os suplico de rodillas que me permitáis quedarme y recibir justicia de vuestras propias manos.

Vuestro padre, el Rey, y mi padre Fernando, Rey de España, creyeron que mi matrimonio con Vos sería bueno y lícito. Por eso estoy asombrada al oír las habladurías que se han inventado en torno a mí, que nunca he perdido mi honestidad.

Con toda humildad os pido, ¡por caridad y por el amor de Dios, que es el único juez justo!, que suspendáis este juicio hasta que pueda recibir ayuda y consejo de mis amigos de España. Y si no deseáis concederme este especial favor, cúmplase vuestra voluntad y que Dios defienda mi causa[207].

Catalina de Aragón suplica a Enrique VIII que no anule su matrimonio.

---

207 Véase el texto en Amy Licence: *Anne Boleyn. Adultery, Heresy, Desire*, Londres, Amberley, 2017, p. 237. Sobre Catalina de Aragón, véase Gilles Tremlett: *Catalina de Aragón, reina de Inglaterra*, Barcelona, Crítica, 2012. Y sobre la historia de la alianza matrimonial que la llevó al trono de Inglaterra, Gilles Tremlett: *Isabel la Católica. La primera gran reina de Europa*, Barcelona, Círculo de Lectores, 2017.

La causa a juzgar era muy sencilla. Catalina, hija de Isabel y Fernando, se había casado por un acuerdo diplomático con Arthur (1486-1502), príncipe heredero de Inglaterra, de quince años de edad, y un año más joven que ella. El matrimonio no se consumó, pues el príncipe estaba enfermo, y luego la casaron con Henry (1491-1547), que curiosamente siempre estuvo enamorado de ella. Tuvo cinco hijos, de los cuales cuatro murieron, sobreviviéndola su hija María Tudor (1516-1558), que sería reina de Inglaterra y a la que casaron con Felipe II (1527-1598), su sobrino.

El rey Henry quería un heredero y además estaba enamorado de su esposa, y de algunas otras que le sucedieron, en contra de lo que era usual, pues los reyes distinguían sus matrimonios de sus gustos y prácticas sexuales ampliamente liberales, a veces con ambos sexos. Decidió casarse con Anne Boleyn, para conseguir un heredero, pero para eso necesitaba que el papa anulase su matrimonio con Catalina. Teólogos, abogados y médicos defendieron que Catalina sí que había tenido relaciones con Arthur, lo que haría nulo el matrimonio con Henry, de acuerdo con los preceptos del Levítico.

No obstante, tal y como señala Alison Weir[208], el mismo argumento acerca de la nulidad canónica de su matrimonio con Catalina podía ser utilizado como impedimento para su matrimonio con Anne Boleyn, de acuerdo con el mismo Levítico y con el derecho canónico. En efecto, Henry VIII había sido amante de Elizabeth Howard, madre de las hermanas Boleyn, con consentimiento de su marido. Este hecho podía ser frecuente en muchas cortes europeas en las que los maridos utilizaban a sus esposas y sus servicios sexuales como instrumentos para su promoción política a través del favor real. Y no solo eso, sino que además había tenido como amante a Mary Boleyn, la hermana mayor de Anne; siendo este un hecho manifiestamente conocido.

La mayor de las hermanas Boleyn también había sido amante del rey Francisco I en el tiempo de su estancia como dama

---

208 Ver: *Mary Boleyn. The Great and Infamous Whore*, Vintage Books, Londres, 2012, *passim*.

en la corte francesa. Este hecho, sin embargo, solo tendría una importancia secundaria, dado el número de amantes del rey francés, en cuya corte estaba reconocido el estatuto de amante principal del rey; puesto al que Mary Boleyn no había tenido acceso. Como no había tenido el estatuto reconocido de amante ni hubo hijos ni posteriores intentos matrimoniales, la relación sexual se consideraba carente de importancia.

Esto no fue así en el caso de Henry VIII, un rey que tuvo numerosas amantes. Se daba como hecho que los reyes tendrían que buscarse amantes para los plazos completos de los embarazos de sus esposas, y por su propio placer. Lo mejor era que fuesen nobles, e incluso que estuviesen ya casadas, porque eso permitía asimilar socialmente sus posibles embarazos. Si eran solteras era mucho más difícil, a menos que se tratase de amores ancilares —con sirvientas— o de encuentros con prostitutas, que se consideraban como aceptables. Pero el caso era distinto si se trataba de contraer matrimonio, porque el derecho canónico consideraba que las relaciones sexuales en esos casos creaban parentesco, y por eso harían que ese matrimonio no fuese posible legalmente, y además por partida doble.

Pero el papa no podía anular ese matrimonio porque Catalina era tía de Carlos V de Alemania y I de España, un devoto emperador, cuyo ejército de mercenarios había saqueado Roma y los Estados Pontificios no dejando títere con cabeza. El papa, que aún estaba refugiado fuera de la ciudad, no dio la razón a Henry VIII y sus teólogos, lo que precipitó la separación de Inglaterra de la Iglesia católica y la creación de la Iglesia anglicana, con el rey como su cabeza. Un rey que había defendido el catolicismo contra el luteranismo y que prefirió crear una Iglesia, antes de admitir la ascensión al trono de una mujer: su hija. Catalina había sido educada desde su infancia para ser reina, y por eso conocía su destino. Henry le creó una corte, para entonces modesta, con doscientas personas entre cortesanos y criados, y murió de enfermedad en el año 1536, el mismo en el que fue asesinada su sucesora Anne Boleyn. Siempre fue considerada por el pueblo inglés como la verdadera reina de Inglaterra, mientras insultaba a la nueva reina llamándola «zorra y puta», como hicieron quienes posteriormente la juzgaron en Westminster.

Catalina fue la víctima de un sistema jurídico que definía a la reina solo como mujer del rey, cuando no permitía que las mujeres tuviesen el derecho de sucesión en el trono, como muy pronto iba a ocurrir en Inglaterra y ya había ocurrido en Castilla con su madre Isabel la Católica. Isabel fue «reina propietaria de Castilla», un reino con cinco millones de habitantes, y su marido Fernando lo fue de la «coronilla» de Aragón, así llamada porque solo tenía un millón de súbditos. Una reina que siempre tuvo claros sus derechos frente a los de su marido.

La vida amorosa de los monarcas europeos era ampliamente liberal, pues muchos de ellos, además de mantener relaciones con sirvientas y prostitutas, tuvieron amantes oficiales, reconocieron a sus hijos ilegítimos, lo cual dio lugar a conflictos bien conocidos como los de Felipe II y Juan de Austria. Podríamos poner como ejemplo en el siglo XVII a Luis XIV, un rey católico que tuvo las siguientes amantes: Louise de la Vallière, dama de honor de la reina, con la que tuvo cuatro hijos, siendo relevada en 1667 por la marquesa de Montespan, a la que el rey obligó a compartir apartamento con su predecesora, hasta que un día decidió recluirse en un monasterio en el que pasó treinta y seis años, tras ser durante trece la favorita de un rey con el que tuvo ocho hijos. A ella le sucedió como favorita madame de Scarron, aya de sus hijos. Con ella el rey se casó en secreto en diciembre de 1684, tras nombrarla marquesa de Maintenon[209]. Esas eran las amantes reconocidas con el título de «puta del rey», título no compartido por criadas con las que los reyes tenían sus «amores ancilares», ni por las prostitutas de ocasión.

Al contrario que Henry y Catalina, quizás ninguno de estos dos reyes hubiese amado a su cónyuge. Isabel sabía que debía

---

209 Seguimos a Michel Vergé-Franceschi y Anna Moretti: *Una historia erótica de Versalles*, Madrid, Siruela, 2017, junto con el análisis de Benedetta Craveri: *Amantes y reyes. El poder de las mujeres*, Madrid, Siruela, 2022, así como el exhaustivo estudio de Emmanuel Le Roy Ladurie, y Jean-François Fitou: *Saint Simon, ou le système de la Cour*, París, Fayard, 1997, basado en el estudio de las prolijas memorias del conde de Saint Simon, a las que el sociólogo Norbet Elias había dedicado un libro que se hizo famoso: *La sociedad cortesana*, México, FCE, 1972, criticado con excesiva severidad por este historiador francés.

distinguir el sexo del matrimonio y los dos del poder. Por eso eligió como consejero a un hombre que no ejercería de varón, pues era cardenal, y se llamaba Cisneros[210]. Ese cardenal, guerrero, jurista y humanista, nunca parece que aceptase la jurisdicción de Venus, ni que esa diosa le hiciese perder el sentido. Gracias a él, Isabel fue una mujer libre, pues en su vida nunca el amor, ni mucho menos el sexo, interfirió con el interés político. La hija de Isabel, Juana, llamada «la Loca», cometió el error de dejarse aconsejar por un marido del que estuvo enamorada, y no por un consejero neutral. Eso le costó morir encerrada y aislada en un convento de Tordesillas, en el que la mantuvo su padre, el rey Fernando, para intentar lograr que un nuevo varón accediese al trono de Castilla. Juana fue víctima del amor y del matrimonio, y no tuvo la suficiente frialdad para manejar sin piedad los resortes del poder[211].

El 6 de mayo de 1536, Anne, esposa de Henry VIII, al enterarse de que iba a ser juzgada por alta traición, lo que seguramente supondría su condena a muerte, escribió una carta a su marido, que mantenía una relación amorosa con Jane Seymour, quien iba a ser su sucesora en el lecho y el trono reales, como ella lo había sido de Catalina. No era nada frecuente que reyes y reinas se escribiesen cartas personales, y menos cartas de amor, pero Henry sí que lo había hecho a lo largo de los años en los que, estando casado con Catalina, había mantenido una relación amorosa más de carácter platónico que sexual con Anne Boleyn, una chica de ascendencia burguesa. Y es que Anne descendía de una familia de fabricantes de sombreros de lujo, que había comenzado su ascensión social con su bisabuelo Geoffrey Boleyn (1420-1463), que primero consiguió ocupar cargos directivos en los gremios de sombrereros y sastres, logrando a la vez enriquecerse y acceder a altos puestos en su municipio, bajo la protección de sir John Fastolf, que le facilitaría

---

210   Sobre su papel político, véase Joseph Pérez: *Cisneros, cardenal de España*, Madrid, Taurus, 2015.
211   Sobre la supuesta locura de Juana y el papel que su padre tuvo en su encierro deben verse las aportaciones de Bethany Aram: *La reina Juana. Gobierno, piedad y dinastía*, Madrid, Marcial Pons, 2001.

su acceso a la corte. En ella se movieron su abuelo William y su padre Thomas, que había sido compañero de juegos y amigo y compañero del rey Henry VIII, quien lo invitó a la ceremonia de coronación de la reina Catalina.

Como era costumbre en esa época, las ricas familias burguesas y los nobles confiaban la educación de sus hijas y su preparación para sus prematuros matrimonios adolescentes, o bien a conventos de monjas destinados a la nobleza, o bien a una corte, en la que recibían una educación literaria y musical, y aprendían los usos y maneras que debería dominar una mujer de clase alta en sus formas de vestirse, peinarse, relacionase con otras mujeres y hombres y a moverse en esos mundos de intrigas que eran las cortes. Esa fue la razón por la que Anne vivió en la corte de Borgoña entre 1513 y 1514, y en la corte real francesa entre 1514 y 1520. Allí no solo aprendió a relacionarse, sino que adquirió un gran dominio del francés y el latín, y una formación teológica que le hizo inclinarse hacia las tesis de Lutero que pedían una urgente reforma de la Iglesia.

Fue allí donde conoció al rey y llegó a imaginar que podía desempeñar un papel social más activo que pasivo. Pero al volver a Inglaterra fue utilizada por su padre, que quería colocar a una de sus dos hijas, Anne o Mary, como posibles sustitutas de la reina Catalina. Y es que en el destino de Anne tan funesta fue la ambición de su padre como la suya propia. De hecho, el rey mantuvo una relación primero con Mary, pero nunca la consideró más que a ninguna de sus posibles amantes, ni como sustituta de Catalina.

Anne consiguió, al parecer, que el rey no mantuviese relaciones sexuales con ella antes del matrimonio, porque no quería ser como las demás y engendrar bastardos. Fue cualquier cosa menos esa «zorra y puta», como la llamaron. Mantuvo una relación en secreto con Henry Percy durante un tiempo que no conocemos bien, pero esa relación fue frustrada por su padre, que solo pensaba en la ascensión social de su hija, para utilizarla en su provecho. Anne, culta, inteligente y ambiciosa, creyó que podía mantener una relación amorosa y sexual de igual a igual con un rey, si se casaba con él. Pero el rey tenía unos planes más amplios. Lo que quería en primer lugar era un vientre que le diese un hijo varón, lo que Anne, como Catalina, no pudo lograr por la muerte prematura de sus hijos, y luego una esposa tan sumisa como la que describe Catalina de rodillas en su juicio. Pero entre Catalina y Anne había una gran diferencia. Catalina era hija de reyes y tía de un rey y emperador, y por eso su asesinato judicial habría supuesto una guerra. Anne no. Unos pocos años antes la habrían encerrado de por vida en un convento, pero en Inglaterra ya no había conventos de monjas, ni ricas ni pobres. Henry VIII y Anne habían decidido expropiarlos y luego destruirlos, por lo que esa posible salida estaba cerrada. Por eso fue encarcelada. Y en ese momento escribió esta carta:

El rechazo de vuestra Majestad y mi encarcelamiento me parecen tan insólitos que me llevan a escribiros y preguntaros por unas razones que ignoro. Habéis enviado a quien Vos sabéis es mi antiguo y declarado enemigo [Thomas Cromwell] para que confesase la verdad y poder obtener así vuestro favor. Pero en cuanto recibí su mensaje, pronto me di cuenta de su sentido. Si, como decís, confesar la verdad pudiese procurarme la salvación, lo haría de buen grado y acataría vuestras órdenes. Pero no me podía imaginar que quisieseis que vuestra pobre esposa confesase unas faltas que ni siquiera hubiese podido concebir.

Nunca príncipe alguno ha tenido esposa más fiel que Vos habéis tenido con Anne Bolcyn, y así hubiese seguido siendo por mi parte, si Dios y la gracia de vuestra Majestad lo hubiesen así deseado. Me elevasteis desde una condición inferior y os ruego que no permitáis que la mancha de la deslealtad caiga sobre mí y sobre vuestra hija, la princesa. Si se celebrase un juicio público, no tendría nada de qué avergonzarme y podríais comprobar cómo resplandecerían mi inocencia, y si se demostrase mi culpa, entonces podríais castigarme como a una esposa infiel [...].

Pero si Vos ya habéis decidido que mi muerte y una acusación infame os traerían vuestra deseada felicidad, entonces ruego a Dios que os perdone vuestro gran pecado y el de mis enemigos, que son vuestros instrumentos (6 de mayo de 1536)[212].

---

212 Amy Licence: *Anne Boleyn*, pp. 415-416. Sigo la reconstrucción del juicio basándome igualmente en sus análisis del mismo.

Esta fue la acusación urdida para un juicio en el que cada delito es descrito con el mismo cliché en el caso de sus supuestos amantes: lord Rocheford, que era Geo Boleyn, hermano de la reina, y los señores Norreys, Bryeton, Weston y Smeton. «Mientras la reina Anne había sido la esposa de Henry VIII, a lo largo de más de tres años, con desprecio de su matrimonio y traicionando a su Rey, arrastrada día tras día por su debilidad y su lujuria, logró furtivamente con sus susurros, besos, tocamientos, con sus regalos y otras infames artimañas, que parientes y fieles del Rey fuesen sus concubinos y cómplices de sus adulterios, copulando con ella» (SLP, *Henry VIII*, vol. 10876).

Una cosa era el adulterio y otra la traición. Pero Anne fue ejecutada como traidora, después de que el rey anulase su matrimonio con ella. La noche de la ejecución, el rey celebró una fiesta con Jane Seymour, la nueva sucesora en el trono. ¿Cómo podemos explicar tanta crueldad? En primer lugar, porque las reinas son mujeres, y su papel era básicamente el de ser vientres reproductores de las familias de sus maridos, nada más. Por eso, si fallaban en el empeño, o si se acercaban a una menopausia que llegaba en torno a la cuarentena, podrían ser arrinconadas, con honor si habían parido al heredero, o sin él en caso contrario. Y además porque el poder y las intrigas por el poder lo envenenaban todo, como siguió ocurriendo en Inglaterra.

Al morir Henry VIII sin hijos, su hija Elizabeth se convertiría en reina. Pero como los católicos ingleses y de otros países no dieron validez al divorcio de Catalina, consideraron que no tenía ese derecho por ser bastarda. Elizabeth decidió asumir su identidad como hombre, para ser rey y sacrificar el amor y el sexo. Para ello retomó en sus vestidos la iconografía de la Virgen María, cuyo culto había pasado a estar relegado por su padre, bajo la figura de Astrea. Y así, como hombre, consiguió mantener el control de todos los hombres de su corte, pasando su reino, a su muerte, a su sobrino James, el hijo de Mary Steward[213].

---

213   Sobre Elizabeth y su política, véase Jerry Brotton: *The Sultan and the Queen. The Untold Story of Elizabeth and Islam*, Londres, Viking, 2016, así como Frances A. Yates: *La filosofía oculta en la época isabelina*, México, FCE, 1982, para el análisis del simbolismo del poder real isabelino. Debe señalarse

En Escocia, la reina Mary Stewart, nieta de una hermana de Henry VII, consideró que el divorcio de Catalina había sido nulo, y por eso que sus hijos podrían heredar el trono inglés. Por sugerencia de Elizabeth, se casó con Henry Stewart, lord Darnley, de confesión anglicana. Pero lo hizo según el rito católico y en secreto, causando la ira de la reina inglesa. Sin embargo, posteriormente Darnley volvió de nuevo a su fe anglicana, lo que hizo que Mary, que había dado a luz a un hijo suyo, comenzase a odiarlo tras el asesinato de David Riccio, un consejero de la reina, apuñalado por el rey consorte y sus cómplices en su presencia. La reina Mary decidió vengarse de su marido una vez logrado ya un heredero. Así lo hizo el 9 de febrero de 1567, haciendo saltar por los aires el palacio de Holyroodhouse, donde su marido enfermo de sífilis se había refugiado. No murió por la explosión, sino asfixiado por alguien con una almohada[214]. El 24 de julio de ese mismo año los nobles protestantes y la Iglesia de Escocia destronaron a la «puta papista» de la reina, la encarcelaron en un castillo en la isla de Loch Leven y coronaron rey a un niño de un año.

---

que la primera familia real inglesa que quiso presentarse como una familia burguesa normal fue la de George III. Véase Janice Hadlow: *A Royal Experiment. The Private Life of King George III,* Nueva York, Henry Holt and Company, 2014, e Ida Macalpine and Richard Hunter: *George III and the Mad-Business,* Londres, Allen, 1969.

214   Véase Alistair Moffat: *Scotland. A History from Earliest Times,* Edimburgh, Birlinn, 2015, pp. 216-217. Siguen siendo interesantes, a pesar de la fecha de su publicación, el libro de Eric Linklater: *María Estuardo,* Madrid, Espasa Calpe, 1946, y a pesar de ser una biografía literaria, aunque excelentemente documentada, el libro de Stefan Zweig: *María Estuardo,* Barcelona, El Acantilado, 2012 (Londres, 1976). Sobre el destino de otras princesas Tudor puede verse Don Matzat: *Katherine Parr. Opportunist, Queen, Reformer. A Theological Perspective,* Londres, Amberley, 2020, y la biografía de Margaret Tudor de Melanie Clegg: *Margaret Tudor. The Life of Henry VIII's Sister,* Barnsley, Penn and Sword History, 2018. La vida de Margaret Tudor como reina y como engendradora de descendientes legítimos sufrió las mismas tensiones que la de Catalina, Anne Boleyn o María Estuardo. Un análisis de esas tensiones en la corte de Escocia puede verse también en el libro de Benjamin Wooley: *The Kings's Assasin. The Secret Plot to Murder King James I,* Nueva York, St. Martin's Press, 2017. En su caso, es patente también cómo las intrigas y las ansias por el poder priman sobre las relaciones afectivas y personales del tipo que sean.

Las historias de las reinas Catalina y Anne eran perfectamente conocidas por Lillias Hamilton, como por cualquier otra persona inglesa que hubiese recibido una educación de nivel medio. Y es partiendo de esos, que forman parte de su trasfondo cultural y nacional, como podremos comprender varios episodios de la vida de Gul Begum, que se corresponde con la realidad social y cultural afgana como personaje arquetípico retratado por nuestra autora. De tal modo que la historia inglesa y afgana parecen entremezclarse a la hora de narrar la vida de la princesa hazara.

Los episodios más destacados de su vida son los siguientes: a) su boda pactada como alianza política, por parte de su padre; b) su entrega como esposa fingida a Mohamed Jan, entrega que fue acompañada de un importante pago; c) el rechazo rotundo de Gul Begum al matrimonio con el *hakim*, y d) su historia no correspondida de amor ancilar, como esclava del primer ministro, con un hombre que nunca la hubiese tomado como esposa, por ser de un grupo social inferior y de un pueblo diferente.

Mujer en el harén leyendo el Corán.

148

Pero estos episodios tendrán lugar sobre un trasfondo en el que otras mujeres, como la abuela y la madre de Gul Begum, la madre de Mohamed Jan, Shirin, la prima de Gul Begum, y las esposas de los harenes y las esclavas de las mismas, muestran su conformidad e incluso aspiran a la felicidad en un sistema familiar y matrimonial que únicamente les asigna los papeles subordinados de compañeras sexuales de sus maridos y de madres de sus hijos. La vida de Gul Begum es la vida de una princesa, una hija del visir de los hazara, y su destino estará marcado por las circunstancias de la política, la guerra y de las alianzas matrimoniales que se harán con ella, por parte de su padre, y luego de sucesivos hombres. Y la clave de la narración de Lillias Hamilton[215] es el rechazo continuado de Gul Begum a someterse a la voluntad de ningún marido, prefiriendo incluso, como dice en distintos lugares, la esclavitud al matrimonio. Esta actitud de rebeldía que la autora intentó retratar es lo que incluso le había llevado a pensar otro título para su libro, que hubiese sido *La chica salvaje*.

La primera ocasión en la que Gul Begum expone su visión del matrimonio es cuando discute con su madre Halima sobre el lujo que supone que su padre vaya a hacer un viaje llevando varios trajes:

—¡Oh, sí, eso te vendría bien, solo tú viajarías con uno nuevo, con el armario lleno también de alforjas, y supongo que además estarían bordados de oro! ¡Así no conseguiremos casarte nunca, hija mía! Porque no hay hombre en el mundo que pueda mantener a semejante esposa.

—Parece ser que los hombres no están muy de acuerdo contigo, madre, —respondió la chica sonriendo, mientras una extraña luz brillaba en sus ojos, y una sonrisa de orgullo en sus labios, una sonrisa que parecía querer decir—: pues hay muchos, soy yo la que elijo, no ellos, y si yo no quiero a ninguno, se quedarán a un lado y no tendré ninguno. El héroe de mis sueños no

---

215 Utilizaré la traducción: *La hija del visir. Mujeres en la guerra hazara*, La Luz del Flexo, Vigo, 2024, trad. Rahila Raya y María del Mar Llinares García.

ha aparecido, está por llegar. ¿Dónde está? —Entonces la luz y la sonrisa se fueron disipando, dando paso a una cierta tristeza que parecía preguntarse—: ¿Llegará? ¡Llegará alguna vez este héroe ideal! Quizás no, probablemente nunca, y ¿entonces qué?[216].

Toda la trama de la historia de Gul Begum será una continua negación de esta pretensión de autonomía inicial, una pretensión que se va desvaneciendo a la par que se va sumiendo en su degradación personal, que la lleva de pasar de ser una princesa a una esclava entre muchos miles.

La relación entre el marido y la mujer en un matrimonio monógamo convencional puede verse en la descripción de las relaciones entre Ghulam Husein, el padre de Gul Begum y su madre Halima:

> No había ningún reproche en el tono en el que hablaba, únicamente se trataba de falta de cariño. Él daba las órdenes, esa mujer era su esposa. Él le había dado una buena casa, la más lujosa y provista del lugar. Ella le había dado cinco hijos, dos niños y tres niñas, de las que Gul Begum, que por entonces tenía quince años, era la mayor, así que él estaba bastante satisfecho con ella. Él cumplía sus deberes para con ella proporcionándole ropa y alimentos, así que esperaba que cumpliese también con su deber. Si se hubiese puesto enferma, le habría pagado los servicios del mejor herborista del lugar, para que le trajese lo mejor que había. Si él quería algo, esperaba que *ella* se lo proporcionase. ¿Al fin y al cabo qué otra cosa podía esperar una esposa?.

La relación afectiva que no existe con su esposa es substituida por la relación con su hija:

> Pero su amor por Gul Begum era otra cosa. Él podría haber encontrado muchas esposas tan convenientes como Halima, todas hubiesen sido unas buenas madres para sus hijos, y llevado su casa igual de bien, o quizás mejor. Pero con su hija la situación era muy diferente. Y es que solo había una Gul Begum. Y todos los hazara juntos no hubiesen sido capaces de engendrar otra…

---

216 Citaré la obra como *HV*, cap. V.

¿Qué podría hacer con esta niña? Su favorita, su tesoro. Naturalmente tendría que buscarle un marido algún día, eso era inevitable. Era la costumbre de su nación, una costumbre que no se podía romper bajo ninguna circunstancia. A veces pensaba que no, que podría quizás encontrar a un chico inteligente, hijo de padres pobres, al que se la pudiese dar, pero solo con la condición de que se viniese a vivir con ella en su casa. Así podría seguir teniendo con él a su hija sin ir contra las tradiciones de su tribu[217].

En toda la novela puede observarse una cierta rivalidad entre Gul Begum y su madre, Halima, en relación con el amor del padre y el marido. Gul Begum es una excelente ama de casa: cose, borda, sabe cocinar, hacer todas las labores del campo y cuidar el ganado. Pero, al contrario que su madre, sabe leer, es una persona muy inteligente. Y es de su propia inteligencia de donde derivará su desgracia, la desgracia que supone ser consciente del propio destino y el rechazo a asumirlo.

Junto a la descripción del matrimonio de los padres de Gul Begum hay otra de gran interés. Se trata de la descripción del matrimonio monógamo del primer ministro, tras la muerte de su esposa, que lo sume en un profundo duelo:

«El Primer Ministro estaba abatido a su manera. Estaba hundido en su pena. No es que hubiese amado apasionadamente a su esposa. Muchas veces apenas le había hecho caso, pero todo esto alteraba su rutina diaria y prefería lo malo conocido que lo bueno por conocer. Ninguna le hubiera gustado más, ni habría estado más adaptada a sus gustos. Su bastón de paseo era *su* bastón de paseo, y ningún otro se adaptaba mejor a su mano. Su esposa había sido *su* esposa. Quizás otras fuesen más guapas, más capaces o hubiesen estado mejor educadas, pero nadie lo conocía mejor y nadie le podía convenir más».«Ella se anticipaba a todos sus deseos, se preocupaba de todas sus comodidades. En ese momento habría dado todo lo que tenía por volver al pasado, incluso no le hubiera importado perder su posición. Esa pequeña e insignificante criatura, cuya vida

---

217   *Ibid.*, cap. V.

había pasado casi desapercibida, sumida en una discreta oscuridad, era ahora la persona más importante para él. Parecía que el mundo se había acabado para el Primer Ministro, y tras la muerte de su esposa ya no quería seguir viviendo»[218].

La subordinación femenina es casi idéntica en el caso de la esposa que en el de la esclava. De hecho, Gul Begum, esclava del primer ministro, ejerce en cierto modo el papel de nueva esposa, ya que se preocupa de su comida, sus vestidos y de todo tipo de cuidados, y, además, como sabe leer, es en cierto modo su secretaria. Unos cuidados que el primer ministro no sabrá apreciar hasta el momento final del relato, cuando muere la protagonista del mismo.

Gul Begum no quiere aceptar la subordinación, pero su prima Shirin sí. Ella aspirará a casarse, y en cierto modo es feliz siendo una esclava.

Mujeres en el harén.

---

218   *Ibid.*, cap. XXVI.

«Shirin era bastante feliz. No disfrutaba de ninguna posición especial, pero tampoco tenía nada que hacer, y eso era lo que más le gustaba. No estaba mucho peor de lo que había estado cuando vivía en su casa. Estaba alimentada, bien vestida, tenía casa y pasaba casi desapercibida, excepto cuando contaba historias. Era una narradora magnífica y tenía de todo que contar a las demás mujeres, pobres almas que habían nacido dentro de los muros de un harén y nunca habían conocido las alegrías de la libertad»[219].

«Además, había toda clase de anécdotas de la guerra para contar, y las terribles escenas que había visto daban tema para conversaciones interminables que las mujeres afganas nunca se cansan de escuchar»[220].

Gul Begum, como mujer y como princesa hazara, será víctima de intentos de alianzas dinásticas y acuerdos matrimoniales, planeados por su padre. El primero de ellos consistió en intentar casarla a los quince años con el hijo del gobernador de Bamian, de dieciséis años de edad, que era de sangre real afgana. «Podría darle una dote, una dote extraordinaria, que podría tentar al gobernador, ¿pero conseguiría lo que quería? Debería estar muy seguro para que ese sacrificio no fuera inútil».«Y ya tenía otro plan. El hijo del Emir de Kabul también tenía dieciséis años, y pensó que sería mucho mejor para sus objetivos poder concertar una alianza con él. El problema sería ofrecer una dote lo suficientemente atractiva para el hijo de un hombre que gobernaba la mejor y la más bella de las naciones, y que podría pactar una alianza con Turquía o Egipto»[221].

«La única opción de salvar a su pueblo era esta alianza, dejando claro, naturalmente, que el hijo de Gul Begum sería el sucesor como Sultán de los hazara. Eso debería quedar muy claro. Sería fundamental, y si no los hazara no podrían seguir siendo un pueblo independiente. ¿Qué sería más fácil y mejor que esto?»[222].

---

219 *Ibid.*, cap. XXVII.
220 *Ibid.*, cap. XXVII.
221 *Ibid.*, cap. V.
222 *Ibid.*

Como se puede ver, el juego de alianzas dinásticas en este caso es muy semejante a los dos casos citados de la historia inglesa bajo la monarquía de los Tudor. Las hijas son básicamente objetos de intercambio que son manejados como piezas de ajedrez en un juego diseñado y manejado por los hombres que controlan el poder político y militar.

El siguiente movimiento en el juego del intercambio tendrá lugar cuando Feraz Shah, un jefe militar afgano, que corresponde a un personaje real y fue famoso por su salvajismo, solicita la mano de Gul Begum a su padre:

> —Me ha pedido a Gul Begum, mi niña querida —contestó en seguida el visir, que se había quedado atónito—. ¿Van a raptar y violar a nuestras hijas a su antojo? Dios mío, esto no es una guerra. ¿Qué es esto?
>
> —He oído que tienes una sobrina, dijo una chica muy guapa que se llama Gu Begum, me parece. Quiero a esa chica, mándamela por un mensajero. Sin pensarlo, sin retraso, y escucha bien lo que te digo, yo no soy un hombre al que se pueda engañar, porque vendré, la cogeré, o mandará a mis mensajeros para que lo hagan, si es que te niegas a hacerlo[223].

Para evitar ese rapto, el único medio posible sería que Gul Begum estuviese o casada o prometida. Si funcionaba la historia del pacto fingido con el emir podría ser suficiente. Pero como a veces no parecía verosímil, Ghulam Husein decidió urdir un matrimonio fingido entre su hija y un campesino pobre, resentido, cobarde, y luego traidor a la causa hazara. Una traición que le hará rico. Se trata del antagonista del relato, Mohamed Jan. Su padre ya había pedido la mano de Gul Begum, para casarla a los quince años, pero Ghulam Husein se la niega por ser de un grupo social inferior:

> —¿Cómo vas a arreglarlo —lo interrumpió su esposa—, cuando hace unos meses te pidió a tu hija en matrimonio y te negaste? ¿Cómo se la vas a dar ahora?, porque parecerá muy raro.

---

223 *Ibid.*, cap. IX.

—No te preocupes, madre —le contestó tranquilamente—, no será fácil de arreglar, pero al final llegaremos a un acuerdo. Tú vete a tus cocinas y tus faenas, y ya te diré lo que he decidido a su debido tiempo.

Luego, volviéndose hace Wali Mohamed, le dijo:

—Puedo enviar a la abuela junto a Mohamed Jan con un fusil y algunas prendas de ropa, y una o dos ovejas, y decirle que tendrá todo eso si permite que Gul Begum sea acogida en su casa hasta que se acabe la guerra, porque la guerra acabará, porque habrá guerra, de eso no hay duda, dejando claro, naturalmente, que todo esto no es más que un plan para engañar a ese coronel Ferad Shah. Los hombres muchas veces necesitan un fusil, y conseguirlo solo a cambio de dar protección y acogida a una chica joven y bella, solo por unos cuantos meses, sería una oferta tentadora para muchos hombres.

—No es mala idea —admitió Wali Mohamed—. Tienes unas ideas muy astutas, hermano, debo admitirlo, pero ¿cómo te las vas a arreglar con el mensajero? Todavía está en mi casa.

—Eso no será difícil, vamos a suponer que Mohamed Jan consienta en admitir a Gul Begum bajo mis condiciones, y le diremos que ya está casada. Así de sencillo.

—¡Bah!, y eso de qué sirve. El coronel no se va a creer ni una palabra de eso, y enviará otro mensajero en un par de días, un mensajero que nos traerá la muerte y la destrucción.

El Durbar, palacio real de Kabul.

—Puede que así sea, pero no lo creo, y debemos arriesgarnos. Seguramente enviará a alguien a comprobar si eso es cierto, pero por aquel entonces mi pájaro ya habrá volado y estará fuera de su alcance. No quiere a una mujer casada para su harén. Esos afganos no cumplen la ley, pero no pueden llegar tan lejos como eso. Envíame ese mensajero, o mejor, iré contigo a su casa, porque debe de estar impaciente[224].

Esta ficción matrimonial, que incluye un pago equivalente a la dote que los hazara pagaban cuando entregaban a sus hijas en matrimonio, al contrario que los afganos, quienes cobran por la entrega de sus hijas el precio de la novia, suscita el rechazo de la suegra de Ghulam Husein, quien considera que no se pueden violar así las normas sociales:

De todos modos, no se trataba de que la chica hubiese sido dada en matrimonio, únicamente estaba de visita, pero no le gustaba nada eso de entregar a una chica a un hombre con el que no había la menor intención de casarla. Eso iba en contra de las costumbres, porque le concedía a ese hombre y su familia una autoridad sobre su nieta, que iba mucho más allá de su posición social. Pero su yerno era un hombre muy raro, con ideas muy distintas, y no podía ni oponerse a ellas ni discutirlas. Después de todo era cosa suya, y no de ella. La chica tendría que hacer lo que él había decidido[225].

El padre de Gul Begum intenta salvarla, pero lo hace para poder mantenerla segura en el momento en el que comienza el levantamiento armado, que él dirige. De hecho, todos los hombres de la familia abandonarán la aldea, dejando posteriormente desamparadas a las mujeres y los niños, que acabarán, o bien muriendo en una marcha de la muerte hacia Kabul, o bien vendidos como esclavos. Los intereses políticos y militares del padre de la protagonista están muy por encima del bienestar de su hija y su familia.

De hecho, una vez que Gul Begum llega a la casa de Mohamed Jan, comienza un maltrato sistemático de la niña:

---

224   *Ibid.*, cap. IX.
225   *Ibid.*, cap. X.

No había nada noble, ni educado ni cortés en Mohamed Jan. No se sentía para nada honrado por la confianza que se había depositado en él. La chica no le importaba absolutamente nada, excepto porque le habían dicho que era una excelente cocinera. Pero le habría gustado disponer de la dote y pavonearse ante los hombres de que era el amo de la belleza de los hazara.

Pero esta satisfacción se le negó, así que se sintió dolido y agraviado. Y así pensó que Gul Begum lo había ofendido y tendría que dar cuenta de esa afrenta. El año anterior se había contenido un poco, debido a la incertidumbre sobre el resultado de la guerra, pero ahora se sentía libre para hacer lo que quisiese, convencido de que dentro de poco la chica no tendría padre ni hogar. Naturalmente tendría que hacer todo lo que a él le viniese en gana, pero eso era un triste consuelo, porque con la caída de Ghulam Husein, su casa sería inmediatamente localizada y le serían confiscados todos sus bienes, y él, Mohamed Jan, sería el dueño de una bellísima esposa, sin duda alguna, pero sin dote. Todo lo cual se hubiese podido evitar con un poco de previsión por parte del padre de ella. No había duda alguna de que se merecía una compensación.

En su primera visita a su casa, Gul Begum, o por lo menos su abuela, habían dejado claro que no debía sentirse obligada a comer con la familia, ni a hacerlo en las horas acostumbradas, y por eso había obligado a sus huéspedes a servirle la comida aparte. Ahora, al contrario, la *obligaron* a comer sola y a mostrarse agradecida por las sobras que se le arrojaban[226].

Gul Begum conseguirá escapar de la casa de Mohamed Jan y volver a la de su padre, pero el desarrollo de la guerra y la destrucción de su aldea, abandonada por todos los hombres, hará que acabe vendida como esclava en la segunda mitad del relato. Sin embargo, el acoso de Mohamed Jan continuará hasta el final de la narración. Siendo un hombre rico en Kabul, gracias a su traición, encontrará a Halima, la madre de Gul Begum, haciendo la compra en el mercado de las sandías, volviendo a exigirle sus derechos matrimoniales. Halima le sugiere a su hija que se vaya con él, pues es un hombre rico, y al fin al cabo

---

226   *Ibid.*, cap. XIV.

todos los hombres son más o menos igual de malos, pero la protagonista se niega en redondo, pues rechaza de plano el matrimonio, y prefiere ser esclava a esposa.

Así lo afirma cuando está encarcelada y rechaza a un hombre tras otro: «Muchos hombres me habían escogido antes de que vinieses tú a la cárcel, Sahib, pero les fui dando largas a uno tras otro, porque vi que podía engañarlos, y uno tras otro me mandaban de vuelta, a veces después de pegarme, y a veces no. Pero lo que más temía era que alguno de ellos me convirtiese en su esposa esclava. Ese era mi miedo constante»[227].

Pero el texto clave de la narración, en el que Gul Begum expresa su resistencia, e incluso su odio hacia el matrimonio y los hombres mayores que buscan esposas jóvenes, es su enfrentamiento con el anciano Mir, que merece ser citado *in extenso*:

Galbardar Begum.

---

227 *Ibid.*, cap. XXIII.

Él fue a la cárcel con la orden del Emir, y por esa orden estuve obligada a seguirle y a abandonar a mi madre. Soy un regalo del Emir para él, para ser su esclava, para hacer todo lo que me mande, para trabajar para él, y si fuese necesario para morir a su servicio. Pero, contigo, viejo, no tengo nada que ver. Sigue el camino hacia tu tumba y déjame a mí seguir el camino de mi esclavitud. ¿Por qué discutimos? Tú y yo no tenemos nada en común, absolutamente nada.

Y se giró para marcharse.

—Quieta ahí, chica —le dijo el Mir perentoriamente—. ¡Quieta ahí! ¿Cómo que no tenemos nada en común, ni nada que ver el uno con el otro? ¿Pero es que no eres capaz de comprender cuál es tu situación? Claro, hace tan poco que eres esclava que no sabes que tu amo tiene el derecho de conservarte, de darte o de matarte o venderte. ¿Me entiendes, loca? Tú eres tan suya como esta mesa y esta alfombra, y serás tan mía como esta vara.

Y según iba diciendo esto, arrojó contra ella el pesado y retorcido bastón en el que se sostenía en sus caminatas por las montañas, medio fingido, medio como amenaza.

La chica se detuvo y lo recogió. Los ojos del viejo Hakim brillaban. Ella estaba actuando bien después de todo, pensaba que se rendiría.

—Ahora escúchame, viejo. Yo *soy* una esclava, una prisionera de guerra, propiedad de mi amo. No me parezco nada ni a la mesa ni a la alfombra con las que me has comparado. Soy una propiedad viva, animada, no puede ser capturado ni robado sin hacer uso de la fuerza. Una propiedad que tiene cerebro y fuerza y que sabe cómo utilizarlos y que *los usará* mientras un halito de vida quede en mi cuerpo. Apelo a la ley, al sumo sacerdote, o a mi real y legítimo captor, el Emir Sahib, que me ha regalado como esclava, para saber si tiene el derecho de darme en matrimonio a un hombre al que no le quedan ni cinco años de vida y al que rechazo como marido. Tiene todos los derechos sobre mí para sí mismo, cosa que yo *debo* aceptar y *debo* reconocer, pero niego que él tenga derecho a hacerme la esposa de otro hombre. Eso va contra la ley y contra nuestra santa religión. Mi padre me lo dijo muchas veces, porque lo sabía muy bien. Así que escucha, hombre santo, porque me opongo a todos tus deseos, todas tus pasiones y a toda tu desvergüenza.

—Ya veo que vuelves a olvidar que eres una esclava —le respondió irónicamente el Mir con ademán triunfador—. Tu padre parece que te educó con mucho cuidado, pero poco juicio, en todo lo que se refiere a las *mujeres libres*, pero se le olvidó enseñarte la ley de las esclavas; sin duda porque nunca contempló la posibilidad de que algún día fueses a estar en esa situación. Para la esclava no hay ley, no hay elección, ni más deseos que el de su amo. ¿Lo entiendes ahora, niña? —dijo siseando—. A ti no hay ley que te proteja. Podemos hacer contigo lo que nos dé la gana. Eres la hija de un rebelde que se levantó en armas contra su soberano.

—¡Dios mío! —dijo lanzando un amarguísimo grito y arrojándose a los pies de su amo—. ¿Es eso cierto? —dijo suplicando.

Su aspecto totalmente descompuesto y su salvaje desesperación podrían haber conmovido a una piedra, pero el Primer Ministro, aunque se sentía afectado, podía sentir los ojos del Mir observándole para ver si podía apreciar el menor signo de posible incumplimiento de la promesa. Y así se limitó a contestar.

—Lo que dice el Mir Sahib es cierto.

En su desesperación, ella se dirigió al Hakim. El Mir miraba por la ventana en actitud triunfante y se le pasó inadvertido el modo casi imperceptible en el que el hombrecillo apretaba el puño mientras lo agitaba alentadoramente hacia el viejo. Pero eso fue suficiente para Gul Begum. Había vuelto a recobrar su antiguo coraje, y se le vino a la mente algo que el Hakim había ido a decirle.

—Tú únicamente mantente firme. No le toques hasta el momento en el que él intente tocarte; pero cuando lo haga, lucha con todas tus fuerzas. Chilla, golpea, araña y pelea. Si haces eso tu Agha no querrá que se te lleven por la fuerza y te devolverá a la cárcel de la que te sacó o se quedará contigo.

De nuevo, se sobrepuso, en esta ocasión para hacer un último intento.

—Muy bien, lo que dice mi amo debe ser cierto —dijo con un suspiro—. No tengo elección entre la muerte y tú. Prefiero morir, pero moriré luchando hasta el final. En el momento en el que tú o uno de tus hombres intente acercárseme, le golpearé en la cabeza con este garrote, que hiciste fuerte y recto para soportar tus vacilantes pasos. ¡Sácame de esta casa, y antes de que hayamos doblado la primera esquina de la calle te moleré a palos y te dejaré tan hecho papilla que tu carne marchita nunca llegará a recobrarse! Tu piel es vieja y arrugada, pero cuando haya acabado con ella ya no lo estará. Cuando haya acabado contigo, tu carne ya no estará reseca sobre sus huesos. ¿Crees que entonces te habrás vuelto joven y rollizo?

Fotografías de Bolan y Bamiyan, son lugares por los que transita Gul Begum.

De nuevo se rio a carcajadas, de una forma que incluso daba miedo, porque todo el odio contenido y toda la furia de su raza podían entreverse bajo cada palabra.

—¡No, no serás más que una masa gelatinosa, un cadáver henchido multicolor, en el que no quedará ni la más mínima apariencia humana!

Según iba hablando, se iba moviendo y agitaba el bastón, que aún tenía en las manos, blandiéndolo de modo desafiante.

—¡Ah! ¿Te crees que con la ayuda de tus sirvientes y quizás de tus propios amigos, viejos y miserables, conseguirás arrancarme esta arma de mis manos y dejarme indefensa? ¡No me da miedo en absoluto, porque ni tú ni ellos me dais ningún miedo! ¡Intenta estrecharme en tu asqueroso abrazo, y verás lo que soy capaz de hacer contigo! Te arrancaré hasta el último pelo de esa vieja barba tuya, falsa y teñida. Te los arrancaré a puñados y podrás golpearme y darme todos los puñetazos que quieras, pero no pararé. ¿Y quieres saber algo de mis abrazos? ¿Sabes lo es que es copular con un gato salvaje, lo que sería exponer tu cuerpo viejo y frágil a la furia de mis miembros jóvenes y fuertes? ¿Quieres probarlo? ¡Ven, atrévete! —dijo riéndose y casi dando verdaderos alaridos.

—¡Mira, tiraré el bastón! —dijo, poniéndolo en el suelo delante de él—. No quiero asustarte mucho. Ahora abrázame contra tu viejo y marchito pecho. ¿Por qué no? Estoy desarmada. Pero cuidado, cuidadito. Te lo he advertido. ¡Que venga el viejo y lo intente! ¡Mira, estoy esperando para recibirlo!

Pero el anciano, así requerido, no se levantó. Se volvió hacia el Primer Ministro, y sonriendo tranquilamente, y como si hubiese hecho un gran descubrimiento, dijo:—Ya veo que esta chica está totalmente loca —murmuró, aunque lo suficientemente alto como para que pudiese ser oído por todos los que estaban en la sala—. No es responsable de todas estas estrafalarias acciones y amenazas. Y esa es la razón por la que nadie ha querido llevársela, a pesar de su bella apariencia. Está endemoniada. ¿Qué vas a hacer con ella? ¿La devolverás a la cárcel? Te advierto que es muy peligroso tener a una lunática furiosa como esta entre otras mujeres y niños. Y además también puede asustar a tu esposa, y quién puede predecir todo lo que podría pasar ahora. Hazme caso y envíala a otra parte, es lo único que se puede hacer con ella, es peligrosa.

Pero el Primer Ministro se limitó a sonreír, y preguntó al Mir Sahib si estaba de acuerdo en dejarla ir.

—¿Dejarla? ¿Crees que quiero una tigresa en mi casa y a una loca por esposa? ¡Naturalmente que la dejo ir! No la querría a ningún precio, ni tampoco regalada para ser mi última esclava. Lárgate chica —dijo dándose la vuelta y dirigiéndose a ella—. No eres una mujer, sino una bestia salvaje. ¿Me oyes? ¡Largo![228].

Gul Begum rechaza frontalmente el ser dada en matrimonio, pero tampoco está dispuesta a entrar en el juego, característico de los matrimonios polígamos en el islam y mucho más en los harenes, de competir con las demás mujeres para conseguir ser la favorita del señor de la casa.

En cada harén una de las esposas, que tenía el título de *Bibi* (niña), tenía autoridad sobre todas las demás. A veces era la más atractiva, pero en otras ocasiones era la primera esposa cronológicamente, a la que se le compensaba su pérdida del estatus como mujer más deseada, por la autoridad sobre sus demás compañeras.

Cuando Gul Begum llega al harén se produce esta situación, y así razonó la *Bibi*:

> —Es muy hermosa —pensó. Una retahíla de pensamientos contradictorios se sucedía en su cerebro. ¿Qué lugar debería ocupar la recién llegada? Desde su boda *ella* había sido la señora de la casa, siendo la gobernanta de todas las demás esposas con mano dura. ¿Qué posición debería corresponderle a esta nueva chica? Su belleza era innegable, y había además algo extraordinario en su cabeza alta, sus gráciles pasos y su bello porte. La *Bibi* se dio cuenta y empezó a temer por su propia posición.
>
> —Tiene una indudable belleza —se dijo a sí misma sonriendo—. Pero la belleza no lo es todo para un hombre. Al principio lo seducirá, pero hace falta algo más que ser guapa para que pueda seguir sintiéndose atraído por ella. ¡No es más que una aldeana! ¿Qué sabe ella? Yo tengo artes de las que ella no sabe nada. Tan pronto como pase la primera seducción, no será rival para mí[229].

228 *Ibid.*, cap. XXV.
229 *Ibid.*, cap. XXI.

Gul Begum rechaza los matrimonios pactados y el juego de ser esposa junto con otras mujeres en el harén. Pero al final es víctima de sí misma, cuando se enamora de su amo, el primer ministro, sumando a su papel de esclava el de amante nunca reconocida. Lillias Hamilton describe este momento así: «Porque, ¡mirad!, un cordero había sido capturado en la espesura, listo para ser sacrificado, y asintiendo en su sacrificio. Gul Begum había encontrado a su amo y estaba dispuesta plenamente a ser su esclava»[230]. Esta metáfora puede estar tomada del sacrificio voluntario de Isaac, el hijo de Abraham, que cualquier persona conocía perfectamente en Inglaterra. Pero describe algo mucho más importante, y es que la voluntad de hierro de Gul Begum, y su resistencia a no ser dominada por ningún hombre, se quiebra cuando surge el amor en ella.

El amor para Gul Begum tiene un cierto componente masoquista, pues, como musulmana que es, lo concibe como subordinación, forzada o voluntaria a un hombre, y sometimiento a sus deseos de distintos tipos. Las mujeres musulmanas aceptan la sumisión, y por ella se ven atrapadas en el matrimonio y la maternidad, que crea un vínculo esencial para ellas, puesto que defienden ante todo la vida de sus hijos.

Gul Begum, sin ser esposa ni madre, cae en la trampa de la sumisión, al ser esclava del primer ministro, cuidarlo como una esposa, ayudarle en su trabajo intelectual, y al final poner toda su inteligencia, capacidad de iniciativa y valor para salvarle la vida, a costa de la suya. El primer ministro le concede la libertad, pero se niega a llevarla a la India, porque allí no podrá ser ni su esclava ni su esposa, ya que su madre no la aceptaría.

En el último episodio de la huida de ambos, Mohamed Jan, que sigue reivindicando sus derechos como marido, decide matarla, por no poder tenerla. El primer ministro lo mata posteriormente, dándose cuenta en ese instante sobre el cadáver de su esclava de que se había olvidado de amar a una extraordinaria mujer que lo había amado, tal y como había hecho con su esposa:

---

230 *Ibid.*, cap. XXVII.

El Primer Ministro se olvidó de su orgullo, se arrodilló y lloró sobre el cadáver de la chica a la que había aprendido a apreciar demasiado tarde.

Un movimiento de su mano grande y amorosa, que tantas veces había aliviado su dolor, una mirada cariñosa que le dijo lo que él sabía, o podría haber sabido durante años, y ella se había ido para siempre, libre, ¡por fin era libre! Libre incluso del nuevo dolor que la había torturado en su última hora y que había convertido su libertad en ajenjo y hiel. Se giró para ver si esta vez el asesino estaba muerto de verdad. Lo estaba, ahora no había ninguna duda. ¿Cómo no se aseguró antes? La última bala le había atravesado el cuello.

El Primer Ministro se levantó, subió a su caballo y salió a galope hacia la India[231].

La pregunta que podríamos formularnos es: ¿creía Lillias Hamilton que todas las relaciones amorosas entre hombres y mujeres son masoquistas, por ser desiguales e implicar sumisión? ¿Tendría esto algo que ver con su condición de mujer soltera, solitaria, independiente y lúcida hasta el final? Probablemente sí, y por eso la protagonista de su tercera novela es una enfermera, transposición de ella misma, que renuncia al matrimonio con un médico para salvar su independencia, pero que al final se casa con él cuando queda incapacitado por una enfermedad. Pasando ambos a fundar con el legado de otra enfermera soltera, compañera suya, una utópica colonia socialista para niños[232].

---

231 *Ibid.*, cap. XL.
232 Ver: *A Nurse's Bequest*, John Murray, Londres, 1907.

Capítulo 4

La utopía de los niños. El renovado Imperio británico de Lillias Hamilton

En nuestra porción del mundo vivimos en la era de la subjetividad, en la que se pretende que la única norma de valor universal es la que afirma que los deseos de las personas, cuando más íntimos y personales mejor, han de ser el único patrón que debe guiar nuestra conducta. Casi nadie quiere darse cuenta de que los deseos en sí mismos nunca podrán llegar a ser normas, porque los deseos de unos pueden contradecirse con los de los demás, e incluso solo pueden llegar a ser posibles a costa del dolor de los otros. No existe un sistema, o mercado, autorregulado de los deseos, que por su propia naturaleza tendiese al equilibrio. Por eso solo es posible rcivindicar la soberanía de los sujetos y de sus deseos, si partimos de unas normas morales y jurídicas que establezcan claramente la obligación de respetar los deseos del otro, si queremos que los demás reconozcan los nuestros. Lo que no es más que otra forma de expresar el imperativo categórico kantiano.

Solo a partir del siglo XX, y más en concreto tras los años sesenta del mismo, la configuración, o la invención del sujeto, que se identifica con la historia de la civilización occidental desde la edad Media[233], se centró en la configuración del deseo, estableciendo la prioridad de la pasión sobre la razón,

---

233   Ver Aaaron Gurevich: *Los orígenes del individualismo moderno*, Crítica, Barcelona, 1994; y Antonio Camplillo Messeguer: *La invención del sujeto*, Biblioteca Nueva, Madrid, 2001.

siguiendo la senda marcada por Herbert Marcuse en los libros que fueron la bandera de la revolución del 68[234]. Este proceso, que tuvo lugar en la época de la Guerra Fría, que fue también la de la larga prosperidad occidental que duró desde los años cincuenta a los setenta, y que se asoció con el nacimiento de la sociedad de consumo, y la revolución económica que la hizo posible, con la creación de miles de nuevos productos que se difundieron por Europa desde los EE. UU.[235], supuso el fin de la política y la lucha política entendidas como procesos de cambio social y económico y el paso de la revolución a la ética, según la acertada expresión de Julian Bourg[236].

En nuestro nuevo mundo se produjo una nueva configuración del sujeto y del yo que nos puede hacer difícil comprender las ideas y los sentimientos de una persona como Lillias Hamilton, para la que el compromiso político, social y moral eran parte esencial de su vida, y quien consideraba que no somos más que las partes de un todo. Eso sí, de un todo injusto y desequilibrado, cuyas principales víctimas eran los pobres, los débiles, las mujeres y los niños[237].

En el mundo del omnipotente sujeto son esenciales las construcciones biográficas, sean narrativas o de otro tipo, como pueden ser las historias clínicas y patografías psicoanalíticas. Ha habido desde san Agustín a la actualidad innumerables autobiografías, o *Confesiones,* en las que sus autores intentaron mostrarles ante los demás tal y como creían que eran en su nivel más profundo y auténtico[238]. Pero al final descubrimos que

---

234 *Razón y revolución. Hegel y el surgimiento de la teoría social,* Alianza Editorial, Madrid, 1971, y *Eros y civilización,* Seix Barral, Barcelona, 1966.

235 Ver Victoria de Grazia: *Irresistible Empire. America's Advance through Twentieth-Century Europe,* Harvard University Press, 2005.

236 *From Revolution to Ethics. May 1968 and Contemporary French Thought,* McGill-Queeen's University Press, Londres, 2007.

237 Sobre esta configuración del yo, ver Anthony Giddens: *Modernidad e identidad del yo. El yo y la sociedad en la época contemporánea,* Península, Barcelona, 1997 (Oxford, 1994); así como el libro fundamental de Charles Taylor. *Fuentes del Yo. La construcción de la identidad moderna,* Paidós, Barcelona, 1996 (Cambridge, 1989).

238 Ver el amplio estudio de Georges Gusdorf: *La Découverte de Soi,* PUF, París, 1948.

la autobiografía es un género literario como los demás, y, por lo tanto, un artificio que tiene que encajar en un esquema o un marco, y que nada se parece más a una autobiografía que otra, si las personas viven en la misma época y tienen la misma cultura, porque todas las identidades personales no son, al fin y al cabo, más que un juego de interrelaciones entre el yo y el tú, entre el yo, el nosotros y los otros. Y, en definitiva, entre la persona y el mundo y la historia[239].

Lillias Hamilton, además de sus dos novelas, una publicada y otra inédita, anteriores a 1900, publicó su tercera novela en 1907[240]. Se trata de la biografía de una enfermera, como ella lo fue, elaborada a partir de su experiencia personal, como ella misma reconoce, y escrita: «Desde otro punto de vista, el de los internos que en muchas de nuestras grandes instituciones todavía están amontonados, sin consideración alguna con su educación, clase o carácter»[241].

Su novela es la historia de una joven de una familia de rentistas, Margaret Talbot, Peg, pero es mucho más que eso, porque es también un proyecto político de orientación laborista y una utopía política de regeneración del Imperio británico. En ella, además de la trama narrativa, se contienen numerosos diálogos que expresan ideas sobre la riqueza y la pobreza, el poder, las relaciones entre los sexos y el sentido de la vida. Esas ideas son las de las protagonistas, un grupo de enfermeras en un asilo de pobres, pero también las de Lillias Hamilton, cuya trasposición es su protagonista, Peg. En todas las novelas de Lillias Hamilton personajes reales son transfigurados en caracteres literarios, y en esta también. Ella consideró que la mejor manera de expresar sus ideas era narrar las historias de las vidas de los otros, en sus contextos institucionales y sociales, y sobre todo en sus diálogos. Para ella, la creación literaria era una forma

---

239   Tal y como destacó Ernst Bloch: *Sujeto-objeto. El pensamiento de Hegel*, FCE, México, 1962 (Frankfurt am Main, 1951), y más recientemente Arkady Plotnitsky: *Hegel, Complementarity, History an the Unconscious*, University of Florida Press, 1993.
240   *A Nurse's Bequest*, John Murray, Londres, 1907.
241   Citaré la novela como *NB*, p. VII.

de expresión personal y colectiva. Se trataba de transfigurar la realidad en algo que no es real, sino una ficción capaz de expresar aquello que en la vida ordinaria no se puede pensar, decir ni conceptualizar. Esta es la auténtica naturaleza de la creación artística, como señalaron Arthur Koestler[242] y Arthur Danto[243], continuando la tradición aristotélica que explica cómo el relato, *lógos*, nace de una ficción, *mímesis*, que permite expresar una pasión, *páthos*, que no se puede racionalizar de modo transparente, por carecer de medios y conceptos para ello[244].

Pero además de utilizar la novela como la forma adecuada de expresión de sus sentimientos e ideas personales, Lillias Hamilton escribió como una novelista política, ya que en sus tres novelas lleva a cabo tres denuncias distintas. En *The Power that walks in Darkness,* la del régimen de terror de Abdur Rahman Khan; en *The Vizier's Daughter,* el genocidio del pueblo hazara, y en *A Nurse's Bequets,* la de la situación de los 70.000 niños que se estima están internados en los asilos de pobres. Estos niños suponían un coste de 52 libras al año por persona. El propósito político de su novela fue la proposición de enviarlos a las colonias para que fuesen educados por familias en granjas, y así pudiesen, o bien, quedarse en ellas, o volver a Inglaterra como trabajadores autónomos y cualificados. Todo ello supondría además bajar el coste por persona de 52 a 15 libras anuales. No se trataría de ahorrar dinero, eso sería secundario, sino como veremos de regenerar a Inglaterra y al Imperio británico[245].

El argumento de la novela es la vida de Margaret Talbot, la hija mayor de una familia de pequeños aristócratas terratenientes, formada por su padre, que se pasa la vida en su biblioteca y es un notorio mal administrador de sus fincas y rentas,

---

242 *The Act of Creation,* Hutchinson, Londres, 1964.
243 *The Transfiguration of Commonplace,* Harvard University Press, 1981.
244 Ver una exposición detallada en Erich Auerbach: *Mímesis. La representación de la realidad en la literatura occidental,* FCE, México, 1950 (Berna, 1942), así como Wilbur Marshal Urban: *Lenguaje y realidad. La filosofía del lenguaje y los principios del simbolismo,* FCE, México, 1952 (Londres, 1939), y Walter Muschg: *Historia trágica de la literatura,* FCE, México, 1955 (Berna, 1948).
245 Ver *NB,* pp. IX-XI.

por su madre, que prácticamente no aparece en el relato, y por sus hermanas menores: Clara, Gwen, Helen y Kitty.

Peg, en principio, tendría 22 años, al inicio de la narración. Ya desde él expresa sus reticencias hacia matrimonios, como el de su hermana Gwen, de 18 años, que aspira a ir a Londres y comprarse trajes, a asistir a reuniones sociales y, sobre todo, a casarse. Peg señala: «Nunca quise que Gwen se casase con el Sr. Smail. Creo que todo el acuerdo era rechazable. Vender una chica de 18 a un hombre con la suficiente edad para ser su padre»[246]. Gwen se casará y «acabará por hacer a un pobre hombre miserable de por vida, acabando en el tribunal de los divorcios» (*NB*, p. 8). Y con su matrimonio pasará a estar sometida para siempre, porque nació «para ser protegida y ser feliz» (*NB*, p. 1).

Peg aparece descrita como una chica de fuerte carácter: «Es de tipo bull terrier, y es justo esa clase de chica que se agarra por el gusto de agarrarse» (*NB*, p. 3); o lo que es lo mismo, así como el bull terrier no suelta su presa, ella no cejará en su propósito, que será hacerse enfermera con la ayuda de su primo Jack, su amante ideal, que se marcha a la India para alistarse en el ejército, lugar en el acabará muriendo por enfermedad, quedando así clausurada esa imposible historia de amor.

Peg, como Lillias Hamilton, estudió enfermería en contra de la voluntad de su padre. Y como no podía iniciar esos estudios formalmente hasta cumplir los 26 años, decide ingresar como interna en un asilo privado, que será el escenario en el que transcurrirá todo el relato. Allí sufrirá un choque, al ver que no dispone de criados, ni nadie recoge sus maletas al entrar, y al comprobar que en su habitación solo dispone de una cama, una silla, una mesa y un armario. Será una habitación muy sobria, pero que cumple las condiciones básicas de la higiene. Ese mismo choque se confirmará cuando esa «pequeña aristócrata» tenga que vestirse de uniforme, como todas las demás enfermeras, y usar toca.

Debemos comenzar por describir el tipo de asilo en el que va a trabajar Peg, dentro del contexto de su época, en la que se

---

246 *NB*, p. 2.

escribieron numerosos libros sobre los asilos, de los que desta-
caremos los publicados en Inglaterra.

El asilo se compone de cinco pabellones con 96 camas al
inicio del relato y con 300 al final del mismo. Funciona de un
modo sistemático, pues registra las entradas y las salidas, las altas y las defunciones, cosa que no ocurría apenas en los demás
casos. Pero las condiciones médicas son bastante mejorables.
En el pabellón de hombres, por ejemplo, lo que se ve son viejos y hombres de mediana edad, con llagas en las piernas y por
todo el cuerpo, plagados de infecciones y a los que en algunos
casos el deterioro de sus miembros permite ver sus huesos. Son
víctimas de las erisipelas, tal y como se conocían por entonces
determinados tipos de infecciones bacterianas[247], y una de las
labores rutinarias de las enfermeras que en ese pabellón hacen
el turno de noche es registrar las defunciones, con el número
del fallecido, que sale del asilo en un ataúd para pobres sumi-
nistrado por la parroquia, que lo enterrará en el cementerio de
los pobres, casi anónimos. Así, en una noche mueren los núme-
ros: 5, 6, 11 y 14 (*NB*, p. 239). En ese pabellón, como se trataba de crónicos incurables, las enfermeras se aprovechaban de
sus raciones de comida, quedándose con parte de ellas. Unas
enfermeras, o más bien cuidadoras, bastante numerosas, pues
forman una plantilla de 70 personas, bajo el mando de encargadas, como *miss* Kennedy, que tendrá un papel muy relevan-
te en la vida de Peg, *miss* Jenkins, o la directora *miss* Hobhouse.

Para comprender a lo que se llamaba asilo debemos tener en
cuenta que los hospitales y asilos en principio dependían de la
caridad privada, y en la Edad Media y en los países católicos
eran costeados por la Iglesia[248]. Podemos ver lo que se escondía
en uno de esos grandes asilos, La Salpêtrière, en el estudio que
Philippe Pinel publicó el año IX de la Revolución, 1788[249]. En su
clasificación, elaborada con los criterios del médico internista

---

247 Ver la descripción en *NB*, pp. 93-95.
248 Para Francia, ver: Jean Imbert, ed.: *Histoire des hôpitaux en France*, Privat,
     Toulouse, 1982.
249 *Traité Médico-Philosophique sur l'Aliénation Mentale ou la Manie*. Richard,
     Caille et ravier, París, an. IX.

que, al fin y al cabo, es lo que era, traza el siguiente cuadro. El 25 % son maníacos o melancólicos, o lo que es lo mismo, «locas», ya que es un centro de mujeres. Otro 25 % son enfermas de sífilis en su fase terciaria[250]. Este será un dato muy importante en el caso del relato de Lillias Hamilton, porque muchos de los niños internados eran hijos y nietos de prostitutas. Y el restante 50 % sería una masa de ancianos seniles, enfermas neurológicas de todo tipo, alcohólicas, prostitutas y mujeres internadas en contra de su voluntad.

Las condiciones higiénicas eran lamentables en el vestido, la comida y la limpieza. Muchas enfermas dormían sobre paja en el suelo, sobre todo las incontinentes, que estaban desnudas, en recintos similares a auténticas cuadras. Y a veces estaban encadenadas, para controlarlas. Como estaban «locas» se supone que no sentían el frío. Las causas de defunción serían el tifus, la tuberculosis, las enfermedades infecciosas, la consunción, y los golpes: fracturas de huesos, roturas de tímpanos y traumas en la cabeza, causados por las palizas de los guardianes, que además abusaban sexualmente de algunas enfermas y explotaban económicamente a otras, obligándolas a trabajar.

La reforma de los asilos en los países protestantes fue llevada a cabo por grupos religiosos, como los cuáqueros, que crearon el asilo de York, dirigido por Samuel Tuke[251]. Allí los enfermos eran registrados, alimentados, vestidos, mantenidos en buenas condiciones higiénicas y se estudiaban sus vidas, con todos los datos que se pudiesen recopilar para comprender el origen de su trastorno. Como señaló Pinel, lo más importante del asilo era el edificio, sus condiciones de habitabilidad, el acceso al agua, la calefacción y la alimentación de los enfermos. Muchos de ellos mejoraban solo al tratarlos como personas y mostrarles el mínimo de empatía.

---

250 Pueden verse los datos relativos a la sífilis en Claude Quétel: *Histoy of Syphilis*, Polity Press, Oxford, 1992 (París, 1990).
251 Ver su libro: *Description of the Retreat. An Institution beneath York for Insane Persons of the Society of Friends. Containinga un Account of Origin, and Progress of its Origins, the Modes of Treatment and an Statement of Cases*, Alexander, Bristol, 1813.

Se escribieron muchos libros sobre el diseño de los asilos en el siglo XIX. John Connolly quiso regular su construcción y sus reglamentos internos, además de oponerse a la «restricción mecánica» con distintos medios: cadenas, cajas, camisas de fuerza y al uso de la violencia[252]. Y lo mismo hizo el doctor W. A. F. Browne[253]. También se buscaron modelos en otros países, como España, por parte del Dr. Desmaisons[254]; e incluso en Rusia, por parte del Dr. A. von Rothe[255]. Está claro que se trataba de un tema muy discutido en toda Europa, y Lillias Hamilton, médica y lectora insaciable, estaba al tanto de él, porque en Inglaterra se había hecho una gran reforma de un asilo en el caso de Colney Hatch, cuya historia ha sido escrita por Richard Hunter e Ida Macalpine[256].

Fue la caridad de las iglesias la que creó también asilos modélicos en Alemania, como ocurrió en Baviera[257], o en el caso del asilo de Eberbach[258], que fue muy importante por diferenciar en él la llamada «locura religiosa», los distintos tipos de locura femenina, designados como ninfomanías, e incluso una locura específica de los judíos, debida a sus diferentes condiciones sociales y religiosas.

---

252 Ver: *The Construction and Government of Lunatic Asylums and Hospitals for the Insane.* John Churchill, Londres, 1847.

253 *What Asylums were, are, and ought to be. Being the Substance of Five Lectures delivered before the Managers of the Montrose Royal Lunatic Asylum,* Adam and Charles, Londres, 1807. También trataron el tema George Man Burrows: *Commentaries on the Causes, Forms, Symptons and Treatment Moral and Medical of Insanity,* Thomas and George Underwood, Londres, 1828; y sir W. C. Ellis: *A Treatise of the Nature, Symptons, Causes, and Treatment of nsanity with Practical Observations on Lunatic Asylums. A Description of the Pauper Lunatic Asylum for the Country of Middlesex with a Detailed Account of its Mangement,* Samuell Holdsworth, Londres, 1838.

254 *Des Asiles d'Aliénés en Espagne. Recherches historiques et médicales,* Bailliére, París, 1841.

255 *Geschichte der Psychiatrie im Russland,* Franz Deuticke, Lepizig, 1895.

256 *Psychiatry for the Poor. 1851 Colney Hatch asylum Friern Hospital 1973. A Medical and Social History,* Dawson of Pall Mall, 1974.

257 Ver David Lederer: *Madness, Religion and the State in Early Modern Europe. A Bavarian Beacon,* Cambridge University Press, Cambridge, 2006.

258 Ver Ann Golberg: *Sex, Religion and the Making of Modern Madness. The Eberbach Asylum and German Society, 1815-1849,* Oxford, Nueva York, 1999.

Junto a esto se desarrolló la llamada industria de la locura, es decir, la construcción de centros privados, para hombres o mujeres, administrados por personas sin formación que simplemente querían aprovecharse del dinero de quienes allí internaban a sus familiares. Ya Enrique VIII había dictado una ley contra los abusos, estafas y el maltrato practicado en esos centros[259]. Parte de esa industria y del mundo de los asilos eran los niños retrasados, llamados «imbéciles», «idiotas», que vivían en esas mismas instituciones mezclados con los demás internos de un modo indiscriminado, y en los que se buscaban, y a veces se encontraban, causas genéticas que pudiesen explicar la transmisión de esas deficiencias.

Sus casos han sido estudiados para Inglaterra por Kathryn Burtinsshaw y John Burt[260], y en un contexto más general por Leo Kanner[261] y por Theo B. Hyslop[262]. Y estos fueron especial objeto de atención para Lillias Hamilton, debido a su preocupación por los niños, tanto en Inglaterra como en Afganistán, donde les aplicó la vacuna de la viruela, les hizo innumerables fotografías, y contó la historia de los niños y mujeres hazara.

Si queremos comprender su modo de pensar, tendremos que tener en cuenta que este era el mundo intelectual en el que ella vivió, y que su conducta estuvo inspirada por el sentimiento de la compasión, y por sus principios religiosos y políticos, de orientación laborista. De ella dice la directora, en efecto: «Parece acostumbrada a tratar con los pobres, los comprende y simpatiza con ellos» (*NB*, p. 161).

El asilo está bajo la autoridad de la directora y las enfermeras jefe. Están prohibidas las visitas masculinas, como queda claro cuando su primo Jack viene a despedirse en camino hacia la India, y la enfermera Fraser le explica que, si cada una de las setenta enfermeras recibiese visitas masculinas, eso sería el caos.

---

259 Ver Ida Macalpine and Richard Hunter: *George III an the Mad-Business*, Allen Lane, Londres, 1969.

260 *Lunatics, Imbeciles and Idiots. A History of Insanity in Nineteenth-Century Britain and Ireland*, Pen and Sword, 2017.

261 *A History of the Care and Study of the Mentally Retarded*, Charles C. Thomas, Springfield, 1964.

262 *The Great Abnormals*, Philip Allan, Glasgow, 1925.

Naturalmente, ese caos se deriva del hecho de que esos hombres podrían tener algún tipo de relación sentimental o sexual con las enfermeras, y no del desorden en sí mismo.

Por encima de las enfermeras están los médicos, distantes de ellas, y que no deben mantener con las mismas ningún tipo de confianzas. Reciben el tratamiento de sir, y *miss* Frazer describe cómo debe ser la relación con ellos:

«El doctor, tras largos años de estudio, aporta toda su formación científica para tratar un caso. Él es el superior, la enfermera es su ayudante, que vigila e informa de lo que pasa en su ausencia, siguiendo sus instrucciones. Él es la cabeza, ella sus manos. Él depende de ella, pero ella es una inútil sin él. Ella es la subordinada y la relación entre ambos es *profesional* y del carácter más sagrado: el cuidado de los enfermos y el alivio de los moribundos»[263].

En toda la narración está muy claro que Peg proviene de una clase superior, y por eso es víctima de la envidia de otras enfermeras superiores suyas, cuando el doctor Henderson, de 28 años de edad, comienza a darle explicaciones científicas a la protagonista. Esa otra enfermera antagonista es la enfermera Larson, que le exige subordinación y no muestra simpatía alguna por el doctor Henderson. Larson acusa a Pegg de ser negligente y de tener la cabeza a pájaros y creerse superior, cuando le dice:«Realmente, enfermera, estoy totalmente avergonzada por usted. Esperaba que una chica de su posición y educación tuviese más conciencia, pero veo que usted no tiene ninguna.

Entonces Peg se enfureció, y furiosa como estaba, dijo:¿Por qué me condena otra vez sin escucharme? ¿Cómo puede una enfermera decir semejante cosa, sabiendo perfectamente que es mentira? Si quisiese leer novelas, ya tengo la casa de mi padre para hacerlo. No necesito venir al hospital para eso»[264].

Le reprocha que lee libros en su habitación, pero ella le dice, lo que es muy significativo de sus preferencias y orientación intelectual:

---

263 *NB*, p. 102.
264 *NB*, p. 127.

«Solo tengo unos pocos libros infantiles, que compré por si me destinaban a un pabellón infantil, además de las obras completas de Darwin, algunas de Carlyle —en concreto el *Sartor Resartus*— y, ¡oh sí, el *Faerie Queen* de Spenser»[265], que sería su única concesión a la fantasía.

Peg lee alemán y le presta libros en esa lengua al doctor Henderson, que protagonizará el primero de los dos casos de declaraciones de amor a Peg. Ese médico: «Había caído víctima de esos ojos amarillos con párpados violetas y la largas y oscuras pestañas» (*NB*, p. 141).

Las diferencias de clase social serán muy importantes en toda la novela, en prejuicio de Peg. Como es percibida como de clase superior, no es la favorita ni de los pacientes ni de las enfermeras. Tiene ingresos, y por eso cada día sale a comprarse comida, y eso se le reprocha. Sabe que tiene que cumplir su compromiso de formación de tres años, y por eso asume el acoso al que es sometida. Cuando alguien de su clase llega, como es el caso de la enfermera Wylie, se relaciona con ella: «El hecho es que era una persona muy sensible. Había sido enfermera en una familia de caballeros, y sabía cómo comportarse con los inferiores y los superiores. Era una nueva experiencia para ella tener una chica perteneciente a la clase a la que estaba acostumbrada a servir, y no sabía muy bien cómo tratarla».

Para mortificarla la envían al pabellón de los crónicos, con 56 pacientes casi terminales, porque saben que eso le da horror. La enfermera Kennedy, que tendrá un papel fundamental en la narración, le da este consejo:

«Espero de una enfermera en prácticas nada más que una obediencia absoluta, y sobre todo una absoluta honestidad, porque estas dos cualidades son esenciales en una enfermera. Y si están ausentes, siempre daré parte de ello. Todo lo demás llegará con el tiempo»[266].

---

265 *NB*, p. 131.
266 *NB*, p. 159.

Kennedy intenta animarla a superar la prueba, pero la relación con la directora, *miss* Hobhouse, es más compleja, porque oculta un claro resentimiento:

«*Miss* Hobhouse se asombró por no haber sido quizás un poco más dura. Ella también había perdido prematuramente a su madre. La vida no la había tratado muy bien, y la había endurecido cuando no era más que una niña. También era muy lista y había ascendido rápidamente en la profesión, pero no era de la misma clase que Margaret Talbot, era de esa clase de gente que confunde el ingenio con la ordinariez, y que en muchos casos utiliza un lenguaje que ciertamente no es el inglés. La enfermera Kennedy había vivido en una sociedad similar y eso lo comprendía»[267].

Peg establece una relación intelectual con la enfermera Kennedy, no exenta de un ligero atractivo amoroso, como veremos. En su primer diálogo le dice:

«La multitud a la que llamamos "el público" es un cuerpo muy ignorante. Algunos leen libros y artículos escritos por personas muy bien informadas, y otros solo escuchan lo que gentes tan egoístas como ignorantes tienen que decir. Muy pocos estudian para tener experiencia personal, y de los que lo hacen, ¿cuántos contribuyen a aliviar el dolor de los pobres? ¿Cuántos intentan hallar la raíz de sus dificultades?»[268].

En ese diálogo, en el que la enfermera Kennedy comenzará a mostrar sus ideas laboristas, Peg sugiere irónicamente aplicar el principio darwiniano de supervivencia del más apto, sugiriendo la idea de que se utilice a los pobres y desfavorecidos para hacer carne; de este modo bajaría el precio de la misma y se mejoraría la alimentación general. Ya lo había propuesto Jonathan Swift en su *Una modesta proposición para evitar que los hijos de los pobres de Irlanda sean una carga para sus padres y hacerlos útiles al pueblo*, cuando decía que se debía criar niños para este fin. El canibalismo de Peg sería muy similar al de Swift.

---

267 *NB*, p. 172.
268 *NB*, p. 174.

Pero es que detrás de todo ello se esconde un debate de la época: si se debe o no ayudar a los pobres, los enfermos incurables y a los llamados degenerados. Herbert Spencer, basándose en Darwin, se oponía a ello, tanto en su tratado de ética[269] como en su libro teórico general[270]. Su argumento era que la propia selección natural es la que hace diferentes a los ricos de los pobres en el proceso de selección natural. La naturaleza tiene sus propios medios para deshacerse de sus desperdicios. Si en vez de hacer que las cosas sigan su curso, ayudamos a los llamados, en general, «degenerados» por otros autores como Max Nordau[271], entonces enfermará toda la sociedad. Este darwinismo social, unido al liberalismo económico extremo, dará lugar a las ideas y las políticas de eugenesia, creadas en el mundo anglosajón y que fueron aplicadas en otros países, como Suecia, antes de que los nazis lo hiciesen en Alemania. Naturalmente, en general, y en el caso inglés, estaban indisolublemente unidas al racismo, fruto de la expansión global de Occidente. El racismo que Lillias Hamilton vio de primera mano en la India y Afganistán.

La enfermera Kennedy explica estas ideas, cuando dice: «Un pobre es una especie de degenerado mental. Realmente es un esclavo. Muchos de los hombres pobres, y todas las mujeres, tienen una dura jornada de trabajo, pero solo la cumplen bajo amenaza. No pueden controlarse a sí mismos, son totalmente indisciplinados que necesitan guías. No pueden trabajar lo suficiente para poder ser libres. El trabajo asalariado no es un placer para ellos. Les falta algo. ¿Qué es? ¿Qué produce esta apatía que lleva a la servidumbre?»[272].

Un ejemplo de todo ello sería la interna Kate McDermont, con dos hijos sin padre conocido, que vive sin control, siguiendo: «la libertad de sujeto». Y que vive asilada a costa de los impuestos. Su vida estuvo condicionada por el nacimiento y el medio, que lo explican todo:

---

269   Ver: *The Principles of Ethics, I. Ethics, II, Ethics Evolutionary*, 1879, reedición, Liberty Classics, Indianapolis.
270   Ver: *First Principles*, William and Norsgate, Londres, 1908, 4.ª ed.
271   Ver: *Degeneration*, Appelton and Company, Nueva York, 1896 (8.ª edición).
272   *NB*, p. 207.

«A menos que se les sitúe en circunstancias excepcionalmente favorables, los hijos de los vagos serán vagos. Lo vemos todos los días.

La vagancia es para mí una especia de enfermedad mental»[273].

Por eso el Estado debe protegerse de los vagos y los imbéciles, así como de los borrachos, encerrándolos. Se les deben quitar a sus hijos a esas mujeres y enseñarles a trabajar. Kate McDermont es alcohólica y ladrona, porque su madre y abuela ya lo eran.

La idea sería hacer unas reducciones como las de los jesuitas, y en ellas educar a los niños en granjas públicas, como ya existen en Escandinavia y Canadá[274]. Una idea que a Peg le parece crear un sistema de esclavitud infantil. Pero las ideas de enfermera Kennedy no son de tipo racista ni clasista. El mundo al que ella se refiere es al mundo de lo que K. Marx denominó «lumpen proletariado». Un mundo en el que la pobreza más abyecta se mezcla con la delincuencia, la prostitución, el alcoholismo y toda clase de enfermedades que hacen que sus víctimas acaben su vida en los asilos. Ese mundo ha sido descrito por Catharine Arnold, para el caso de Londres[275], y por Steven Marcus[276]. Y en el caso francés fue objeto de un estudio estadístico y criminológico exhaustivo a fines del siglo XIX por parte de A. Coffingnon[277]. De él lo que pretende salvar la enfermera Kennedy es a los niños, víctimas totalmente inocentes.

La enfermera Kennedy estará presente en otro de los hilos argumentales de la novela: el que se refiere al matrimonio y las relaciones con los hombres. Ya habíamos visto las reticencias de Peg al matrimonio. Estas reticencias vuelven a aparecer con la historia de una chica internada. Su padre la había casado, al quedarse viudo, con un hombre que solo buscaba su dinero.

---

273 *NB*, pp. 210-211.
274 *NB*, pp. 210- 220.
275 Ver: *City of Sin. London an its Vices,* Simon and Schuster, Londres, 2010.
276 Ver: *The Other Victorians. A Study of Sexuality and Pornography in Mid-Nineteenth Century England,* Weidenfeld and Nicholson, Londres, 1961.
277 Ver: *La Corruption á Paris,* La Librairie Illustré, París.

Enseguida pasó a engañarla, y decide deshacerse de ella internándola, acusándola de no saber llevar su casa. Un tipo de internamiento, sustitutivo del divorcio, que era común en esa época entre las clases acomodadas. La chica enferma, y tiene que ser operada. En sus delirios febriles no cesa de decir de los hombres: «Todos son unos monstruos y unos brutos. Todos son iguales» (*NB*, p.181). Muere a consecuencia de la operación que se le practica:

«Diez días después de su ingreso salió en un ataúd de la parroquia. Su corta y trágica vida había terminado. Se le había dado un hogar, quizás, ¿quién sabe? Estaba ya con la madre que había amado, pero cuyo consejo no había seguido» (*NB*, p. 185).

En la novela, Peg tendrá dos intentos de avances amorosos por parte de dos de los médicos, tras la muerte de su primo Jack de tifus en la India, que la lleva a refugiarse en el trabajo. El primero de esos médicos es el joven doctor Henderson, que se le declara de este modo: «No se vaya, prometa —dijo poniendo su mano sobre las suyas— volver, no aquí, sino conmigo. Sabe que la deseo, sabe que la he estado amando durante meses, pero no me atreví a decírselo. Ahora debo decírselo y no se puede marchar sin saberlo»[278].

Pero ella lo rechaza: «Pero, ¡oh!, no puedo, eso es lo que no puedo hacer» (*NB*, p. 243). No ocurrirá lo mismo con el doctor F. Erb, un alemán de complexión fuerte, del que pasa a depender cuando se traslada al pabellón de cirugía. En una ocasión, tras reñirle por no saber poner unos vendajes, la abraza impulsivamente, llegando a lastimarla, pero ella no lo rechaza. Él le dice:

«—¿No estás enfadada?—

Ella solo giró la cabeza, pero no la levantó y él la sienta en sus rodillas—: Dime que me quieres —susurró[279]. Eso era ese amor del que sabía tan poco, era algo nuevo para ella, casi un shock, de hecho...». Se citan en una guardia nocturna, para

---

278   *NB*, p. 243.
279   *NB*, pp. 264 y ss.

la que Peg cambia su turno y se retiran a un vestidor. Su comentario es el siguiente: «Ah, Cupido, ¡qué niño encantado eres! Tus flechas están emponzoñadas con un veneno cuyo secreto nadie puede conocer. Pero donde aciertan, trasforman todo el universo, y auténticos desiertos parecen florecer como rosas» (*NB*, p. 285).

La descripción de la casta relación amorosa continúa así: «Bien, ¿no es ya bastante, *Liebchen*? ¿Cuánto más quieres? Se sentó y volvió a ponerla sobre sus rodillas. Tenían mucho que decirse, pero no se dijeron nada» (*NB*, p. 286). Peg se pregunta: «¿Cuándo había comenzado a amarlo? No lo sabía. ¿Cuándo había comenzado a amarla él? Tampoco lo sabía» (*NB*, p. 288). Ella lo admira porque es un hombre fuerte, a pesar de que es tosco, y porque es un científico. Por eso quedó impresionada cuando la abrazó y dejó que la besase impulsivamente. «Peg temblaba al recordarlo» (*NB*, p. 288).

La enfermera Kennedy conoce esta historia y la aprueba, de hecho, al verla tras la primera cita nocturna, le dice: «Perdóname si te digo que nunca te vi tan guapa hasta ahora, de verdad que estás muy, muy guapa» (*NB*, p. 285). Y otro día, al verla: «La enfermera Kennedy no dijo nada, solo tomó a la chica en sus brazos y la besó» (*NB*, p. 292). El tono amoroso de la relación entre ambas, jamás explícita naturalmente, puede completarse con la descripción de la muerte de Kennedy (*NB*, pp. 358-361).

Tras pedir un permiso por agotamiento, que le deniegan, una mañana de invierno llega Peg a la sala de enfermeras. El frío sol penetra por la ventana e ilumina el rostro de la enfermera Kennedy, reclinada en una butaca y aparentemente dormida. Peg la ve así: «¡Qué bella es! Y qué felices sueños debe estar teniendo. Nunca tenía ese aspecto al trabajar. Él le dio su amado sueño. Debe estar en el país de los sueños, del que saca la fuerza para continuar, la Paz de Dios, que está más allá del entendimiento. La paz por la que vivió, trabajó y luchó. Sí, está escrito en su cara. Pasó la lucha, se acabó el combate. La enfermera Kennedy ha pasado al descanso destinado al pueblo de Dios» (*NB*, pp. 358-359). Y también: «No la toques. No te acerques, imploró la chica. Déjame contemplarla y hacer algo por ella. Déjame solo con mi querido ángel. Peg separó el brazo que agarraba el periódico abierto sobre el lecho» (*NB*, p. 360). En el relato hay una cierta apreciación estética de la belleza de los muertos. Da la impresión de que solo con la muerte, o la enfermedad, el amor puede ser puro. Y es que los impulsos físicos deben ser controlados. De hecho, Kennedy le advierte a Peg de Erb: «Él tiene un elevado sentido del honor, y recuerda que un hombre de esta clase te respetará tanto más cuanto más claros le pongas tus límites; aunque intentará convencerte de que te ablandes» (*NB*, p. 294).

Ambos inician su relación acudiendo a un restaurante alemán, el restaurante Schmidt, en el que hay un reservado. Allí Erb le pide su mano y pide a su padre permiso para la boda. Peg reconoce que lo ama: «Pero ella dijo que no se trataba de una fantasía pasajera, y que la felicidad de toda su vida dependía del hombre al que había entregado su corazón para siempre». Peg le ofrece su amistad, pero Erb insiste en que «amigos, sí, dijo, pero eso no es lo mismo que marido y mujer. Es ahí, en esa unidad, donde reside la felicidad». El padre de Peg acude a entrevistarse con Erb, pero él quiere retrasar la boda hasta tener un sueldo digno. Por eso continúan viéndose y Peg, curiosamente, que odia el tabaco que fuma Erb, comienza a fumar para acostumbrarse al humo, lo que no deja de ser un curioso signo de sumisión.

Al fin, Erb consigue un puesto de médico en Berlín y quiere sellar el matrimonio, pero Peg se niega porque no quiere ni vivir allí ni abandonar su trabajo. Erb deja muy claro lo que entiende por matrimonio:

«No puede haber dos cabezas en una institución».

«Mi esposa no puede tener intereses diferentes a los míos» (*NB*, p. 338).

«Después de que nos casemos verás que tus ideas son imposibles. Ya te he dicho todo lo que tenía que decir sobre el tema, y por eso espero que en la próxima carta me digas si estás lista para ser guiada por mis deseos y los de tu padre» (*NB*, p. 339). Ella cree que no, y le contesta diciendo:

«Pero crees que esto es imposible —el proyecto de la enfermera Kennedy de las colonias infantiles—, Fritz debes tomarme y aceptarme como soy o dejarme. No puedo limitar ningún conocimiento ni experiencia en mi vida. Y cuando me case, quiero expandir mis intereses, no limitarlos».

A lo que Peg añade:

«Debes decidir entre tu deseo de satisfacer los intereses ajenos y yo. Espero tu decisión, pero recuerda que cuando la hayas tomado será el final» (*NB*, p. 341).

Esa carta ya no tendrá contestación y el doctor Erb escenifica su ruptura no asistiendo a la boda de Kitty, la hermana de Peg, a la que estaba invitado. Posteriormente, ella reflexiona de este modo: «Le gustaba algo de mí, pero no era yo misma» (*NB*, p. 370).

Los impulsos tanáticos de Peg, y consecuentemente de Lillias Hamilton, pueden verse no solo en el caso de la descripción de su amada enfermera Kennedy y de la chica fallecida tras la operación, sino también otro caso fundamental, por tratarse de un niño, Jimmy.

Jimmy tenía ocho años de edad, era un niño rubio de piel blanca, que casi parecía una niña. A causa de su enfermedad llevaba unos hierros en las piernas que casi le impedía andar, y por eso estaba mucho tiempo en la cama, siendo el centro de atención de Peg.

«¡Pobre pequeño Jimmy! Su madre había muerto y nadie sabía quién era su padre, pero para el caso eso no importaba mucho. Durante los pocos años de su vida pequeña y patética tuvo muchos amigos que lo amaron. Y cuando se supo que el niñito descansaba en un ataúd de la parroquia, se llenaron más ojos de lágrimas de los que la mayoría podría derramar por un pabellón lleno de hombres» (*NB*, p. 332). En este caso da la impresión de que solo en la muerte es posible, quizás, hallar la felicidad que casi nunca se encuentra en este mundo, en el que la felicidad en vez de consistir en la búsqueda y la realización del placer se convierte en la asunción del sufrimiento sublimada en el cumplimiento del deber.

Eso es lo que conseguirá Peg, cuando, mediante una especie de *deus ex machina* que proporciona una solución a la narración, la muerte de la enfermera Kennedy converge con la semimuerte, la invalidez física del doctor Erb.

La enfermera Kennedy había ganado con sus inversiones de capital en la India, y con ese dinero hizo un legado testamentario, del que deriva el título de la novela, que deja a su querida Peg en un testamento que dice lo siguiente:

> A mi querida amiga y compañera Margaret Talbot, que conoce todas mis ilusiones, aunque sean visionarias, y cree en mis proyectos de difícil realización.
>
> Le dejo todas mis posesiones mundanas, para que las disfrute de la manera que crea conveniente, con su energía, capacidad y habilidad organizadoras, porque no creo que nadie mejor que ella pueda hacerlo. No le impongo método ni forma de trabajo alguno. Ella sabe de sobra las dificultades que sobrevendrán para conseguir lo que yo llamaba el «Estado de los niños».
>
> Dejo a su criterio cómo podrá hacerlo, mientras cumple sus deberes como hija o esposa, y cómo podrá con su pluma, su actividad pública, sus relaciones sociales con los poderosos, o su continuo y paciente trabajo cotidiano.
>
> Ruego que con la ayuda de Dios pueda así ser la herramienta que les garantice desde su más tierna infancia las oportunidades que la vida de sus padres y nuestro modo de tratarlos les ha arrebatado.

MAY KENNEDY

Tras recibir el legado dc la enfermera Kennedy, se entera por otro médico, el doctor Browne, de que Erb se había contaminado al hacer una autopsia y se había quedado paralítico. El doctor le pide que lo cuide, porque está solo y además aún la sigue amando. Y ella accede a ir al hospital en el que está para cuidarlo. Así se invierten los papeles y, en esa relación amorosa incompleta, Peg pasa a ser la parte dominante. Le ofrece matrimonio:

«—Sí, lo sé —sonrió, porque sentía que iba ganando—. ¡Yo pondré al día mi formación! Seré tu esposa y enfermera a la vez. Así podrás mirar a tu enfermera sin sentirte moralmente culpable. Seremos más felices que muchos maridos y mujeres, seremos amantes por muchos años. Y siempre tendrás la ventaja de tener como esposa a alguien que sabe algo de tu trabajo, y que intentará saber más. Tu cerebro y mis manos serán una persona completa, hasta que llegue la libertad, que seguro que vendrá»[280].

En un principio, Erb no quiere aceptar este sacrificio, y así se lo dice al Sr. Talbot, pero Peg insiste en el matrimonio. Ella le llama «mi Lohengrin» y el Gretchen y Marguerite, confundiéndose así sus vidas reales con las de personajes literarios. Se van a Canadá, el lugar que había escogido la enfermera Kennedy, y con la ayuda de un capital que aporta lord Herleigh, que también la había conocido, al retornar de la India.

Las ideas de Kennedy aparecen claramente descritas como ideas laboristas, coincidiendo con las de Lillias Hamilton, y así concluye el relato con la siguiente coda:

«Será un modo de hacer realidad nuestro himno nacional. Los Britones nunca serán esclavos. Esclavos de una degradante pobreza de la que no pueden escapar, de una posición social muy por debajo de la que merecen por sus capacidades, y de una dependencia que mina todos los atributos que esperamos ver en un Britón» (*NB*, p. 406).

Peg le había dicho a Erb, cuando se negó a compartir este proyecto:

«—Ah, lancemos un nuevo lema —dijo Peg entusiasmada—, nuestro grito será: "El Mundo para el Britón, y la pequeña Inglaterra para el loco"» (*NB*, p. 320). Esos nuevos britones redentores serían los niños ingleses que renovarían el Imperio británico y el mundo entero, consecuentemente. Esos niños que la australiana y escocesa doctora Hamilton quizás buscó en la India, Afganistán y en África y en los que quizá continuó pensado en la Niza del luminoso Mediterráneo, en la que, como ella misma hubiera dicho, alcanzó por fin la Paz.

---

280 *NB*, p. 395.

Capítulo 5
Poder, terror y silencio en la creación del Estado afgano

No puede haber un texto más ficticio que aquel que pretender ser la plasmación exclusiva de la realidad. Y del mismo modo no hay mayor error que el de confundir lo conocido con lo que se puede conocer y lo que se dice con todo lo que se puede decir. Todo texto, toda formulación científica y todo enunciado solo son posibles si existe un sujeto que los enuncie. Los enunciados, sean del tipo que sean, se refieren al mundo, pero el mundo no es un enunciado, ni un conjunto de enunciados. El mundo es el mundo, y por eso no es ni bueno ni malo, ni bello ni feo, ni verdadero ni falso. El mundo no habla, sino que es aquello de lo que se habla, y de lo que hablan quiencs están en el mundo.

Todo conocimiento, sea del tipo que sea, tiene unos límites. Y por eso no se puede confundir el sujeto que conoce, habla y expresa sus sentimientos ni con el mundo ni con la realidad. El sujeto que conoce solo puede coincidir con el objeto conocido si se cree en la genial construcción filosófica hegeliana, en la que el autodespliegue del Espíritu absoluto en el tiempo toma el relevo de Dios y su intelecto congelados en la eternidad.

Hegel afirmaba de modo muy sensato que la filosofía no es posible si no se cree en el argumento ontológico, que identifica el pensamiento y la existencia. Gracias a él se puede formular el principio de razón suficiente que dice: *nihil est sine ratione*, o, lo que es lo mismo, que todo lo que existe puede y tiene que ser explicado. Si se cree que Dios es la inteligencia suprema, y a la vez el creador del mundo, es lógico pensar que todo lo que hay en un mundo, que es su obra, tiene que ser racional. Pero si se carece de esa fe, no. El principio antrópico, que es una de las bases metafísicas de la ciencia contemporánea, no puede defenderse en modo alguno. Es un supuesto, o una idea reguladora, que fundamenta la ilusión de la búsqueda sin término del conocimiento, pero nada más. Y es que todo lo que se conozca, diga o se conjeture acerca del universo solo puede interesarles a los sujetos que ejercitan las capacidades respectivas. Y no es que eso le sea indiferente al mundo. Es que el mundo, ni siquiera puede ser indiferente a nada, ya que eso supondría que el mundo fuese un ser moral[281].

El conocimiento científico tiene unos límites, que están marcados por los sistemas que permiten percibir cada tipo de acontecimientos y datos, por los conceptos que son indispensables para poder formularlos y desarrollar argumentos a partir de ellos y por los medios de expresión.

Un botánico puede describir la morfología de las plantas a simple vista, pero necesita un microscopio para analizar sus células y la ayuda de la química cuando estudia su fisiología. La química no fue posible hasta que se creó el sistema periódico de los elementos y se pudieron formular y describir las reacciones entre los compuestos. Para la química y la física son necesarios instrumentos de análisis. Pero la física no podría analizar casi nada, desde la mecánica clásica a la de partículas, si no tuviese el lenguaje adecuado, que son las matemáticas con el cálculo diferencial, la mecánica estadística, el álgebra y la geometría y la topología.

Todos los datos científicos solo tienen sentido para los observadores, y los lenguajes matemáticos que permiten analizarlos solo son productos de la mente humana, y no parte del mundo, aunque pueden ayudar a describirlo. En las ciencias estudiamos el presente, ya sea en la observación directa o en los experimentos del laboratorio, que siempre tienen que poder ser

---

281   He desarrollado estos argumentos en mi libro: *The Limits of Knowledge and the Limits of Science*. USC Editora, Santiago de Compostela, 2010.

reproducidos para confirmar su validez. Por eso las ciencias son contingentes en el tiempo, y los científicos de cada época creen que ellos son los que conocen el mundo como es y que sus predecesores estaban equivocados.

Pero, si eso es así en las ciencias, no lo es en el caso de la historia, cuyo objeto de estudio no es el presente, sino un pasado desaparecido que nunca se podrá ni observar, ni repetir experimentalmente, lo que plantea un gran problema. La historia es la reconstrucción fragmentaria de un pasado desaparecido, la historia es la evocación de una ausencia, la historia es la expresión finita de un deseo infinito[282].

Los historiadores suelen creer que conocen la realidad histórica, o sea, el pasado, tal y como fue, pero no se dan cuenta de que existen diferentes niveles de realidad histórica. La primera de ella es la totalidad de los acontecimientos del pasado, que, como el mundo, es inabarcable, incognoscible e irreductible a ningún tipo de esquema.

Si eso se representase como un conjunto, un subconjunto menor lo sería el de la realidad histórica cognoscible, por estar documentada de un modo o de otro. Pero tendremos que pasar a un subconjunto aún menor, si pasamos de la realidad cognoscible a la conocida de hecho, que es menos extensa, ya sea porque no queremos utilizar todos los documentos a nuestro alcance, o porque no sabemos hacerlo —por desconocer las lenguas en las que están escritos, por ejemplo—. Partiendo de ella tendríamos el subconjunto menor de la realidad histórica reconstruida, que siempre será fragmentaria. Y, por último, tendríamos la realidad histórica inducida, que es la que los historiadores consiguen imponer como realidad auténtica, gracias a la enseñanza y el apoyo de los Estados[283].

Los libros de síntesis históricas, ya sean locales, nacionales o universales, son unidades cerradas. En ellos hay un escenario en el que se desarrolla la acción: la nación, por ejemplo. En ese

---

282 Para esta definición ver mi artículo: «On History Considered as Epic Poetry», *History and Theory*, 44, 2, 2005, pp. 182-194.
283 He desarrollado estos temas en mi libro: *Fundamentación lógica de la historia*, Akal, Madrid, 1991.

escenario transcurre una acción. Y esa acción tiene un protagonista: un rey o un pueblo, por ejemplo, que, tras enfrentarse con sus antagonistas: reyes, Estados..., consigue la reconciliación y el final feliz. Un final que puede ser la independencia nacional, la consolidación de un imperio o el triunfo de una clase social.

Los historiadores crean una realidad indicada, que es creída y compartida por sus lectores, pero que no es más que un artificio retórico, que se logra mediante la narración heterodiegética. Es decir, de una narración que mana de un narrador ausente, que no es un sujeto, sino una voz neutra[284].

El historiador utiliza la imaginación constituyente para poder lograr una evocación del pasado, darle un sentido a su relato y producir sensaciones de aceptación o rechazo del mismo y de sus protagonistas y antagonistas. Esa imaginación constituyente es la que da fuerza movilizadora a la historia como medio de comunicación social y expresión política. Y es similar a la que utilizan el poeta épico, el dramaturgo o el novelista histórico. La diferencia entre ambos reside en que el historiador no puede inventar hechos, sino solo seleccionarlos, ni personajes o diálogos; mientras que los otros narradores del pasado sí. Eso se debe a que en historia la imaginación constituyente está unida a la imaginación reguladora, que está formada por las normas que generan los consensos en las comunidades de historiadores, su público y los poderes políticos.

El gran historiador Georges Duby, como otros miembros de la Escuela de los Annales, tuvo una evolución intelectual que le llevó del cultivo de una historia regional, de carácter casi geográfico y de tipo económico y social, a la historia narrativa y política. Preguntado por Guy Lardeau a qué se había debido este cambio y si no lo consideraba algo contradictorio, respondió que no, y que como historiador no le preocupaba la teoría, sino la aceptación de sus libros por parte de sus colegas[285]. Y es que

---

284 Sobre la construcción de las realidades, ver Paul Watzlawick: *Es real la realidad. Confusión, desinformación, comunicación*, Herder, Barcelona, 2001 (Múnich, 2001).

285 Ver Georges Duby: *La Historia continúa*, Debate, Barcelona, 1991, (París, 1991).

la mayor parte de los historiadores y científicos Duby se guiaba por el *argumentum ex consensu omnium*. Por la presión de la comunidad científica.

Una comunidad científica se basa en la selección de un tipo de hechos a estudiar, en una tradición de investigación que genera unos conocimientos asentados y reconocidos, y en unos métodos de trabajo y unos valores compartidos, que son de tipo político, moral e institucional. Podríamos decir, siguiendo la tipología de Max Weber, que los científicos reconocen así tres tipos de autoridad. La tradicional, la racional, porque necesitan poder argumentar y discutir los resultados, y por último la carismática, porque toman como modelos a los grandes maestros en cada campo. Podremos ver cómo van a funcionar estos tres tipos de autoridad en la historia de Afganistán.

También el lenguaje posee sus límites, que delimitan lo que se puede decir y cómo se puede hacerlo[286]. Nuestros enunciados se refieren a algo. Pero además de referencia posee sentido. Y junto a él una determinada coloración, siendo además medios de expresión.

Si un historiador inglés habla de la batalla de Hastings se refiere a una batalla muy concreta, pero el sentido que tiene esa batalla para un inglés es opuesto al que tiene para un francés, como la victoria se diferencia de la derrota. Hablar de la batalla trae a la memoria otros hechos próximos o similares y eso puede inducir sentimientos de orgullo, humillación, alegría o tristeza.

Los historiadores suelen creer que en la historia los hechos solo tienen referencia, pero eso es tan incierto como que una casa sea solo sus ladrillos, vigas, tejas y hormigón. Sin ellos no existe la casa, pero la casa es mucho más que ellos. Y lo mismo pasa con la historia, como veremos a continuación.

Una novela histórica, un drama o comedia, una epopeya, un film o un cuadro históricos son formas distintas de reconstruir imaginariamente el pasado. En las artes y en la literatura

---

286 Para este tema ver mi libro: *Los límites del lenguaje. Proposiciones y categorías,* Akal, Madrid, 2011.

existen los géneros, y cada género tiene unas convenciones sobre el lenguaje a utilizar, la estructura de la obra y su desarrollo en el tiempo. Toda obra artística, sea del género que sea, es una unidad cerrada. Y como tal debemos comprenderla según su lógica interna.

Pero cada obra nace en un tiempo, en el que es creada por su autor y en el que es recibida por su público de distintas maneras. Y muchas veces las formas en las que se recibe pueden no coincidir con la intención que el autor tuvo al escribirla. Son la estética y la crítica literaria las que permiten analizar una obra, pero es necesario también tener en cuenta su contexto histórico. Pues las ideas del autor y el público, sus formas de hablar y los contextos pragmáticos en los que se desarrollan las acciones de sus protagonistas son esenciales para comprender su sentido, tal y como ha señalado el nuevo historicismo[287]. Por esta razón realizaremos nuestro análisis del manuscrito de la Dra. Lillias Hamilton, teniendo siempre en cuenta dos cosas: la realidad histórica afgana de su época y la de la Inglaterra victoriana, en la que se formó y a la que perteneció.

Se ha discutido mucho en la crítica literaria y en la historia de la filosofía la cuestión de hasta qué punto la psicología de un creador intelectual es esencial para comprender su obra. Por una parte, podría parecer que no, ya que cada obra se enmarca en un género que tiene una lógica propia y solo es válida si es compartida por un público. Veremos cómo en la Inglaterra victoriana la vida y psicología de unos de sus grandes autores, Walter Scott, nada tuvo que ver con sus obras, mientras que en el caso de la Dra. Hamilton ocurrirá todo lo contrario.

Es cierto que en filosofía es imprescindible distinguir entre el acto de pensar y lo pensado, como muy bien señaló Edmund Husserl[288]. Pero también lo es que, como ya había señalado

---

287 Sobre él ver Paul Hamilton: *Historicism*, Routledge, Londres, 1996; H. Aram Veeser, ed.: *The New Historicism*, Routledge, Londres, 1989, y Antonio y Gonzalo Pontón, eds.: *Nuevo Historicismo*, Lecturas, Madrid, 1998.
288 En *La Philosophie comme Science Rigoureuse*, PUF, París, 1955.

magistralmente otro gran filósofo alemán Wilhelm Dilthey[289], los diferentes tipos de filosofías se corresponden como determinadas configuraciones psicosociales históricamente determinadas.

Ben Ami Scharfstein[290] aplicó esta idea al conjunto de la historia de la filosofía de un modo general. Pero también se han estudiado en el mismo sentido aspectos muchos más concretos, y que serán de interés para este trabajo, como el estudio de los filósofos como comunidades llevado a cabo por D. W. Hamlyn[291]. O al análisis de los diferentes modos y estilos en los que se puede escribir la filosofía, desde los diálogos de Platón a la *Ciencia de la lógica* hegeliana, realizado por Berel Lang; quien concluye que, si el ser se puede decir de muchas maneras, como dijo Aristóteles, la filosofía también escribirse de muchas formas.

Otra línea de investigación sobre la creatividad filosófica y artística es la que intenta analizar la vida íntima de los autores. Se trata de sus rasgos afectivos, y básicamente de la sexualidad de filósofos y escritores, por entender que es en ella dónde podremos hallar la clave que podría permitir comprender sus obras. Esto es lo que hizo Pierre Riffard[292] y algo que se repite en innumerables biografías de filósofos y todo tipo de escritores, muchas de un modo innecesario y casi obsesivo.

Existe un presupuesto en estas investigaciones, y es el de que la creatividad, sea la que sea, roza los límites de la locura. Aristóteles en uno de sus *Problemas* ya se preguntaba por qué todos los filósofos han sido melancólicos. Pero no solo lo hizo él, sino que esto se convirtió en uno de los tópicos del pensamiento griego, tal y como ha estudiado Maria Grazia Ciani[293], un tópico que aún sigue vigente.

Un gran psiquiatra y a la vez filósofo, Karl Jaspers, que fue autor de una *Psicopatología general*, que aún sigue siendo un

---

289   *Teoría de la concepción del mundo*, FCE, México, 1945 (Berlín, 1924).
290   *Los filósofos y sus vidas. Para una historia psicológica de la filosofía*, Cátedra, Madrid, 1984 (Londres, 1980).
291   *Being a Philosopher. The History of a Practice*, Routledge, Londres, 1992.
292   *Les Philosophes: vie intime*, PUF, París, 2004.
293   *Psicosi e creativitá nella sienza antica*, Marsilio Editori, Venecia, 1983.

libro de referencia, dedicó un libro al análisis psicopatológico de dos artistas, Van Gogh y August Strindberg[294], en el que analiza la psicosis maníaco-depresiva de Van Gogh y la esquizofrenia de Strindberg, pero no concluye nada acerca del contenido y valor de sus obras. Y es que, tal y como habíamos dicho, el acto de pensar y el contenido del pensamiento no son lo mismo, aunque el segundo sea consecuencia del primero. Y lo mismo ocurre con el acto de creación y el producto creado. Basta con ver los resultados del llamado «arte de los manicomios», estudiado por Karl Prinzhorn[295], para poder comprobar como las innegables capacidades expresivas de estos pacientes no consiguen crear unos contenidos objetivos que permitan convertir a sus producciones en obras de arte.

No hay una forma exclusiva de exponer la realidad histórica, a la que únicamente podemos acercarnos de un modo fragmentario y provisional. Por un lado, está la historiografía oficial de cada país y momento histórico, tal y como veremos que ocurre en el caso de los historiadores victorianos y Afganistán. Pero puede haber otras maneras de intentar exponer la historia.

La extraordinaria Dra. Hamilton intentó hacerlo en dos de sus novelas, sobre las que planeó la censura y su propia autocensura. Una fue publicada y la otra es el manuscrito inédito que intentaremos analizar[296]. De acuerdo con la metodología del historicismo, analizaremos el manuscrito inédito en el contexto de la Inglaterra victoriana. Y por ello utilizaremos la bibliografía de la época que abarca la vida de Lillias Hamilton.

La época victoriana coincide con la de mayor expansión del Imperio británico, cuya joya de la corona lo fue la India, en la que la Dra. Hamilton también vivió. Será necesario comprender

---

294 *Genio artístico y locura, Strindberg y Van Gogh*, Acantilado, Barcelona, 2001 (Múnich, 1948).

295 *Expresions de la folie. Dessins, peinctures et scuptultures des asilés*, Gallimard, París, 1982 (Heidelberg, 1922).

296 *A Vizier's Daughter. A Tale of the Hazara War*, John Murray, Londres, 1900, y *The Power that Walks in Darkness*, manuscrito inédito que se conserva en la Welcome Library, escrito a mano, y también mecanografiado, que es el que hemos utilizado. De la primera de ellas hay una traducción española de Rahila Raya y María del Mar Llinares García: *La hija del visir. Una novela de la guerra hazara*, La Luz del Flexo, 2024.

los valores generales de ese mundo y de sus prolongaciones coloniales para poder comprender nuestro manuscrito[297].

Los valores victorianos, como veremos, no solo son políticos y morales, sino que impregnan también el desarrollo científico de la época, que como en todas las épocas fue transitorio, por estar en constante cambio, y dio una visión parcial del mundo, sobre la que se creó el consenso de sus comunidades científicas, en todos los campos. Y en el de la medicina también. Por eso será esencial tener en cuenta la formación de los científicos y naturalmente de los médicos, partiendo del estudio de Jack Meadows[298].

Y en paralelo, relegado a un mundo de discreción, oscuridad y silencio, debemos tener en cuenta los aspectos ocultos, pero no por ello menos conocidos por todos, de la sociedad victoriana. El mundo de los «otros victorianos», estudiado por Steven Marcus[299], que es el mundo de la sexualidad oculta, del crimen, la miseria y de los pueblos colonizados, que serán vistos, en Inglaterra y en el resto de Occidente, bajo las lentes del racismo, como ha señalado uno de los grandes historiadores del mundo victoriano, Peter Gay[300]. Podremos comprobarlo en el análisis del manuscrito cuando se destacan aspectos de la crueldad de los afganos, ocultando los paralelos notorios y evidentes de todos ellos en la historia de Inglaterra y de Europa.

Antes de entrar en la biografía, prácticamente desconocida, de la Dra. Hamilton, que quiso cubrir su vida con el manto de la discreción, debemos plantear, como una cuestión

---

297 Seguiremos la síntesis de Simon Schama: *Auge y caída del Imperio británico*, Crítica, Barcelona, 2002 (Londres, 2000). Así como el libro de David Newsome: *El mundo según los victorianos. Percepciones e introspecciones en una era de cambio*, Andrés Bello, Santiago de Chile, 2001 (Londres, 1997). Siguen siendo muy útiles para comprender a estas personas el conjunto de pequeñas biografías escritas por Lytton Strachey: *Victorianos eminentes*, Valdemar, Madrid, 1998 (Londres, 1918).

298 *The Victorian Scientist. The Growth of a Profession*, British Library, Londres, 2004.

299 *The Other Victorians. A Study of Sexuality and Pornography in Mid-Nineteeth Century England*, Weidenfeld and Nicholson, Londres, 1964.

300 *The Cultivation of Hatred. The Bourgeois Experience from Victoria to Freud, III*, Norton, Londres, 1993.

preliminar, el problema de la relación entre obra, creación literaria y vida en la Inglaterra victoriana. Y para ello estableceremos un contraste entre un hombre, Walter Scott, y una mujer, Mary Shelley.

Conocemos a Walter Scott como uno de los novelistas más famosos en toda Europa en el siglo XIX. Como el creador de una imagen de la Edad Media, a la que Europa idealizó y pretendió volver con la Restauración, como una época regida por la religión, opuesta al materialismo y el afán de lucro. Una época de reyes, caballeros y nobles, de hazañas bélicas e historias de amor puro. Una época de paz, y en el fondo de armonía, frente a lo que había sido el mundo de la Revolución Francesa y el Imperio napoleónico y sus consiguientes guerras.

Pero si nos preguntásemos: ¿qué relación hubo entre la vida de Walter Scott y el contenido de sus obras? La respuesta sería que directamente ninguna.

Este autor fue tan famoso por sus novelas como por la quiebra que protagonizó[301]. En el año 1825 Walter Scott estaba en la cumbre de su carrera. Era famoso como novelista, poeta, crítico literario y editor. Había publicado once poemas épicos, como *Lady of the Lake,* y de modo anónimo la serie de novelas históricas *Waverley,* que le proporcionaron pingües ganancias. En diez años había publicado diecinueve novelas, tan conocidas como *Rob Roy o Ivanhoe.*

Pero ¿quién era Walter Scott? Pues el secretario del juzgado, con un sueldo superior a las mil libras. Un oficio que le dejaba mucho tiempo libre, porque trabajaba de cuatro a seis horas diarias. Además, era el sheriff de Selkirk, con un sueldo de trescientas libras.

Había obtenido el título de *baronet,* por haber descubierto las joyas de la corona escocesa en los sótanos del castillo de Edimburgo. Y era, nada más y nada menos, que presidente de la Royal Society de Edimburgo, y como tal fue el encargado de organizar la visita del rey George IV.

---

301 Seguiremos en esta exposición a Ray Perelman: *The Rise and Fall of The City of Money. A Financial History of Edinburgh,* Birklinn, Edinburgh, 2019, pp. 148-162.

Era un gran propietario, con una impresionante casa en el 39 de North Castle Street, construida para él, su esposa y sus cuatro hijos. Poseía una gran finca en Abbotsford, donde se hizo construir una gran casa de estilo nobiliario. Y además era un hombre de negocios. Fue presidente de la Oil Gas Company de su ciudad, consejero delegado de la Scottish Union Life Assurance, y director honorario de la Edimburgh Life Assurance Company. Siendo promotor de la Wool Stapling Company, que no solo comercializaba la lana, sino que además era un banco que hacía préstamos a los ganaderos.

En 1826 sus negocios lo llevaron a la bancarrota, una bancarrota que igualó a la fama de sus novelas, y cuya historia ha estudiado Ray Perelman, y que forma parte de la historia de las finanzas. La vida y la obra de Walter Scott son realidades paralelas, y el contenido de sus obras fue una realidad objetiva, compartida por sus contemporáneos de casi toda Europa. La falta de coincidencia entre el mundo de la vida de W. Scott y el que él creó en sus obras podría tener diferentes interpretaciones. Quizás, tal y como ocurrió en el caso de Edward Burne-Jones, o Dante Gabriel Rossetti, los pintores prerrafaelistas que fueron sus contemporáneos, sus mundos ficticios sirviesen a la vez como válvula de escape de un mundo sin corazón, belleza y pensamiento[302]. El mundo de la revolución industrial —con sus fábricas, sus durísimas condiciones laborales, y sus radicales transformaciones sociales—. Una revolución que se había iniciado precisamente en la Escocia que parecía ser la encarnación de la Edad Media con sus montañas, castillos y clanes.

Pero el caso será muy distinto al centrarnos en una mujer victoriana, Mary Shelley, cuya condición femenina, y cuyo estatus vicario como amante de P. B. Shelley, así como su pertenencia a círculos literarios como el de lord Byron, la anularon en gran parte como autora y condicionaron toda su vida.

Ni siquiera pudo publicar a su nombre su gran contribución a la literatura: *Frankestein, or The Modern Prometheus* (1831). La

---

302   Sobre esos pintores, ver William Gaunt: *The Pre-Rapahelite Dream,* The Reprint Society, Londres, 1943.

obra se le atribuyó a Shelley y fue publicada gracias a la ayuda del padre de Mary[303]. Solo tras iniciar una vida independiente como mujer aislada pudo intentar desarrollar una trayectoria intelectual propia, como la que tuvo la Dra. Hamilton. Para ambas, como para Jane Ellen Harrison, la primera mujer que logró una cátedra en la universidad de Cambridge, su soltería y soledad fueron condiciones fundamentales de su independencia intelectual[304].

En las biografías de Mary Shelley, Jane E. Harrison, o de otras escritoras como Virginia Woolf, se tiende a buscar de modo mucho más insistente todo lo que se relaciona con la emotividad, la sexualidad o la psicopatología en las biografías masculinas, tendiendo a confundir sus obras con sus supuestos diarios íntimos.

Naturalmente, surge la pregunta de si una profesora que vivió en un *college*, como J. E. Harrison, pudo haber sido lesbiana, o solo fue una *spinster*, una solterona, como se decía despectivamente en Inglaterra, o una *Altejüngfrau*, o «virgen vieja», como se diría más despectivamente en Alemania. En sus estudios sobre la religión griega, desarrollados siguiendo la perspectiva antropológica, sociológica e incluso psicoanalítica, nunca dejó de destacar la importancia de los aspectos emotivos, irracionales y sexuales de las religiones antiguas. Por eso surge la pregunta, en sus biógrafas, de si esas interpretaciones le habrían servido, en cierto modo, como sublimaciones, válvulas de escape y como el refugio de una vida rígidamente constreñida por los usos y ritos de una institución académica. O si tras ello se ocultaba alguna forma de sexualidad con alguna mujer que vivió como su compañera. De todos modos, está claro que, de ser así, nunca hubiese podido contarlo, al contrario que Anne Lister.

---

303 Sigo los análisis de Anne K. Mellor: *Mary Shelley. Su vida, su ficción, sus monstruos*, Akal, Madrid, 2019 (Londres, 1988), aunque no comparto plenamente su reduccionismo biográfico que pretende explicar toda su obra solo por su vida.

304 Hay varias biografías de J. E. Harrison, entre ellas la de Mary Beard: *The Invention of Jane Harrison*, Harvard University Press, Londres, 2000.

La familia de Lilllias Hamilton.

La sexualidad y los diarios íntimos de la aristócrata lesbiana Anne Lister son de un gran interés psicológico y social, pero no son obras literarias[305]. Los escribió cifrados con unas claves muy complejas, lo que quiere decir que no esperaba que se leyesen. De todos modos, su publicación hubiese sido imposible por las escenas sexuales explícitas que contienen. Narra con la precisión de un cronista, y casi de un médico, cada una de sus citas, y describe físicamente sus encuentros sexuales, uno a uno. Se trata de un testimonio muy importante, pero un testimonio que sirve como documento, y que no es una obra de creación literaria, como la novela de Radcliffe Hall: *The Well of Loneliness*, publicada en el siglo XX; atacada

---

305 Puede verse una edición seleccionada por Helena Whitbread: *The Secret Diaries of Miss Anne Lister*, Virago Press, Londres, 2010. Y una biografía de ella en Angela Steidele: *Gentleman Jack. Terrateniente, seductora y diarista secreta del siglo XIX. Una biografía de Anne Lister*, Siruela, Madrid, 2021 (Berlín, 2017).

por ser supuestamente pornográfica —lo que no es en modo alguno—, y que ocupa merecidamente un lugar de honor en la literatura lésbica. Y es que Radcliffe Hall sí sigue las reglas de los procesos creativos, que han sido estudiadas por Arthur Koestler[306].

Lillias Hamilton joven.

---

306   Ver: *The Act of Creation*, Hutchinson, Londres, 1964.

La independencia de las mujeres era condición básica de su libertad. Y la doctora Hamilton, como vamos a ver, lo sabía. Las mujeres que vivieron en el siglo XIX en los entornos de los grandes escritores, como lord Byron, fueron fagocitadas por ellos[307]. Y cuando una escritora, como Virginia Woolf, que conoció los sufrimientos que acarrean las enfermedades mentales, es la mujer de otro escritor suele haber la tendencia a estudiar su vida como la de una esposa, y no como la de una mujer, y exagerar la importancia de sus patologías en la creación de sus obras.

Sabemos que Virginia Woolf nunca culpó a su marido de sus sufrimientos personales. Y, es más, parece muy claro que su suicidio fue provocado por un notorio error de los psiquiatras que la estaban atendiendo, y empeoraron su enfermedad —como tantas veces ha ocurrido y sigue ocurriendo—, de acuerdo con el estudio de Stephen Trombley[308]. Por eso conviene siempre ser muy precavidos con los supuestos psicoanálisis de artistas y escritores, fruto más de lo que Sigmund Freud llamó «psicoanálisis silvestre», que de un diagnóstico retrospectivo, siempre peligroso y arriesgado.

Comencemos, pues, con lo que sabemos de la vida de la Dra. Hamilton[309].

Aunque nació en Nueva Gales del Sur, Australia, toda su vida transcurrió en Inglaterra, pues su padre, un emigrante, retornó a Escocia cuando ella tenía dos años, asentándose en Ayr. Comenzó sus estudios en el Ladies College de Edimburgo, pero, en contra de la voluntad de su familia, decidió hacerse enfermera, comenzando estos estudios en 1883. Tras concluirlos cursó la carrera completa de medicina en la London School of Medicine for Women, doctorándose posteriormente en Bruselas.

---

307 Puede verse la historia de cada una de ellas en el libro de Alexander Larman: *Byron's Women*, Head Zeus, Londres, 2016.

308 Ver: *All that Summer She was Mad. Virginia Woolf: Female Victim of Male Medicine*, Continuum, Nueva York, 1982.

309 No hay ninguna biografía sobre ella. La fuente esencial sigue siendo Susan Cohen: «Lillias Hamilton», *Oxford Dictionary of National Biography*, 24, pp. 877-878, Oxford University Press, 2004.

Llegó a la India, atendiendo la llamada del coronel Joubert, ocupando un puesto en el Indian Medical Service. En ese servicio los médicos varones no podían atender a las mujeres, por razones culturales y religiosas, por lo cual se hizo necesario reclutar doctoras. Tuvo su destino en el Duffering Hospital de Calcuta, que estaba financiado por una sociedad misionera.

De Calcuta partió a Kabul, sin atender los consejos de los gobernantes coloniales, contratada como médica personal de Amir Abdur Rahman Khan, el *Emir de Hierro*, al que Inglaterra protegió y le proporcionó las más modernas armas para que pudiese unificar Afganistán con el uso de la fuerza más absoluta.

Vivió en el *Durbar*, o palacio real, en el que entró en conflicto con las mujeres del harén, a las que describirá como vagas e indolentes, en uno de sus libros, y las que intentaron envenenarla. Para evitarlo, el emir decidió asignarle un catador de comidas.

También entró en conflicto con los médicos herboristas tradicionales, que practicaban la medicina llamada *yunai*, curiosamente «griega», que convivía con la europea. En Kabul existía un dispensario médico para la delegación, o agencia británica, pero estaba atendido por dos médicos hindúes, los doctores Daim Khan y Abdur Rahim Khan, que como en otros casos servían como funcionarios del poder imperial británico en la India. Sus pacientes eran los funcionarios, las tropas de custodia de la delegación y el ejército.

No hubo un verdadero hospital, hasta que lo fundó la Dra. Hamilton en 1894 en Kabul, trabajando con ella varias enfermeras, supervisadas por la enfermera jefa *miss* Daly, que había llegado acompañándola desde Inglaterra. La Dra. Hamilton instruyó a varios *hakims*, o médicos tradicionales, y les enseñó a producir e inocular la vacuna de la viruela, para lo que escribió un manual de instrucciones. Fueron ellos los que la inocularon no solo en la ciudad, sino también en el campo, a adultos y niños. Es por esto por lo que es reconocida en la historia de la medicina y por lo que la fundación Welcome acogió su archivo.

Prestó sus servicios, médicos y políticos, al emir, consiguiendo que la reina Victoria recibiese a su hijo Nastullah en 1895, tras la concesión a su padre de una de las grandes condecoraciones del Imperio, la Orden del Baño, que era exclusiva de la nobleza. Pero, a pesar de todo, tuvo que huir de Kabul, lo que no era nada fácil, tal y como describe en sus dos novelas en 1896.

De Afganistán pasó a otra colonia, Transvaal, donde con la ayuda de una de sus hermanas se asentó en una granja, que a la vez sirvió como hospital. De allí volvió a Inglaterra en 1908, y hasta 1924 fue profesora en una escuela agrícola para mujeres, el Studley College, con una interrupción en 1915, año en el que ejerció como médica militar en el frente de Podgorica, en Montenegro.

Como médica clínica e inmunóloga, la Dra. Hamilton tuvo conocimiento directo de la enfermedad y el sufrimiento humano, así como de la violencia, la miseria y la arbitrariedad del poder. Pero especialmente impactante debió ser su contacto con la medicina de campaña.

Hasta la Primera Guerra Mundial, los soldados sufrían heridas, cortes, golpes y en menor medida quemaduras, como ha estudiado muy bien desde un punto de vista histórico Michael Stephenson[310]. Además, las batallas eran muy breves y los días de combate en una campaña muy pocos, todo ello debido a las limitaciones físicas de los soldados y a las limitaciones de la logística.

Pero, tras 1914, comenzó una guerra de trincheras, en las que los soldados, aunque rotaban, permanecían muchos meses en el frente, escondidos en las trincheras. Las trincheras sufrían durísimos bombardeos, que trituraban literalmente los cuerpos, que quedaban expuestos a la podredumbre en sus inmediaciones. El ruido de los proyectiles causaba daños no solo en los oídos, sino también en el cerebro. Y a ello debemos añadir que las ofensivas y contraofensivas en un frente de trincheras de casi mil kilómetros no servían técnicamente para nada, pero, eso sí, causaron casi veinte millones de muertos entre 1914 y 1918, llegando a darse casos con más de veinte mil muertos en un solo día, en los ejércitos: inglés, francés o alemán; si

---

310   Ver: *The Last Full Measure. How Soldiers Die in Battle*, Duckworth, Londres, 2013.

hablamos del Somme, Verdún, Passchendaele y tantas y tantas inútiles batallas, desde un punto de vista estratégico, y ya no humano.

Pronto descubrieron los médicos militares una nueva enfermedad, el *shell-shock,* que podía acabar en la demencia y otros trastornos psiquiátricos menos graves, pero que se convirtió en una epidemia, y permitió comprobar que la locura podría generarse con una causa exógena[311]. Eso era lo que, además de las patologías de tipo traumático, se podía ver en los hospitales de campaña.

El alto mando inglés negó la existencia, más que evidente, de la enfermedad, llamándola *Failure of Nerve,* flojera, o simplemente cobardía, porque en la Inglaterra victoriana había una cierta fascinación por la violencia física. Fue el ejército inglés el último en el mundo en suprimir la pena de los latigazos en público, después de la Segunda Guerra Mundial. Y es curioso, como ha señalado Ian Gibson[312], ver cómo los rituales del castigo físico, en las nalgas, por ejemplo, realizados en público como humillación en las escuelas de élite inglesas, acabaron por crear una perversa forma de sexualidad sadomasoquista conocida como el «vicio inglés».

Los generales ingleses se negaban a ver lo que los médicos, como la Dra. Hamilton, veían cada día. Y una prueba convincente de que estaban equivocados es que ni más ni menos que el general Antonio Vallejo Nájera, máxima autoridad médico militar en el ejército franquista y psiquiatra ultraconservador, tuvo que escribir un libro sobre las relaciones entre guerra y psicopatología, en el caso de la guerra civil española[313].

---

311 Anthony Babington ha estudiado la historia de esta patología que en la Segunda Guerra Mundial causaría una de cada tres bajas. Ver: *Shell-Shock. A History of the Changing Attitudes to War Neurosis,* Leo Cooper, Londres, 1997.

312 Ver: *The English Vice. Beating, Sex and Shame in Victorian England and After,* Duckworth, Londres, 1978.

313 *La locura y la guerra. Psicopatología de la guerra española,* Librería Santarén, Valladolid, 1939, dedicado al Caudillo, naturalmente y como no podía ser menos en su caso, pero que describe fielmente las patologías psiquiátricas provocadas, o desarrolladas más intensamente por los sufrimientos del frente.

Aquí tenemos un buen ejemplo de lo que se puede ver y no se puede decir, como ocurrirá en otros casos en el manuscrito inédito que analizaremos a continuación.

La Dra. Hamilton, narradora precisa y testigo fiel, como toda buena médica atenta al dato y a su evolución en el tiempo, estuvo impulsada por unas fuertes convicciones políticas, pues militó con las sufragistas en la Women's Freedom League. Pero además tuvo una gran conciencia social, pues fundó, por su cuenta, el Victoria Women's Settlement, un hogar para mujeres sin recursos.

Lillias Hamilton anciana.

De su personalidad, podemos saber que era una mujer nada convencional, ni en su modo de vestir ni en sus formas. Se decía que vestía de un modo extravagante, y es que ella diseñaba además sus propios vestidos, sin tener en cuenta lo que se llevaba o no se llevaba. Todo el mundo le reconocía que era muy brillante y capaz. Pero también era dominante, lo que le fue necesario para tener capacidad de organización, muy firme en sus ideas y muy tajante en su modo de hablar. Era a veces impredecible. Como se diría en su época, debió ser todo un carácter.

A continuación, intentaremos ver cómo define su labor como autora. Comenzaremos por el manuscrito —que citaremos como *PWD*— y lo compararemos con la novela —que citaremos como *VD*— que contrasta muchas veces con él, lo suaviza y lo silencia. Pues la Dra. Hamilton acabó por censurarse a sí misma.

Dice así en su prefacio:

En la siguiente historia he intentado ofrecer una auténtica panorámica de la vida de Afganistán, tal y como la conocía cuando era la médica del Emir Abdur Rahman.

En aquellos tiempos el «Agente Británico» era un musulmán de nacimiento, dignidad y educación. Ningún inglés representaba al gobierno británico en Afganistán, tras el asesinato de Sir Louis Cavagnani y su equipo en 1879.

Solo pude ver al Agente real en dos ocasiones, y fue en la corte, donde no pude hablar con él. Y al principio no sabía ni siquiera quién era. Fue el Emir quien me lo presentó en un aparte, cuando fue condecorado con la Orden del Baño. Como no sabía qué era eso, me pidió que le explicase en persa, tal y como pudiera, el origen y el valor de la orden.

Mientras estuve en Kabul hubo un tiempo en el que ni siquiera había Agente Británico. No sé a qué se debió, pero sí sé que en los momentos de su ausencia estuvo representado por el Primer Ministro, que también era un hindú igual de impopular.

Circulaban muchas historias sobre sus ambiciones, sus líos amorosos y sus intrigas. Pero también circularon muchas acerca de mí misma, que me llegaban censuradas en el *zenana*. Todas provenían de los *hakims*, o de mi cuerpo de guardia. Nadie estaba a salvo de tales habladurías y el Emir nunca me pidió explicaciones sobre ellas. A veces me hubiese gustado que lo hiciese para poderle decir algo, pero cuando formulaba sus extravagantes afirmaciones, nadie podía contradecirlo, ni responder con ningún otro argumento.

Podría parecer extraño que los residentes británicos en la Corte del Emir debiesen estar en conflicto con la Agencia. Pero se nos había dejado muy claro que cualquier contacto entre nosotros y la Agencia le hubiese disgustado mucho a Abdur Rahman.

Nunca llegué a ver al Doctor de la Agencia. Había tenido muy buenas referencias sobre su reputación. Parece ser que era un buen hombre y muy bien preparado, pero no hacía ninguna operación.

En la Corte todo eran altibajos. Yo siempre estaba ocupada, intentando hacer mis trabajos más interesantes lo mejor que pudiese. Creo que esa fue la razón por la que me quedé allí tanto tiempo, a pesar de las lamentables circunstancias. A lo que habría que añadir que era francamente difícil salir del país.

Quizás haya sido esta la principal razón de ello, pero tengo que confesar que caí en el hechizo de Abdur Rahman, del que lord Duffering dijo, o escribió: «Sus servidores eran sus esclavos» (*PWD*, pp. 1-2)[314].

Es muy curiosa esta cierta fascinación por un gobernante tiránico, arbitrario y cruel, cuyo aspecto no inspira la menor empatía, como se puede comprobar en sus fotografías; que era analfabeto, a menos que le creamos cuando narra en sus memorias que un día soñó que aprendía a leer y escribir y a la mañana siguiente ese sueño se hizo realidad[315]. Parece ser un caso de fascinación, aunque muy contenida, por el mal, que comparten otros protagonistas de este relato[316].

Uno de ellos es Abdullah, víctima del emir, milagrosamente salvado en un final de la narración, introducido forzosamente a modo de *deus ex machina*, en el último capítulo del relato, en

---

314   Incluiré traducciones de párrafos extensos por tratarse de un manuscrito inédito no accesible digitalmente. La cita será al final de párrafo.
315   Ver: *The Life of Abdur Rahman, Amir of Afghanistan, Edited by Sir Mir Munshi*, vol. I, John Murray, Londres, 1900.
316   Sobre la fascinación que ejercen el poder y sus formas sobre los intelectuales, artistas y el público en general, puede ver el libro de T. C. W. Blanning: *The Culture of Power an the Power of Culture. Old Regime Europa 1660-1789*, Oxford University Press, 2002.

el que, sin saber cómo fue exactamente lo que ocurrió, el protagonista, teóricamente torturado y muerto, aparece sano y salvo con su familia en la India. Lo que se explicaría por la benevolencia, en último término, del emir.

Veámoslo: «Abdullah sonrió cuando vio la carta de su cuñado. Te aconsejo al buen día, mételo en casa. Y que te asegures a tu prometida antes de que gire la rueda de la fortuna. Las intenciones del Emir son muy difíciles de prever. Un día te quiere premiar y otro matarte. Pero si hay alguien que pueda adivinar qué es lo que pasa por su mente, y qué cariz tomarán los acontecimientos, serán los oficiales de la Policía secreta», *El poder que camina en la oscuridad* (*PWD*, p. 243).

Otro ejemplo sería el siguiente:

> Ghulam Nabi se echó a reír. Eso ni lo menciones, dijo. Cuando vivía en Afganistán creía que mi vida era insoportable, incluso cuando estaba en al servicio de los británicos. ¿Qué debería hacer en el puesto afgano?
>
> Cuando llegué por primera vez a la India vi lo difícil que era conseguir un buen sueldo, y pensé que las circunstancias me iban a obligar a volver allí. Pero ahora sé lo que significa la protección que dan la ley y el orden. Ya puedes suponer que jamás volveré. Y es que hasta en el aire se perciben la traición y la muerte. Dime por qué un hombre al que le funcionen las piernas se va a quedar en ese país.
>
> Eso es muy difícil de explicar, dijo Abdullah, pero hay muchas razones. En primer lugar, está el sistema de pases, que se necesitan incluso para salir de aldea en aldea, que son muy difíciles de conseguir, te lo garantizo.
>
> Luego un hombre debe pensar en su familia, y no es fácil desplazar a una familia. Pero además hay otra razón aparte de los obstáculos. Si nunca has estado en contacto con él, no podrás entender su fascinación. Mira, yo ahora nunca volvería a Kabul, pero tampoco serviría a ningún otro hombre. Es cruel, terrible, imprevisible. Cuando estás con él, sus intereses se convierten en los tuyos. Te ata a él, quieras o no, es un mago al que no te puedes resistir (*PWD*, pp. 236-237).

Y, para terminar: «Una cosa es segura, las leyes de Dios deben obedecerse en teoría, pero las del Emir en la práctica.

Del primero de los dos nadie se preocupa, pero del segundo sí. Los castigos de Dios son sin duda muy severos, pero son de otro mundo que parece muy lejano. La desobediencia al Emir tiene unas consecuencias muy reales en el presente» (*PWD*, p. 42).

Al ir analizando el sistema del terror impuesto por el emir, veremos lo sorprendente de estas afirmaciones, que recuerdan a la fascinación que Hitler, Stalin y otros dictadores carismáticos ejercieron sobre sus seguidores.

Escena de la Segunda guerra Anglo Afgana.

La depuración y censura de esos personajes se completa en el texto de *VD*, al afirmar: «Cuando he tenido que hablar del propio Abdur Rahman he intentado retratarlo de modo fidedigno; pero la vida de una persona es demasiado larga para que se pueda dar de ella una imagen exacta» (*VD*, p. XII). Lo que es una forma de salvar las contradicciones con el texto anterior. Y lo mismo ocurre con el primer ministro, personaje despreciable en el manuscrito y admirable en la novela, que exigió leer antes de su publicación:

Menos precauciones he tenido que tomar con el Primer Ministro. Quienes lo conocieron, a partir del momento en que dejó Kabul, sin duda piensan que he sido innecesariamente severa. Es verdad que no lo he adulado. Lo que intenté es retratarlo, tal y como era por aquel entonces, y no como ahora, tras un período de calma, cuando vive rodeado por el lujo de los mejores intelectos del mundo. Lo he retratado primero como el primer y muy autosatisfecho, favorito de la corte, adulado por todo el mundo, atosigado por sus obligaciones, víctima de toda clase de intrigas, falsamente acusado de crímenes abominables por parte de unos enemigos carentes de escrúpulos y demasiado numerosos como para no tenerlos en cuenta. Les pido a todos aquellos que nunca han vivido en ese país y en esas circunstancias que sean benevolentes. Él no siempre es benevolente consigo mismo (*VD*, pp. XII-XIII).

La Dra. Hamilton reconoce que tiene pilas de manuscritos con numerosos datos, pero que, a pesar de la insistencia de sus amigos, no quiso hacer una autobiografía. Afirma que: «La mayor parte de mis problemas en Kabul, y consecuentemente, los más graves incidentes de mi vida transcurridos allí, surgieron de cosas que no eran de origen afgano. Por eso, una autobiografía de mi estancia en la capital hubiera supuesto dar demasiadas explicaciones en temas de los que, por razones evidentes, es mejor no entrar. Lo mejor es olvidarlos» (*VD*, p. XI).

De todos modos, en la novela publicada, señala lo siguiente: «Si mis lectores quisiesen reprocharme que no hay nada resplandeciente, ni ninguna felicidad en mi libro, que no es más que una historia sin esperanza, les contestaría diciendo: "Eso quiere decir que he tenido éxito al retratar la auténtica realidad de la vida en Afganistán. Allí no hay alegría. Allí no hay paz, ni comodidades, ni alivio, ni reposo. Nunca hay un momento en el que una pueda sentirse segura de no estar siendo víctima de alguna intriga o conjura. No se puede hablar de un momento de relajación, y por eso la gente es incapaz de disfrutar de la vida"» (*VD*, pp. XV-XVI).

Afirma que espera que quienes estén deseosos de entrever algo de la vida de esos pueblos que habitan unas tierras tan lejanas, puedan aprender algo sobre ellos, algo fragmentario y limitado, como el conocimiento mismo. Como el conocimiento que los médicos tienen de las enfermedades.

Para poder comprender lo que fue el régimen del terror de Abdur Rahman Kahn, deberemos comenzar por un contraste, indicando cómo era el orden social y legal victoriano, en el que nació, se educó y vivió la Dra. Hamilton, unas veces conforme con él y otras distante del mismo.

Hay dos clases de conocimiento. El conocimiento tácito y el conocimiento implícito. Casi siempre utilizamos en mayor medida el primero que el segundo de ellos, ya sea en el campo científico, en las artes o en la vida cotidiana. Pero si queremos profundizar en lo que podemos saber, deberemos acceder al conocimiento tácito. En el caso del derecho y el poder del Estado, que son las garantías de la vida, la seguridad y el bienestar de las personas, los victorianos manejaban un conjunto de ideas tácitas sobre el orden legal. Entre ellos naturalmente estaba Lillias Hamilton, que además poseía un nivel cultural muy elevado y era capaz de comprender las formulaciones abstractas.

Si queremos saber cómo era la concepción del derecho de los victorianos, la *common law,* tendremos que recurrir a un contemporáneo que nos lo explique. Para ello hemos escogido al gran teórico de la ley común, Oliver Wendell Holmes Jr.[317].

Al contrario de lo que ocurre en el derecho romano y en los derechos basados en la religión, como el musulmán, el judío, y en los de algunas culturas orientales, la ley no dimana en el sistema anglosajón de la voluntad discrecional de una persona a la que se consideraba como la exclusiva fuente del derecho; ya sea el faraón, el emperador de la China o el emperador de Roma. Las leyes, en esos casos, dimanan directamente de sus edictos, o de sus rescriptos y sentencias, y luego pasan a ser sistematizadas en códigos por los juristas.

---

317   Ver: *The Common Law,* Dover, Nueva York, 1991 (1881).

La voluntad del legislador crea la ley y esa ley, a su vez, creaba la realidad, porque los enunciados jurídicos son performativos, en tanto que son órdenes o mandatos que deciden lo que ha de ser el futuro de una persona o de una comunidad. En el derecho anglosajón, por el contrario, se considera que la realidad tiene su propia lógica y que el derecho solo debe regularla, o corregirla, interviniendo en ella en la menor manera posible.

El derecho no crea el hecho, solo lo regula. Y por eso el derecho se sistematiza a partir de sentencias que juzgaron hechos concretos, mediante el sistema de los precedentes razonados y sistematizados. En el derecho existen básicamente tres ámbitos: el del derecho penal, el civil y el derecho de la administración, que en cierto modo no es un derecho auténtico, porque dimana de la discrecionalidad estatutaria de los gobernantes, siempre vista bajo sospecha, tanto en Inglaterra como los EE. UU., herederos legítimos de la *common law*.

El derecho penal es un derecho retributivo, en el que de lo que se trata es de compensar los daños hechos a una persona, o varias, por parte de otras, en unos ámbitos muy concretos, como son: el asesinato, homicidio, y las heridas, mutilaciones y daños corporales; los daños contra la integridad sexual de las personas, casi siempre mujeres, y los daños contra las propiedades.

En el derecho penal un daño se compensa con otro daño, y por eso ese derecho va unido al ejercicio de la coerción y la violencia. Pero si trazamos su historia en el ámbito anglosajón, como hizo O. W. Holmes, y como hicieron también Julius Goebel Jr.[318] y Luke Owen Pike[319], veremos que de lo que históricamente se trató fue de pasar de la injuria personal a los cuerpos y bienes de las personas a los delitos. De los que, si bien es cierto que son víctimas las personas, sin embargo, deben ser considerados como hechos objetivos en sí mismos, y como daños a toda la

---

318   Ver: *Felony and Misdemeanor. A Study in the History of English Criminal Practice*, Oxford University Press, 1937.

319   Ver: *A History of Crime in England, Illustrating the Changes of the Laws in the Progress of Civilization*, I y II, Smith Elder and Co., Londres, 1873.

colectividad, que asume el papel de vengarlos y castigarlos, antes reservado a las familias. Este proceso de depuración de los restos y las inercias del mundo tribal se habría iniciado ya en la época anglosajona, tal y como Frederic Seebohm dejo claro analizando los edictos de los sucesivos reyes[320].

Podríamos hacer un esquema de esta evolución, común a los derechos anglosajones y germánicos, en los que la venganza de sangre por las familias, íntimamente unida a los valores militares, y cantada en la épica, fue una parte esencial de esas culturas. Wilhelm Grönbech estudió el tema en el mundo germánico en general[321], no sin cierta complacencia en esos procedimientos asociados al honor militar. Esto puede verse muy bien en las sagas islandesas, que son parte esencial, y muy altamente valorada, de las antiguas literaturas germánicas[322].

El sistema de la justicia familiar y la venganza de sangre, que Lillias Hamilton y otros autores ingleses parecen considerar como una anomalía inexplicable de Afganistán, no solo existió en las culturas anglosajonas y germánicas, sino también entre los pueblos semitas de la antigua Mesopotamia, como puede comprobarse a simple vista leyendo el Código de Hammurabi. Y cualquier inglés sabía que está también presente en la Biblia.

Pero merece una especial atención en este sentido la Grecia antigua, cuna de la civilización occidental en todos sus ámbitos, admirada por ingleses y alemanes por igual, y en la que la venganza de sangre existió, siendo estudiada al detalle en la época de la Dra. Hamilton, por el historiador Gustave Glotz[323]. Sintetizaremos sus resultados, coincidentes con los de los estudios sobre el derecho anglosajón y germánico.

---

320   Ver: *Tribal Custom in Anglo-Saxon Law*, Longmans, Nueva York, 1902.
321   En: *Kultur und Religion der Germanen*, Wissenschatliche Buchgwesselschaft, Darmstad, 1961 (edición danesa de 1901).
322   Un estudio muy detallado puede verse en William Ian Miller: *Bloodtaking and Peacemaking. Feud, Law, and Society in Saga Ireland*, University of Chicago Press, Chicago, 1990.
323   En: *La solidarité de la famille en le droit criminel en Gréce* Albert Fontemoig, París, 1904.

Para comprender el sistema penal de la justicia familiar debemos comenzar por tener en cuenta que, aunque los delitos son hechos concretos protagonizados por criminales y víctimas individuales, en ese sistema el sujeto básico del derecho es el *génos*, equivalente de la estirpe germánica o el clan escocés.

Todos los miembros de un *génos* comparten la responsabilidad penal activa —todos son responsables del delito cometido por uno de ellos— y todos son imputables por él, pudiendo ser castigados por igual. Ello no se debe a que no existe la noción de responsabilidad y culpabilidad individuales y a que no se tiene en cuenta ni la intencionalidad, ni las circunstancias, ni las capacidades del delincuente, que puede ser por igual un adulto, un niño, un animal, e incluso un objeto que cause una muerte accidental.

Un delito de sangre solo puede ser compensado, mediante la responsabilidad colectiva pasiva, con una venganza de sangre, entre dos *géne*, A y B. Pero como eso genera una interminable serie de venganzas, que pasan de generación a generación, tal y como se describe también para Afganistán, por ello se crearon medios para regular la venganza de sangre, que poco a poco generaron el procedimiento penal.

Uno de ellos fue el duelo judicial, pactado entre las partes y celebrado en lugar y fecha convenidos. Si en él vence la familia de la víctima, la venganza estaría satisfecha, pero si vence la del culpable, la venganza tendría que suspenderse. Lo mismo ocurre con la cojuración, en la que cada parte escoge a un número igual de hombres, que cojuran solemnemente a favor de la culpabilidad o inocencia del supuesto culpable. Como el juramento era sagrado, se consideraba que ganaba quien lograse el mayor número de cojuradores, ya que todo el mundo creía en el posible castigo divino por el perjurio.

Pero el procedimiento más elaborado fue la negociación entre las partes. Ambas se reunían en lugar y fecha convenidos, suspendiendo las hostilidades. Se sentaban formando un círculo, dividido en dos semicírculos, en una asamblea similar a la *yirga* afgana, o la *djemaa* de los semitas. Los negociadores podrían llegar a un acuerdo que consistía en establecer pagos en ganado o bienes muebles, sobre todo en metal. Pero se podía también entregar al culpable para que fuese ejecutado, o sometido a esclavitud penal, permanente o temporal. Y además se solía sellar el acuerdo con un matrimonio entre ambas partes, entregando una mujer de la familia del culpable a la familia de la víctima.

Partiendo de este sistema se pasó al juicio verbal, en el que los acusadores primero serán las familias y luego las personas concretas. En ese juicio se podían presentar testigos que declarasen bajo juramento y se votaba la culpabilidad o inocencia, ya entonces, de una persona considerada como responsable. Sin embargo, la pena, fuese la que fuese, incluida la muerte, se pactaba entre las partes, ya que nunca hubo en la Grecia clásica ni acusación pública ni investigación criminal, como luego se creó en el derecho penal romano con el sistema de la *cognitio*.

Los delitos contra la propiedad, como el robo de ganado, los cambios de lindes…, no se resolvían en el ámbito familiar, sino en el de la aldea por parte de los vecinos, que podían entrar armados en la casa de los sospechosos. Y, por último, los delitos cometidos por mujeres, que casi siempre son de tipo sexual: infidelidad, coitos ilícitos, se castigan de un modo específico, como pudo ver la Dra. Hamilton y podemos seguir viendo en algunos países islámicos con penas específicamente femeninas, como la lapidación, el enterramiento en vida o la práctica de ahogarlas en un río o arrojarlas al mar desde un acantilado o un precipicio en la tierra.

El derecho penal nace cuando se crea un procedimiento, se tipifican las penas y se crean determinadas garantías, tal y como ocurre en el derecho casi por antonomasia, que es el derecho civil: el derecho de los notarios y los tribunales, para O. W. Holmes.

El derecho civil se basa en la idea de contrato. Un contrato es un acuerdo entre dos partes, por un lado, iguales y, por otro, asimétricas. En cada parte se reconoce el derecho del otro, que se convierte en una obligación propia. Yo, por ejemplo, te compro un bien, porque te reconozco como su propietario, te lo pago y tú aceptas mi pago y me transfiero la propiedad. Y así sucesivamente.

El derecho civil se basa en dos ideas, la confianza entre las partes y la seguridad física y jurídica de ambas, que es la que les permite ejercer sus derechos. Esa seguridad debe garantizarla el poder político con sus medios de coerción legales de distintos tipos. Si desapareciese, desaparecería el derecho y todo su sistema.

Los derechos penal y civil forman lo que podríamos llamar el Estado del derecho. Pero el Estado necesita, para poder gobernar, crear una serie de normas discrecionalmente que regulen el funcionamiento de sus administraciones: militar, policial, fiscal, territorial, comercial. Esas normas suelen ser muchas, y hoy en día son casi innumerables, lo que le proporciona un gigantesco poder al Estado, un poder en el que se puede extralimitar con facilidad.

En todos estos ámbitos, incluso en el derecho penal basado en la venganza de sangre, se reconoce lo siguiente. Las penas castigan los delitos y todo el mundo sabe tácitamente lo que es un delito y lo que no lo es. Aunque la justicia y el derecho se basen solo en tradiciones orales. También está muy claro quién administra la justicia, si es el rey, el emperador, el cadí, el juez religioso o los consejos familiares. Y además los procedimientos son públicos y conocidos. Puede que sean muy crueles, pero están consensualmente aceptados y por eso no existe la idea ni la sensación de arbitrariedad, inseguridad generalizada, miedo e impotencia.

En el derecho administrativo, las normas pueden más fácilmente conculcar los derechos de los ciudadanos, aunque deberían protegerlos. Y lo pueden hacer porque en él las partes son la administración y el ciudadano. Son dos partes asimétricas y enormemente desiguales en sus medios y capacidades. Y es a partir de ese tipo de derecho de donde dimana el Estado del terror, si se da el caso de que se pierde la seguridad jurídica y todo el poder político y judicial dimana de una persona, que actúa como un líder que fascina a seguidores y víctimas como Abdur Rahman Kahn en la descripción de la Dra. Hamilton y las de otros personajes mencionados con anterioridad, que nos proporcionan la descripción de un Estado de terror político y policial, nacido bajo el paraguas protector del Imperio británico.

Fue uno de los líderes carismáticos de los Estados totalitarios del siglo XX, Adolf Hitler, quien definió a la política como la «administración del terror». Y sobre este concepto ha construido su teoría del poder político Wolfgang Sofsky[324], que nos será muy útil para comprender la descripción de Lillias Hamilton.

Un sociólogo estudioso de algunas sociedades orientales, a las que denominó sistemas despótico-hidráulicos, por tratarse de sistemas económicos basados en los regadíos gestionados por el Estado central, Karl Wittfogel[325], sostuvo la idea de que, en esos sistemas, como los de la India, China y las sociedades del Antiguo Oriente, los gobernantes disponen no solo de un poder discrecional, sino también arbitrario, como el que describirá muy bien la Dra. Hamilton al hablar de Abdur Rahman Khan.

La arbitrariedad del gobernante supremo pulveriza la seguridad jurídica y la integridad física. Y por eso el miedo pasa a impregnar toda la sociedad. El miedo destruye a las personas, les obliga a perder su dignidad, a censurarse a sí mismas, a espiarse y denunciar a los demás, y a temer por su vida y la de sus familiares más queridos, como se puede ver en los dos libros de la Dra. Hamilton, *VD* y *PWD*[326], y en los textos del manuscrito que se expondrán a continuación.

---

324 En su libro esencial: *Die Ordung des Terrors: das Kinzentraztions-Lager* Fischer, Berlín, 1993, que se completa con su *Tratado sobre la violencia*, Abada, Madrid, 2006 (Múnich, 1996) y su *Tiempos de horror. Amok, violencia y guerra*, Siglo XXI, 2004, (Berlín, 2002).

325 Ver: *El despotismo oriental. Estudio comparativo del poder totalitario*, Guadarrama, Madrid, 1964 (Nueva York, 1963), pp. 127-164.
   Otro estudioso de los sistemas políticos de los imperios, S. Eisenstadt: *Los sistemas políticos de los imperios. La ascensión y caída de las sociedades burocráticas históricas*, Revista de Occidente, Madrid, 1966 (Nueva York, 1963), no compartía esa idea del poder del terror en todos los imperios orientales.

326 Una historia general del miedo ha sido escrita por Joanna Bourke: *Fear. A Cultural History*, Virago, Londres, 2003; pueden verse también dos libros colectivos interesantes para este tema, J. Plamper y B. Lazier: *Fear Across the Disicplines*, Pittsburg University Press, 2012 y M. Laffan y M. Weiss: *Facing Fear. The History of an Emotion in Global Perspective*, Princeton University Press, 2012.

Para hacer posible la extensión del miedo por todo el cuerpo social son necesarios un nuevo tipo de guardianes, a los que se les permite conculcar los derechos de las personas, violar las leyes y dar rienda suelta a su crueldad y arbitrariedad, a su gusto por la violencia, a sus deseos sexuales, a su avaricia y a su corrupción. Se trata de la policía secreta, de *El poder que camina en la oscuridad*, descrito por Lillias Hamilton, y que actuará, tal y como se verá exactamente igual que lo hacía la Gestapo, que era la «policía secreta para la seguridad del Estado»[327], similar a muchas otras policías de seguridad del Estado de otras dictaduras del pasado y del presente. Una policía que Abdur Rahman Khan reconocerá haber conocido en su exilio en la Rusia zarista, que disponía de una policía secreta similar a la que será la suya, y que sería su modelo.

El poder arbitrario del Estado puede crear un Estado paralelo, más cruel y corrupto que él, porque ya no respeta ninguno de los componentes del derecho. Ese estado puede tener un sistema económico propio, como el del Estado de la SS, su ejército, sus campos de concentración y sus industrias[328]. O como lo fue el ejército paralelo, el sistema policial y de control de fronteras y el sistema social y económico propio del KGB en la Rusia soviética[329]. O, en nuestro caso, el mundo de los intrigantes, delatores y corruptos en el que se basaba el poder de la policía de Abdur Rahman.

Se ha discutido mucho, sobre todo a partir de la publicación del libro de Hannah Arendt sobre los orígenes del totalitarismo[330], si siguiendo la tesis de Ernst Nolte[331], el nazismo y sus métodos de creación del Estado del terror no fueron más que una

---

327 Ver Robert Gellately: *La Gestapo y la sociedad alemana. La política racial nazi (1933-1945)*, Paidós, Barcelona, 2004 (Oxford, 1990).
328 Ver Eugen Kogon: *El Estado de la SS. El sistema de los campos de concentración alemanes*, Alba, Barcelona, 2005 (Berlín, 1977).
329 Svetlana Alexievic: *El fin del Homo Sovieticus*, Anagrama, Barcelona, 2015 (2013). Ha trazado un cuadro de la psicología de cientos de personas que vivieron e interiorizaron ese régimen de terror. Sobre sus componentes económicos, ver Nicolas Hayoz: *L'effrondement sovietique*, Droz, Ginebra, 1997.
330 *Los orígenes del totalitarismo*, Taurus, Madrid, 1974 (Nueva York, 1951).
331 *La guerra civil europea. Nacionalsocialismo y bolchevismo*, FCE, México, 1989 (Berlín, 1987).

imitación de los utilizados por los soviéticos, o no. De ser así, Nolte lo consideraría justificado, como una especie de reacción defensiva ante la amenaza de la expansión mundial de la revolución. Pero la tesis no es sostenible, ya que Francia, Inglaterra y otros países no crearon Estados terroristas en esos contextos. Con un argumento similar al de Nolte, algunos historiadores y militares ingleses consideraron aceptable el terror impuesto por Abdur Rahman, como medio imprescindible para imponer el orden y alejar la influencia del poder del Imperio zarista en Afganistán.

Dejando este debate a un lado, pasaremos a exponer los textos del manuscrito en los que, paralelamente a la narración, la Dra. Hamilton fue describiendo los componentes del Estado del terror de Abdur Rahman Kahn.

1) *La desaparición de Abdullah Kahn*

Su marido era oficial de policía. No parecía ambicioso. No quería conseguir un ascenso y nadie parecía envidiarlo. Eres una mujer afortunada, le decían sus vecinas, tu marido pasa todo su tiempo libre en casa y en ella invierte sus ahorros. Nunca ha aceptado un soborno, y tuvo muchas oportunidades de hacerlo.

A mi marido le basta el salario del Emir para cubrir nuestras necesidades… No necesita aceptar sobornos, y prueba de que su trabajo es el más duro es que nadie quiere el puesto…

Es más peligroso que los de todos los demás juntos. Día tras día se juega la vida, y cuando sale de casa nunca sé si va a volver, ni cuándo lo hará.

Y es que Abdullah está al mando de la guardia que custodia la Agencia Británica de Kabul. Y aunque se la conoce como una guardia de honor, todo el mundo sabe que está plagada de agentes de la policía secreta. Tomo el mundo teme a la policía secreta. Nadie sabe quién forma parte de ella, excepto en el caso de los principales oficiales.

Todo el mundo está bajo su poder. Conocen lo que hace todo el mundo. Esa es su ocupación y su vida. El Emir le exige la mayor eficacia, y muchas veces un hombre halla su fin solo por un pequeño asunto de su vida privada, que en cualquier otro país hubiese sido una impertinencia investigar.

Se dice en Inglaterra que «las paredes oyen». En Kabul es el aire el que susurra. Incluso en los distritos en los que no se ve ni un alma, un hombre no se atreve a decir lo que piensa a su esposa o a su hijo. Y es que ellos pueden ser *de la policía.*

En Afganistán todo el mundo está abierto a un soborno. Las grandes sumas compran los silencios, por un momento al menos, quizás hasta que un soborno mayor quiera comprar una traición. Nadie está seguro en ninguna parte.

En un país en el que la venganza de sangre pasa de generación en generación, un hombre tiene dificultades para saber quién puede ser su enemigo. Y aunque la policía tiene un gran poder, también tiene enemigos hereditarios que pueden facilitarles el trabajo espiando a su favor para así resolver una larga venganza de sangre. Una costumbre esta que está muy lejos de ser legal, pero que, a pesar de la estricta prohibición de la misma por el mismo Abdur Rahman, ni él mismo podía frenarla.

Poca gente conocía todos los peligros a los que podía estar expuesto un miembro de la policía. La esposa de Abdur Rahman sí, y por eso tenía la costumbre de escuchar (*PWD*, pp. 66-67).

(Tras la visita de *El poder que camina en la oscuridad*, Abdullah había desaparecido. No había rastro de él en ninguna parte).

En la casa de Abdullah reinaba un silencio absoluto. La *Bibi* [señora de la casa] estaba sentada en la ventana de siempre. Sus ojos estaban secos y enrojecidos y miraba fijamente. No había señales de él.

Una y otra vez intentaba humedecer sus labios con la lengua, pero no tenía saliva. Con los ojos y la boca secos estaba sentada escuchando, pero no se oía nada. Ese día no pudo hacer nada. Sus manos estaban inmóviles en su regazo, sus piernas se negaban a moverse. Estaba sentada, quieta, paralizada…

(No quiere ver a nadie)

¡Oh Dios, que sufrimiento!, murmuró. Cierra la puerta y que no entre nadie. ¡No puedo soportarlo! ¡Dios mío, Dios mío!

No ha aparecido. Todavía está con el Emir. Nadie sabe nada, a menos que lo sepa Nazir, pero evidentemente no querría hablar. Bueno, por lo menos no se lo llevaron a la cárcel. ¡Sabe Dios qué puede pasar esta noche!…

Por lo menos sabemos que está seguro y no lo han herido. ¿Quién ha traído esas noticias?

No me lo preguntes, pero créeme. Lo mejor es saber lo menos posible. Lo que uno no sabe no lo puede contar, y tus pies son muy tiernos [alusión a la tortura], insistía la anciana. La *fana* [método de tortura en los pies] le juega malas pasadas, incluso a los más valientes y decididos (*PWD*, pp. 104 y ss.).

2) *La tortura*

De repente, uno de ellos espiaba a una criatura de aspecto lamentable, delgada, andrajosa y hambrienta, e hicieron un montón de chistes a su costa.

¿Cómo te sientes ahora que ya no te aprietan las cadenas? ¡Ibrahim! No parece que vivas aquí fuera mucho mejor que bajo el régimen de la cárcel. Ellos esperarán que trabajes para ellos y para ti mismo.

¿Le gusta verte a tu esposa? Aunque pareces estar bien cuidado.

El sol quemaba, pero el hombre, que estaba temblando, no dio respuesta alguna. Miró sus pies. Estaban muy deformados y tenían marcas de cicatrices recientes.

[Lo habían acusado de llevar un mensaje en una botella].

Yo no puse el papel dentro. No sabía nada, sabéis que no lo sabía, dijo el hombre con voz lastimera. Si lo hubiera sabido, os lo habría dicho. Hubiese sido mucho mejor para mí contarlo que sufrir tantos dolores y una larga condena de cárcel.

¡Dios mío, cuánto he sufrido! Hubiese sido mejor que me hubieseis colgado, o que me hubieseis disparado con el cañón y que mi cuerpo hubiese servido de comida para los perros.

¡Sí, muchísimo más fácil!, dijo el soldado con indiferencia. Pero ahorcarte hubiera sido callarte para siempre. ¡Es mucho mejor el *fana* para hacer cantar!

Pero no tenía nada que cantar. No sé nada, repitió el hombre con voz lastimosa.

No estoy tan seguro, dijo otro de ellos. El *fana* refresca la memoria. Te encontramos donde estaba la botella, y eso ayudó a identificar la escritura...

¡Tranquilo, ya no te necesitamos! Nos fuiste muy útil y serviste muy bien al gobierno.

Un rayo de ira, mezclada con terror, salió de los ojos del pobre hombre, pero no dijo nada.

¿Quién se atreve en Kabul a decirle a la policía lo que piensa? Todo el mundo sufre, más pronto o más tarde, pero la experiencia enseña a los habitantes de la ciudad que es mejor sufrir en silencio. Y este pobre desgraciado estaba muy agradecido, cuando pudo entrar en la consulta del doctor.

¡Dios mío! ¿Pero qué te han hecho? Casi no pareces un ser humano. ¿Te han hecho hablar?

Las lágrimas brotaron de los ojos del pobre desgraciado. Estas habían sido las primeras palabras amables que había escuchado desde hacía meses, y le impresionaron mucho.

Salí hace una semana, dijo. Creo que no me hubiesen dejado marchar, si no creyesen que me estaba muriendo. ¡Y cuánto deseé haber muerto! Me dejaron junto a mi casa. No puedo comer. Mi lengua está seca y pegada a la boca (*PWD*, pp. 60-61).

Podemos reconocer perfectamente hoy como es la psicología del miedo provocado por el terror político y policial. No hay duda de que la descripción de los sentimientos es perfectamente verosímil. Y el hecho de que un médico describa el estado de un torturado, siendo la Dra. Hamilton médica en Kabul, señala de dónde podían provenir esos conocimientos suyos.

Lillias Hamilton sabía que la tortura judicial se había suprimido en Europa hace ya bastante tiempo[332]. Pero lo que nos está describiendo no es el pasado sino el futuro, un futuro en el que la tortura pasará a ser utilizada en secreto por parte de algunos ejércitos y policías de regímenes totalitarios, y sobre todo en el mundo colonial, como el de la Argelia francesa de 1952-1962, cuando la tortura se integró en la República, tal y como denunció, casi en solitario, el historiador Pierre Vidal-Naquet[333].

---

332 La denuncia de la tortura judicial, y de la clandestina, se inició en España en el siglo XVIII por parte de Juan Pablo Forner: *Discurso contra la tortura*, Crítica, Barcelona, 1990, edición de Santiago Mollfulleda. También debe consultarse el libro de Francisco Tomás y Valiente: *La tortura en España*, Ariel, Barcelona, 1994 (2.ª edición). Para Francia puede consultarse Lisa Silverman: *Tortured Subjects. Pain, Truth, and the Body in Early Modern France*, University of Chicago Press, 2001. Y en general Edward Peters: *Torture*, Blacwell, Londres, 1985.

333 *La torture dans la République*, La Découverte, París, 1983, 2.ª ed.

3) *Policía, espías y lugares de encuentro*

Las reuniones clandestinas en el ámbito de un Estado policial suelen llevarse a cabo en lugares apartados, y preferentemente por la noche. En Afganistán, en el caso de las ciudades, esos lugares solían ser los cementerios, en los que estas acciones tienen lugar en los dos textos.

Veamos sus descripciones, que además poseen un gran valor documental para la historia religiosa y social.

> Hay muchas clases de tumbas en Afganistán. A veces se agrupan unas muy cercanas a otras en torno a la tumba de un santo, que así protege a los muertos, y al que allí rezan los vivos. Otras veces hay grandes cementerios, parte de los cuales pueden estar abandonados, y cuyos muros se han derrumbado, dejándolos así a la vista de los caminantes; o como es más frecuente, a la avaricia de los parias y los chacales.
>
> Otras veces, y esto es lo más frecuente, las tumbas están al lado de los caminos principales. Suelen tener un muro de barro con un tejado, que sirve de casa a un faquir o a un mendigo, que espera las limosnas de los caminantes, a cambio del cuidado de la tumba del respetado maestro, o de la devota persona allí enterrada. Sobre ellas cuelgan, siguiendo los usos y las supersticiones, una gran variedad de banderas, pequeñas manos de bronce y otras decoraciones similares.
>
> A veces también hay ofrendas dejadas por devotos que piden la intercesión del santo. Y si allí hay un arbusto, cuelgan de él innumerables cintas, cada una de las cuales contiene una petición.
>
> Los pastores y los nómadas, y también los campesinos pobres, suelen hacer votos pidiendo que nazca un niño ese año, o que la cabra tenga dos cabritos, o que el cachorro de camello sobreviva al frío de enero. Peregrinan a las tumbas en las que hay un arbusto y le atan las tiras de sus peticiones. Estos viajes suelen suponer un gran sacrificio para cumplir una promesa *(PWD*, p. 24).
>
> El santo es enterrado en el lugar en el que vivió, y por muchos años la gente viene de muy lejos o de cerca para pedirle ayuda, como si estuviese vivo. La diferencia es que ya se ha liberado de la carne y está más cerca del Todopoderoso, en cuyos jardines de alegría ya habita, y en los que estará ya libre de los ataques

de los asesinos, de sus amigos y descendientes. Extraña superstición, pero compartida por todos los afganos, sean cultos, o no
(*PWD*, p. 30).

Es evidente que el trasiego de personas y la costumbre de
quedarse de noche en los cementerios para rezar facilitaba este
tipo de encuentros, al igual que los encuentros amorosos. Para
Lillias Hamilton estas costumbres, tan semejantes a las de los
católicos, pero desconocidas en Inglaterra, no son más que una
muestra de ignorancia de una mujer que no parece haber tenido mucho aprecio por la religión.

Uno de los protagonistas afirma: «En Afganistán nadie valo-
ra la educación. En ese país el tuerto es rey en un país de ciegos.
Yo, ¡a Dios gracias!, tengo dos ojos y puedo ver alrededor por delante y por detrás Y luego actúo en consecuencia» (*PWD*, p. 30).

Un curioso ejemplo de la falta de interés por la educación
es la descripción en el capítulo primero (pp. 3-6) de cómo la
mujer de Abdullah está intentando aprender a escribir sola co-
piando letra a letra pasajes de poemas. No se atreve a copiar
el Corán, porque está escrito en árabe, y no en pastún, y teme
profanarlo si se equivoca en alguna letra. Los recortes de estos
ejercicios de caligrafía serán utilizados para acusar a su marido
de estar en un complot con los ingleses contra el emir.

En las dos novelas se utiliza el recurso del documento incri-
minatorio falsificado. Siempre dentro de tramas en las que los
afganos son espías a sueldo de los ingleses, de los rusos o de los
grupos étnicos locales. Lo que se corresponde con la realidad
histórica.

Tenemos una descripción de estas actividades en la casa de
Abdullah, cuando le dice a su esposa:

No he estado en la Corte todo el día, he estado muy ocupado en
la Agencia. A ver si los ingleses se lo toman en serio y envían a
un Agente que conozca su deber, en vez de mantener a los miserables Munshi. Munshi Akbar Alí había sido entrenado en el
Servicio Británico y tenía ideas muy honorables de los oficiales
que habían servido con él. Pero el Munshi este que está ahora
en el cargo es un agente encubierto que trata de espiar al Emir
y su corte.

¿Qué debe hacer entonces?, dijo su esposa. No sé para qué está aquí un agente británico. Se supone que para tener informado a su gobierno de las conjuras de las tribus fronterizas que saquean el Territorio Británico.

Los ingleses siempre piensan que, a pesar de las órdenes del Emir Sahib, estas tribus se reúnen en Kabul para conjurar y tramar sus planes. Además, los ingleses siempre sospechan que los rusos están detrás, y eso es lo que tiene que investigar el Agente.

El Emir Sahib lo recibe en el Durbar y habla con él en público y en privado sobre los planes de los rusos. Este Munshi, piensa Mohamed Selim, en vez de hacer su trabajo, trata de hacer más villanos a nuestras gentes. ¡Como si ya no lo fuesen bastante! (*PWD*, pp. 9-10).

Emir de Hierro: Abdurrahman Kahn.

Las relaciones de Abdur Rahman Khan con el Imperio británico en la India eran un tanto ambiguas. Los ingleses lo apoyaron, permitiendo que la etnia pastún, a la que identificaron con Afganistán sin más, se hiciese con el control del país, en perjuicio de las restantes. Los pastunes, también conocidos como patanes, fueron idealizados por los historiadores ingleses por su valor militar[334]. Fueron ellos los que garantizaron la gran ruta caravanera entre la India y Kabul, que luego se comunica con Herat y Persia, pero su crueldad con las otras etnias es bien conocida.

No solo le dieron armas, sino que construyeron en Kabul una fábrica de fusiles de repetición Martini-Henri, otra de cañones y otra de municiones, y a cambio comenzaron a explotar los recursos minerales del país. Ingleses, y alemanes, entrenaron al ejército afgano. Los ingleses tuvieron que librar tres guerras en Afganistán, con resultados negativos en los tres casos. La primera, de 1838 a 1842, fue provocada por los ingleses, que apoyaban la expansión sij en las fronteras afganas, intentando derribar al emir Dust Mohammad (1826-1863). Tras largas batallas se firmó un acuerdo de paz.

En la segunda guerra, de 1878 a 1880, Inglaterra conquistó el paso de Jaiber, el valle de Kutam, Quetta, Pichin y Sibi, pero tuvo que renunciar a controlar el territorio, cediéndole esa misión a Abdur Rahman. Inglaterra quiso que Afganistán se mantuviese asilado y por ello, y al contrario que en la India, donde desarrolló una gran red de ferrocarriles, que son el orgullo nacional, aún hoy en día[335], logró que el ferrocarril no se introdujese en Afganistán. Basta con ver un mapa de la red ferroviaria hindú en esa época para comprobar como esa auténtica tela de araña que estructura el territorio, se bloquea al llegar a lo que hoy es la frontera afgana.

334 Ver, por ejemplo, Olof Caroe: *The Pathans. 550BC-1957*, Mac Mullen, Nueva York, 1958.
335 Ver Christian Wolmar: *Railways and the Raj. How the Age of Steam Transformed India*, Atlantic Books, Londres, 2017.

Los rusos, por el contrario, hicieron un proyecto de ferro-carril Hera-India[336], que nunca llegó a construirse. Del mismo modo, Abdur Rahman se opuso por la seguridad de su país a que entrase el ferrocarril, porque pensó que el aislamiento era la mejor defensa para el nuevo Estado afgano; pero ese ais-lamiento será precisamente una de las causas de su pobreza. Inglaterra lo apoyó en esto, porque eso haría imposible la inva-sión de la India desde Rusia o Asia Central. Una idea que inte-resó no solo a los rusos, tradicionales aliados de los emires, sino incluso a Adolf Hitler, que intentó extender sus redes diplomá-ticas en el país[337].

La última de estas tres guerras concluyó en 1919, cuando Inglaterra reconoció a Afganistán como un país independien-te bajo el emir Amanullah, dejando por fin de jugar con sus fronteras.

Los ingleses tuvieron unas relaciones bastante tensas con la población afgana, no consiguiendo integrarse con ella. Lo que no parece haberle ocurrido a Lillias Hamilton, que nos da esta curiosa descripción de la vida de sus compatriotas:

> La vida era aburrida y monótona, y el joven funcionario tenía de-masiadas horas libres en las que no dejaba de echar de menos a su hogar y sus gentes. No comprendía por qué había aceptado ese puesto en Kabul. La paga era buena, pero, ¡y qué! El dinero no sirve de mucho en un país donde no hay diversiones ni sitios donde gastarlo.
>
> No tenía amigos en Kabul. Ni siquiera había conseguido rela-cionarse con los funcionarios ingleses del gobierno afgano. Sus puestos eran tan importantes que despreciaban a los represen-tantes del Gobierno Británico en Afganistán. Esto fue lo prime-ro que advirtió cuando llegó (*PWD*, p. 80).

Como se puede ver, se trata del característico desarraigo de un funcionario llegado a su destino, agravado en este caso por

---

336 Ver Arminius Vamberg y Charles Marwin: *The Russian Railway to Herat and India*. W. H. Allen, Londres, 1883, que permitiría hacer el viaje en nueve días.
337 Pueden verse estas negociaciones en el libro de Lukasz Hirszowicz: *The Third Reich and the Arab East*, Routledge, Londres, 1966.

ser un destino colonial en un país totalmente ajeno. No sabemos si la Dra. Hamilton tuvo, o no, esa misma experiencia. Parece que no, porque su trabajo como médica, su campaña de vacunación y las constantes referencias que hace acerca del conocimiento directo de las personas, posible por su conocimiento básico del persa, le permitieron lograr un conocimiento del país y sus gentes, que es la base de su empatía.

Pasemos, pues, a otra escena de crueldad.

4) *La crueldad. Ejecución pública de una mujer*

Ya en la época de la Dra. Hamilton existía el tópico de la violencia y crueldad de los afganos. Un gobernador inglés de la India dijo de ellos que: «Solo están en paz cuando están en guerra», como si Europa no hubiese sido el continente que acogió el mayor número de guerras y las más brutales. Pero veamos la escena:

> Tres soldados con la bayoneta calada caminaban por ambos lados de la carretera. Uno iba delante y detrás iban, a cierta distancia, como una docena de personas de ambos sexos. En el centro de la carretera y en medio de los soldados, una mujer caminaba sola, y de vez en cuando se iba dando un traspié. Nadie echaba una mano para levantarla, y así continuaba caminando fatigosamente sin ayuda alguna.
>
> A veces se paraba, porque no era capaz de seguir adelante. En la distancia se la veía con dificultad. Cuando se detenía, uno de los soldados abandonaba la formación y le daba un empujón. En una ocasión la amenazó con la bayoneta, como si la fuese a utilizar. No había hacia ella compasión alguna.
>
> Iba camino de su ejecución, de eso no había duda. La forma en que iba a ser ejecutada no parecía clara, hasta el momento en el que, entre el resplandor del sol, que brillaba en el mediodía, se vio brillar la hoja de una espada nueva, que uno de los hombres de la formación llevaba sobre el hombro. Mohamed Selim sabía lo que eso significaba. La chica iba a ser enterrada, y enterrada viva…
>
> [Se trata de Zenobia, una de las protagonistas, a la que se le acusa de tomar parte del complot de espionaje con los ingleses]…

Sus encuentros con Zenobia en el cementerio no los podía explicar [eran amorosos, no políticos]. Era inútil negarlos, porque una docena de testigos testificarían que estaba mintiendo.

Esos encuentros en sí mismos eran la base de su condena. El Emir nunca perdonaría a una chica que, según todos los indicios, había participado en un complot contra él, citándose con un hombre que sin duda era un espía, y que, según su información, lo había estado espiando desde la casa de uno de los oficiales de policía.

La consideraría culpable de todo tipo de crímenes, Mohamed Selim lo sabía muy bien, y ningún argumento lograría convencerlo de su inocencia (*PWD*, pp. 200-201).

Emir de Hierro: Abdurrahman Kahn.

Las ejecuciones públicas en Afganistán, Irán, y otros países, y las exposiciones públicas de los cadáveres, se consideran hoy una muestra inigualable de crueldad oriental. Y, por supuesto, son muestras de una crueldad totalmente inadmisible. Sin embargo, un recorrido a vista de pájaro por la historia de la pena de muerte, muestra que, hasta avanzado el siglo, así eran en Europa y los EE. UU.[338].

Richard J. Evans ha realizado un amplísimo estudio de la historia de la pena de muerte en Alemania[339] en el que podemos ver esas ejecuciones públicas con una rueda de un carro, con la que se despedazaba el cuerpo del reo desde los pies a la cabeza, o viceversa, si el verdugo tenía compasión de él. Y cómo ese cuerpo quedaba expuesto en un poste rematado por la rueda de ese mismo carro. O podemos ver también cómo, tras una decapitación publica con espada, las gentes acudían corriendo a coger, o comprar, la sangre del reo, por considerar que era el único remedio contra la epilepsia. Goethe y Beethoven aún vieron alguno de estos espectáculos.

Se intentaron explicar las peculiaridades de la pena de muerte germánica por razones simbólicas y religiosas, tal y como hizo Folke Strom[340]. Pero sea esa explicación válida o no, el hecho es que la pena de muerte, con suplicios y torturas en diferentes formas, fue pública en Grecia y Roma, y que también allí se exponían los cadáveres[341].

Lillias Hamilton conocía la historia de Inglaterra. Sabía cómo fueron ejecutadas, sin causa justificada, Anne Boleyn y Mary Stuart, como era el ritual de ejecución de los reyes, y como se exponían troceados los cadáveres de los regicidas. Por no decir nada de las ejecuciones de Luis XVI y María Antonieta, y de las ejecuciones masivas de los revolucionarios franceses, de la Inquisición. Y también de las ejecuciones púbicas de brujas,

---

338 Ver Danel Suerio: *La pena de muerte. Ceremonial, historia, procedimientos*, Alianza Editorial, Madrid, 1974.
339 Ver: *Rituals of Retribnution. Capital Punishment in Germany, 1600-1987*, Oxford University Press, 1996.
340 Ver: *On the Sacral Origin of the Germanic Death Penalties*, Wahlström and Widstrand, Estocolmo, 1942.
341 Ver Eva Cantarella: *I Supplizi capitali in Grecia e a Roma*, Rizzoli, Milán, 1991.

aun en el siglo XVIII en Escocia. O de las brujas de Salem, condenadas a instancias de Increase Matter, fundador de la universidad de Harvard[342].

Es evidente que la Dra. Hamilton se ve conmocionada por el espectáculo, imposible ya en la Inglaterra de su época. Si lo describe es para resaltar de nuevo el reinado del terror de Abdur Rahman, ese personaje que, sin embargo, la tuvo parcialmente hechizada.

Pero la descripción más elaborada es la de:

5) *La cárcel de Kabul*

> Al lunes siguiente, montando un caballo gris bien cuidado, alimentado y bien ajaezado, Mohamed Selim cabalgó con su escolta a Siah Sang, la gran cárcel de Kabul situada en la cumbre de una de las colinas que rodean la ciudad [...].
>
> [...] Era muy sorprendente que hubiese sido invitado a ver uno de los lugares más secretos del país, una cárcel, la más secreta, la más terrible de las prisiones. A Mohamed Selim no le gustaban esas cosas. Estaba preocupado, a pesar de la seguridad que le daba el ser el Agente Británico, aunque lo fuese de un modo temporal [...].Le disgustaba mucho la idea de visitar la enorme y tan temida prisión, de la que, según le constaba, pocos habían salido para poder contar sus horribles sufrimientos.
>
> Mohamed Selim disfrutaba escuchando todo tipo de horrores, e incluso ayudaba a prepararlos, pero, como él había dicho, tenía un «tender heart», y se ponía muy mal de tener que contemplar la tortura. Sospechaba que le habían obligado a ir a Siah Sang para ser testigo de algo. Y estaba seguro de que Abdullah era la víctima (*PWD*, pp. 146-147).

En un régimen basado en el terror, el terror, sus métodos y consecuencias son conocidos, pero nadie habla de él, por miedo, o porque, si cree que debe existir, no está dispuesto a

---

342   Ver Tony McAleavy: *The Last Witch Craze. John Aubrey, the Royals Society and the Witches*, Amberley, Gloucestershire, 2022, pp. 177-185 y 187-191. Y para el caso escocés, P. G. Maxwell-Stuart: *The British Witch. The Biography*, Amberley, Gloucestesshire, 2014.

contemplarlo. Por eso, cuando se hunden los regímenes de ese tipo, «nadie sabía nada», o no creía que fuera así. Este problema ha sido estudiado por Stephane Courtois y Adam Rayski[343], dejando muy claro que el holocausto era conocido, se sabía que iban a matar a los judíos, aunque se ignoraban los pormenores. En esos mismos regímenes, y en el mundo victoriano, también había personas que combinaban su ternura para con sus amigos, familiares y afines, con la indiferencia más absoluta al sufrimiento de muchas clases de personas, sobre todo si viven enclaustradas en cárceles o manicomios[344].

Paradójicamente, también en el mundo victoriano, y antes de él, las visitas dominicales a esos museos del horror que eran los manicomios, como el famoso Bedlam y su impresionante fachada y arquitectura, fueron parte de una diversión pagada. Aunque a veces los visitantes sencillamente vomitaban al sentir el olor, la podredumbre y ver lo que se escondía allí. En esa época, el capellán del hospital, Edward Geoffrey O'Donoghue, publicó una amplia historia de esa institución que incluye 140 ilustraciones[345].

Esta es la descripción de la cárcel:

> Altos y gruesos muros rodeaban a la prisión, aunque eran solo de ladrillo medio cocido. Seguramente con un poco de valor y de organización, los prisioneros hubiesen podido escapar.
>
> Una vez dentro, sin embargo, Mohamed Selim vio que eso era imposible. Alrededor de tres de los lados de la prisión se extendía un edificio bajo, sin ventanas y con una única puerta con verjas. En cada esquina había unas gradas de hierro que le recordaban las descripciones de Víctor Hugo de los días de Luis XI, que él había leído. Pero esas jaulas, en vez de guardar a un único desgraciado, estaban totalmente llenas de hombres casi desnudos; unas criaturas que prácticamente habían perdido todo aspecto humano.

---

343 Ver: *Qui savait quoi? L'extermination des Juifs 1941-1945*, La Découverte, París, 1987.

344 Sobre la empatía y la ternura victorianas, ver Peter Gay: *The Tender Passion*, Oxford University Press, 1986, y *Education of Senses*, Oxford University Press, 1984.

345 Ver: *The Story of Bethlehem Hospital from its Foundations in 1247*, Fisher Unwin, Londres, 1914.

Solo pensaban en una cosa, la comida, que únicamente les podría servir para prolongar sus sufrimientos. Estaban resignados, y el hedor que despedía esa zona era repulsivo. El Munshi se puso inmediatamente enfermo.

Había escuchado algunas cosas, pero no estaba preparado para esta experiencia. Miró a lo lejos, por encima de los tejados de la línea de edificios, y allí vio lo que le causó la mayor impresión. Se trataba de hombres sentados, casi desnudos, atados con cadenas a unos postes, descuidados, sucios y consumidos.

El hombre con el que hablaba no mostró ningún signo de sorpresa, ni se conmovió. Miró su reloj: «Falta un cuarto de hora para las doce, pero si no puedes esperar ataremos al prisionero ahora».

(Entran en un subterráneo)

Lo que llenó de horror el alma de Mohamed Selim y le hizo casi morir no fueron ni la profundidad, ni la oscuridad o la humedad de las paredes. Había cinco lanzas clavadas en el suelo de un pozo, de tal modo que cualquier cuerpo que cayese allí sería empalado por las mismas (*PWD*, p. 160).

Emir de Hierro: Abdurrahman Kahn.

Varios soldados, que estaban sentados en el patio de la prisión, se levantaron y se acercaron a las jaulas, trepando por ellas con la agilidad propia de los gatos, mientras otros permanecían en frente del poste al que Abdullah estaba atado, pero en un suelo más bajo.

En un instante cogieron un gran palo, pasaron las cadenas que le ataban sus pies y sus manos a la cintura, y lo colgaron de él como si fuese un ciervo muerto, bajándolo de la azotea al patio de abajo, en el que los otros soldados lo esperaban con unas cuerdas, para atarlo. No fue hasta que estuvo convenientemente atado, cuando otro hombre se puso delante y le puso el cinturón de hierro.

Mientras tanto, el capitán le pidió que lo acompañase hasta un pozo que estaba en el centro del patio, del que Mohamed Selim pensó que sería para dar agua a los prisioneros. El capitán miró hacia abajo y le dijo que hiciese lo mismo.

El Munshi obedeció instintivamente, y luego retrocedió casi cayéndose. Sus labios estaban pálidos y su cara parecía gris. Es asombroso comprobar como un hindú puede ocultar su tradición milenaria de indiferencia en momentos de enfermedad y terror; pero, aunque eso es así, el espectáculo que fue obligado a contemplar Mohamed Selim podía poner a prueba la compostura, el coraje y el estoicismo del hombre con más entereza. Esa entereza que él creía tener.

El pozo era profundo y oscuro, pero no tanto como para no poder ver para un ojo acostumbrado a pasar de la luz del sol a la oscuridad de los muros cubiertos por el polvo. Por eso se podía distinguir cada objeto. El fondo era muy húmedo, y en las ocasiones en las que lloviese se podía imaginar cuál podría ser el destino de los prisioneros. Lo que el capitán sabía que podría ser el destino de sus propios hombres.

En el último minuto, retiraron la venda que cubría los ojos del prisionero, y el desgraciado pasó a darse cuenta de cuál iba a ser su destino. Lanzó un grito desesperado. ¡Soy inocente, soy inocente! Estaba tan atado que no podía moverse.

El cañón de Sherpur marcó la hora del mediodía, y a la señal del capitán a cargo de la prisión, los soldados le dieron la vuelta al prisionero. Se oyó otro grito que perforaba el aire, y luego otro más, un aullido que era amortiguado por la profundidad del pozo. Pero Mohamed Selim ya había huido. Sus hombres lo habían dejado, enfermo y descompuesto sobre su caballo, mientras huía hacia Kabul (*PWD*, pp. 161-162).

Esta descripción de la cárcel es similar a lo que luego serán otras cárceles y campos de concentración de otros regímenes totalitarios y estado policiales del futuro. Y solo la Dra. Hamilton quiso dar testimonio de todo el sistema de administración del terror, en un manuscrito imposible de publicar, ni como ficción, y mucho menos como libro de historia.

En un ejercicio de autocensura en *La hija del visir*, el primer ministro hindú, Mir Munshi, dice lo siguiente acerca de esta cárcel:

> Aquí tienes otra cuestión a la que he dedicado mucho tiempo y muchos esfuerzos. Se trata de la mejor y más rentable manera de tratar a los prisioneros. Los hay por miles, que no han cometido ningún crimen en concreto, pero se ha informado que sí, así que están en prisión pendientes de juicio, hasta que se olvidan de ellos. No tienen dinero, pobres desgraciados, con que sobornar a los carceleros, para que los pongan delante cuando pase la policía, y ahí están sentados año tras año, comiendo la comida del gobierno y aprendiendo a ser más vagos todavía de lo que son por naturaleza. Es como si no hubiese escrito nada. Esos pobres desgraciados están ahí tirados, cada vez más degenerados, y las carreteras y pantanos sin hacerse. ¿Qué puedo hacer yo? (*VD*, pp. 289-290).

Naturalmente este es el relato cuya publicación autorizó Mir Munshi.

Habíamos dicho al comienzo que todos los conocimientos tienen sus propios límites y que la historia únicamente podía ser la reconstrucción fragmentaria de un pasado desaparecido, del propio presente. También indicábamos que, a pesar de ello, los historiadores creen poder conocer la totalidad, aunque lo único que pueden hacer en ese sentido es contar un relato. Y, al hacerlo, van introduciendo sus propias valoraciones políticas y morales. Si se da el caso de que uno de sus libros se convierte en la versión oficial de la historia, entonces su relato será compartido, por ser el dominante.

Veamos, pues, lo que dice el general de Brigada, sir Percy Sykes, galardonado con la medalla de oro de las Royal

Geographical and Royal Empire Societies en su historia de Afganistán publicada en 1940[346], y considerada por mucho tiempo obra de referencia.

Reconoce, en primer lugar, que la autobiografía de Abdur Rahman Khan, que ya hemos citado y que fue editada, cuando no escrita, por su primer ministro, Mir Munshi, un personaje que aparece como protagonista en los dos libros de la Dra. Hamilton, y al que trató en persona, es una fuente fundamental y fiable.

En ella se narran todos sus grandes logros: conquista de Herat, de Kandahar, conquista y genocidio del pueblo hazara, conquista brutal del Kafiristán. Logros que permitieron crear el Estado afgano, basado en el poder militar y el terror policial, con el apoyo y asentimiento de Inglaterra.

Seleccionaremos dos párrafos de innegable valor, que merecen ser citados al completo:

Agradecimiento para Abdur Rahman

> Estudiando la cuestión cincuenta años después de estos dramáticos acontecimientos (la segunda Guerra afgana), lo que me choca es que, si Abdur Rahman hubiese recibido más ayuda financiera y hubiese tenido más tiempo para dotar y organizar su ejército, no tendría que haberse retirado de Kandahar. Lo que era evidente si se tiene en cuenta que Ayub tenía una considerable influencia y era un poderoso guerrero. Si Ayub Khan hubiese derrotado a su rival en Kandahar, Afganistán hubiese vuelto al estado de anarquía.
>
> En esto reside la grandeza de nuestra deuda para con Abdur Rahman. Gracias a sus servicios, Afganistán fue unificado como un reino, bajo un soberano duro y eficaz. Y si bien es cierto que no siempre ha sido lo suficiente amistoso con los británicos, por lo menos no cometió la locura de aliarse con los rusos. Estos hechos fueron así reconocidos y por el Virrey de la India, pasando Abdur Rahman a ser conocido como Emir de Afganistán y de sus dependencias (T. II, p. 157).

---

346   Ver: *A History of Afghanistan,* I y II, MacMillan, Londres, 1940.

En el mismo sentido se había pronunciado en el año 1900 el coronel Sr. Robert Warburton:

«Pero lo que parece más maravilloso de todo es la gran protección de la vida y la propiedad de que disfruta cada individuo que vive bajo la protección de Zia-ul-Millat Dina His Highness Emir Abdur Rahman Kahan, Wali de Afganistán»[347].

Pero el elogio va mucho más allá, cuando el general Sykes compara las hazañas de Abdur Rahman con un hito de la historia de Inglaterra:

Al leer la vida de Guillermo el Conquistador, contra el que se rebeló su propio hijo, y a cuyo medio hermano Odo se vio obligado a encarcelar, podemos imaginar las dificultades a las que se tuvo que enfrentar. Citando la *Crónica de Peterborough* de 1087: «Era un hombre muy fuerte y gozaba de un gran respeto de sus hombres. Fue muy duro y muy cruel, pero nunca por su propia voluntad… Si un hombre deseaba vivir y seguir poseyendo sus tierras, dependía siempre de la voluntad del rey».

Se ha considerado a Guillermo como cruel, tanto por la política que llevó a cabo como por su carácter. Al leer las vidas de estos dos grandes guerreros, los dos personalidades dominantes y dotados de genialidad, vemos que ambos crearon un reino e intentaron establecer la ley y el orden mediante medios que en el siglo XX nos pueden parecer crueles. Me pregunto si este paralelo entre Guillermo el Conquistador y el Emir Abdur Rahman Khan de Afganistán no los justifica a ambos por sus frutos. Él nos dio treinta y nueve años de un Afganistán unido, que, si bien es cierto que no fue siempre amistoso con Gran Bretaña, sí que nos proporcionó una gran ayuda para la Gran Guerra (T. II, p. 200)[348].

---

347 *Eighteen Years in the Khyber, 1879-1898*, Londres, 1900, Sang-e-Meel Publications, Lahore, 2007, p. 133.

348 En otras historias más recientes, y de obligada cita, de Afganistán, la figura de Abdur Rahman sigue siendo valorada positivamente. Y en ningún caso nadie ha hablado nunca de su estado del terror policial.
   Ver Vartan Gregorian: *The Emergence of Modern Afghanistan. Politics of Reform and Modernization. 1889-1946*, Stanford University Press, 1969. Y Thomas Barfield: *Afghanistan. A cultural and Political History*, Princeton University Press, 2010.

Esa ayuda también tuvo lugar muchos años antes de la Gran Guerra, durante la guerra Hazara, en la que varios soldados del regimiento de Fusileros del Khyber fueron condecorados por su valor en la batalla de la Montaña Negra. En concreto, los siguientes: Mir Akbar Khan; Muhammad Ghali; Akhtar Shah; Mir Abbas y Aja Din[349].

Para comprender la importancia capital de las buenas relaciones entre el Imperio británico y el Emir de Hierro, debemos tener en cuenta la importancia de la ruta caravanera que, desde la India, llegaba a Kabul y de allí y a través de Herat, facilitaba el comercio terrestre entre Persia y la India.

El 16 de febrero de 1882 el coronel Rober Wartburton recibió la misión de garantizar la seguridad de un punto clave en esa ruta, como lo es el paso de Khyber. La seguridad del paso se garantizaba de este modo[350].

Las caravanas desde Kabul eran escoltadas por los *khadasars* del Emir desde Dakka a Landi Khana cada lunes y martes por la mañana, y allí se reunían con una unidad de nuestros fusileros de Khyber por la tarde, haciendo allí dos noches. Las fronteras del Emir terminaban en Tor-Khan a unas doscientas yardas de Landi Khana, en el camino de Dakka, pero como allí no había agua, había que llegar a Tor-Khan, donde se podían encontrar 200.000 galones disponibles cada veinticuatro horas, traídas de Landi Khana. Las tropas del Emir transferían allí las caravanas, antes de volver a Dakka.

Los convoyes con destino a Kabul dejaban Peshawar cada lunes y martes, reuniéndose en Jamrud a la puesta del sol, y allí pagaban sus tasas y hacían noche. Cada martes y viernes la caravana que se había reunido en Landi Kotal volvía con su escolta a Ali Masjid y esperaba hasta que llegase la caravana de Jamrud con su propia escolta para poder hacer así el relevo. La escolta de Landi Kotal se hacía cargo de la caravana de Jamrud, y viceversa. Pernoctaban allí las noches del miércoles y el jueves, y en la

---

349 Ver Col. S. Robert Warburton: *op. cit.*, pp. 160-162. No obstante, reconoce, al igual que Percy Sykes, que prefiere no hablar, en concreto, ni de esa guerra, ni de la conquista del Kafiristán.
350 Ver Col. S. Robert Warburton: *ibid.*, pp. 93-94.

mañana del viernes y el sábado llegaban a Landi Khan y volvían a quedar bajo la custodia de las tropas del Emir, que las escoltaban hasta Dakka.

De la misma forma la caravana de Kabul era escoltada hasta Jamrud los miércoles y jueves y llegaba a la ciudad de Peshawar el viernes o el sábado. Este plan fue el mejor que se pudo haber organizado, y el más seguro. Pero había una cosa que me parecía muy discutible. Y es que desde que las tropas fueron retiradas del Khyber en 1881, no se permitió a ningún europeo ir más allá de Jamrud en dirección del paso.

Puede verse en este caso como se produjo una estrecha colaboración entre el ejército colonial inglés y el de Abdur Rahman Khan. No solo se trató de instruir a sus tropas y proporcionarles armas, sino también de construirle fábricas para que con su producción pudiese ser a la vez autónomo y colaborador. En realidad, la colaboración fue mucho más profunda, ya que se hicieron operaciones conjuntas, coordinando unidades, como puede verse en este sistema de relevos en el paso del Khyber.

Podemos ver de un modo muy preciso como fueron las relaciones entre el ejército británico de la India y Abdur Rahman en una escena narrada al detalle por el coronel Warburton en la que describe dos recepciones con honores militares: la del duque y la duquesa de Connaught, que tuvo lugar en 1884, y la del propio Abdur Rahman[351].

En la mañana del 30 de septiembre llegaron los duques, que fueron recibidos en la estación ferroviaria por el general en jefe del Distrito de Peshawar y el comandante de la División, así como por los funcionarios jefes de cada departamento. Al llegar a Jamrud los reciben el coronel y su esposa, que los escoltan en camino hacia el Khyber.

«En el camino ocurrió un incidente. Dos mujeres aparecieron de repente y se abalanzaron hacia el caballo del Duque, cogiendo las riendas. Eran la madre y la hermana de un hombre condenado a pena de prisión por un robo en un domicilio. Lo

---

351   Ver: *op. cit.*, pp. 113-127. Para aligerar las citas, en este caso, citaré el libro en el texto como *EYK*.

que pretendían era que su Alteza perdonase a su pariente. Por supuesto, fueron inmediatamente apartadas, pero se les dijo que ya se vería su petición en Peshawar» (*EYK*, p. 114). Como así será cuando se dirijan allí al emir.

Sus altezas, sin embargo, no cruzaron el paso del Khyber, y se quedaron en Fort Jamrud, donde recibieron la noticia de la llegada de Abdur Rahman, que quiere entrevistarse con el virrey y gobernador general de la India. Al coronel Warburton se le asigna la misión de conseguirle agua, comida, madera para las hogueras y forraje para los animales; teniendo que transportar el agua desde Landi Khana.

La recepción está lista con el regimiento al completo de los Fusileros del Khyber y el Regimiento de la Caballería Bengalí al mando del coronel Chapman. Pero el emir se hace esperar, a propósito: «Los Emires de Afganistán no son esclavos del tiempo, como pudimos comprobar a nuestras costas, pero una semana de estancia en Landi Kotal me ayudó a cumplir mis deberes de aprovisionamiento» (*EYK*, p.117). Unas provisiones sobre las que comenta que: «Grandes masas se reunieron para ver los desfiles, pero no hubo ningún momento de robar nuestro campamento» (*EYK*, p. 117). Lo que indica el contraste entre la pobreza general y la opulencia inglesa y afgana.

El 26 de marzo llega Farrash-Bashi, preguntando por el lugar asignado al campamento del emir. Se le recibe con honores militares y se le conduce a la zona atribuida al emir, gobernador del «Reino protegido por Dios».

Las tropas forman para la recepción, pero se les hace esperar dos horas, hasta que llega el cortejo de innumerables *pesh-Khidmats* a pie; les siguen a caballo: Dabir-ul-Mulk, Ghulam Nabbi, el jefe del ejército, Sipar Salar Ghulam Hyder Jahn, Charki, el agente inglés en Kabul, y Sardar Afzal Khan. La caballería inglesa se acerca para darle escolta, pero el emir la rechaza y prefiera la suya propia.

El emir hace un cambio de montura a un caballo más alto, pero lo hace sin tocar el suelo con una maniobra en la que le ayudan varios criados. Mientras tanto: «Uno del cortejo afgano, un joven de unos veinte años, intenta demostrar sus habilidades como jinete en una estrecha hondonada. Se cae y deja

heridos a tres caballos de la Caballería Bengalí» (*EYK*, p. 118).
Simultáneamente: «Un irritado comandante de infantería usa-
ba repetidamente el látigo, para hacer que sus soldados mar-
casen el paso con todas sus fuerzas en su desfile hasta Landi-
Khotal» (*EYK*, p. 118).

En el cortejo sigue al emir el tambor mayor, que marca el
paso, y la caballería durrani, seguida por la artillería de montaña, tirada por la caballería uzbeka. Y detrás los funcionarios
del emir, al que esperan unos 2000 civiles armados.

Ali Sher Ali Kha.

Luego transcurrió una escena que no pude comprender. El Emir miró a su alrededor, y un jinete del séquito desmontó. El Emir le dijo en persa, por lo que pude entender: «Cumple con tu deber». El asistente dio la misma orden a media docena de jinetes, y cuando el cortejo del Emir se acercaba a un grupo de hombres armados, uno de los asistentes descabalgaba delante de ellos y esperaba a que pasase el Emir. En todo el camino hasta el paso, esta escena volvió a repetirse en el viaje de vuelta también. No importaba si los Afrides armados estaban en el llano o encaramados en una roca a veinte pies de altura (*EYK*, p. 118).

Al llegar, el emir desmonta y se sienta en la tienda real, junto a cuatro o cinco de sus subordinados, que se sitúan al lado del comisionado inglés. Se le sirve té a la moda rusa —en vasos de vidrio—. Y por fin se manda a comer a la Caballería Bengalí, que llevaba esperando formada desde las cuatro de la madrugada.

El comisionado inglés le pregunta al emir si había visto las palomas soltadas desde Tor-Khan. El emir le contesta que no, pero le dice que cada día unas 400 palomas hacen la ruta Herat Kabul. Le pregunta qué distancia es esa. Pero: «Su Alteza explicó la geografía de Afganistán del modo que tan bien ilustra el proverbio afgano "el silencio es oro", sobre todo en presencia de los emires» (*EYK*, p. 119). Lo que fue otra nueva muestra de desprecio.

Todo el cortejo del emir lo componían 1622 hombres, 1734 caballos y numerosos camellos, a los que se tuvo que mantener durante los seis días que duró la visita.

El 28 de marzo comenzó la marcha hacia Landi Kotal, tras un plantón de una hora y media por parte del emir. Llegan a la fortaleza de Fort Jamrud al día siguiente, siendo recibidos por el general Gordon, en representación del Foreing Office, con las preceptivas salvas de ordenanza.

El coronel Warburton señala, acerca del modo de comportarse del emir, lo siguiente:

«Tuve que ir dos o tres veces ante su Alteza para cumplir alguna orden, y el Emir siempre me recibió con amabilidad, pero me hablaba como si yo acabase de llegar desde el Khyber, a pesar de que le insistía una y otra vez en que siempre había estado en el campamento de Rawal Pindi» (*EYK*, pp. 121-122). Volviendo así el emir a mostrar otra vez una especie de fingido desprecio que dejaba clara su superioridad frente a los ingleses.

Al llegar a la fortaleza de Rawal Pindi fue recibido por el general de la división, que le enseña el polvorín, el arsenal y los nuevos modelos de cañones. El emir va preguntando cuál es el precio de cada arma, a la vez que va diciendo sentencias que dejen bien clara su sabiduría. Concluyendo de este modo: «Es una fortaleza muy buena; debe haber costado muchísimo, pero era necesaria» (*EYK*, p. 122). Comentario digno de un nuevo rico en un país colonizado.

El siguiente punto de la visita fue la ciudad de Peshawar, en la que transcurrió la siguiente anécdota, presenciada por el coronel Warburton. Ante el emir hay un cadáver y un mulá está arrodillado ante él, haciendo un gesto de súplica son sus manos.

«El hermano del mulá había estado muy enfermo, y para no pagar el peaje del paso del Khyber se había unido al cortejo del Emir, para ir gratis a Shagai. Luego el enfermo murió, y el mulá urdió el plan de que fue enterrado a costa del Emir. Su estratagema tuvo éxito» (*EYK*, p. 123). Esta anécdota refleja la picaresca que era propia, no solo del entorno del emir, sino de Afganistán en general. Pero junto a ella tenemos otra que enlaza con otra anterior: la de las mujeres suplicantes ante los duques de Connaught.

Siguiendo la tradición musulmana que consideraba al emir como juez supremo, acudieron a implorar perdón la madre y la hermana del ladrón. Pero el emir no mostró el menor signo de benevolencia, sino que le dijo: «Debes de haber educado muy mal a tu hijo, como madre que deberías ser, para que se haya convertido en un ladrón. Esta fue la respuesta a las súplicas de la anciana, por parte de alguien que había limpiado a su país de ladrones con mano dura» (*EYK*, p. 123).

Esta era la opinión de este militar inglés que consideraba al Emir de Hierro un mal necesario y un colaborar indispensable, y que tenía que soportar sus faltas de educación y muestras de desprecio, cuando le rendía honores por obligación.

Como buen victoriano, Warburton respetaba la autoridad política y tenía un sentido muy arraigado de lo que eran los ricos y los pobres, los gobernantes y los gobernados, los colonizadores y los colonizados. Tenía una actitud comprensiva hacia los indígenas. De hecho, hablaba persa y pastún, porque necesitaba esas lenguas para dar sus órdenes e informarse. Pero, al contrario de lo que ocurrió con la doctora Hamilton, esa comprensión tenía unos límites que él mismo señalaba, cuando decía:

> Mezclarse con los salvajes no civilizados de las colinas no significa que tengas que vivir con ellos, o compartir su casa y comer su comida del mismo plato. Todo lo que un inglés necesita es acampar a su lado junto con su todo su equipo de criados; siempre y cuando pueda hacerlo con seguridad. Si dispone de algunas habitaciones para residir, mucho mejor. Entonces, por las mañanas, antes de que comience con sus obligaciones, o por las tardes, cuando hayan rematado, entonces puede salir afuera a pasear y permitir a algún que otro salvaje que se siente a su lado y entablar con él una conversación…
>
> Cuando se consigue entablar una relación de confianza, estos hombres pueden contarnos sus costumbres, sus amistades y enemistades, y todo lo que pasa en sus vidas. Informaciones que pueden ser muy interesantes para otros ingleses que vengan en el futuro[352].

Pero incluso cuando se entablen esas relaciones de confianza en lugares concretos, Warburton recomienda no hablar con cualquiera, sino con los terratenientes de cada aldea, o con quienes tienen autoridad política y controlan la *yirga*. Es decir, la asamblea de los hombres, que es a la vez la asamblea de los guerreros, reclutas posibles de su propio ejército o enemigos a combatir.

El saber de Warburton y de muchos otros oficiales ingleses es característico de lo que se llama antropología colonial. Un saber que, unido a la geografía, la historia y la lingüística, sentó

---

352 Ver R. Warburton: *op. cit.*, p. 272.

las bases de la colaboración entre colonizadores y colonizados en el Imperio británico.

Frutos de esa misma colaboración lo fueron la participación del regimiento del coronel Warburton en la guerra hazara, siempre llamada rebelión, y no guerra, por parte de los afganos e ingleses. Y por supuesto, la participación de las unidades de «patanes» o pastunes en las guerras coloniales, junto a los regimientos sijs, y gurkas, que lucharían en las dos guerras mundiales con el resto de las tropas del Imperio británico. Y otra consecuencia de esta coordinación sería la corresponsabilidad, mediante el consentimiento por parte de los británicos, de las prácticas de terror instauradas por el Emir de Hierro, que fueron descritas por Lillias Hamilton.

Militares como el coronel Robert Warburton, el general Sykes, y muchos otros, fueron a la vez soldados y eruditos. Estudiaron persa, pastún y las lenguas de la India de un modo sistemático.

No es un hecho raro que un militar inglés poseyese grandes conocimientos históricos y geográficos de la historia de la India o de Afganistán, porque el imperialismo británico generó muchos tipos de conocimientos. De hecho, una fuente de valor extraordinario para el conocimiento del país y sus pueblos son las investigaciones de la expedición militar dirigida por Mountstuart Elphinstone en la época de la primera guerra afgana[353]. Pero esos conocimientos de los militares y administradores coloniales se enmarcan en la trama de unos relatos históricos que pretender ser la encarnación única y total de la realidad histórica, y que sirven como medio de expresión de valores morales y políticos y como justificación del dominio político afgano y colonial, a la vez.

Lillias Hamilton quiso contar lo que nadie quiso contar, tanto en el caso de *El poder que camina en la oscuridad* como en el del genocidio hazara, al que dedicó su novela, sí publicada tras autocensurarse, *La hija del visir.* Veamos qué condiciones hicieron

---

353 *An Account of the Kingdon of Caubul and its Dependencies in Persia, Tartaria and India*, Londres, 1838.

posibles sus conocimientos, y cómo pudo ser capaz de pensarlos, representarlos y darles forma literaria.

Llega a Kabul con una formación médica, lo que le permite observar los hechos objetivamente, sistematizarlos, darles un sentido, como se hace al establecer un diagnóstico, y establecer un balance global o un pronóstico.

Tiene un conocimiento directo de la corte del emir, en menor medida de la Agencia Británica, pues llegó allí como médica del emir sin permiso oficial. Y tiene un conocimiento directo del país, porque habla persa a un nivel suficiente para hacerse entender, y porque a través de su hospital y el contacto con los *hakims* conoce los sufrimientos reales de la población.

Se ve inmersa en las intrigas del palacio y del harén, pero también en las de los ingleses de la Agencia y los que trabajan para el emir, entre los cuales cabe destacar el papel de los hindúes sijs, como el primer ministro, cuya figura es retratada de modo muy negativo en el manuscrito, pero que es sublimada y pasada por los filtros de la censura en la novela.

De hecho, dice en su prólogo: «Al ofrecerle este manuscrito, que no hubiese podido publicar sin su permiso, su único comentario fue: "Creo que así fueron las cosas"» (*VD*, p. XIII). Reconoce que en 1900 Mir Munshi: «Vive rodeado por el lujo de los mejores intelectos del mundo» (*ibid.*), o lo que es lo mismo, que es intocable como el emir, del que dice de su edulcorado retrato, si lo comparamos con el que aparece en el manuscrito: «He intentado retratarlo de modo fidedigno; pero la vida de una persona es demasiado larga para que se pueda dar de ella una imagen que sea exacta» (*VD*, p. XII). La pregunta sería, ¿si no se pude dar una imagen exacta, cómo esa imagen puede ser fidedigna?

En los dos textos reconoce que: «Los protagonistas están tomados de personas reales... He escrito acerca de lo que he visto y oído y sobre personas que conocí de una manera lo más íntima posible, salvando las abismales diferencias en las formas de pensar y las maneras de comportarse. Gul Begum me ha enseñado mucho, Hakim bastante, pero de lo que más he aprendido es de todo lo que he visto con mis propios ojos».

Los protagonistas ficticios de la novela publicada se basaron en personas reales. De Gul Begum, la heroína con la que se identifica, dice: «Algunos pueden decir que Gul Begum no puede ser una persona real, y que un país y unas circunstancias como las de Afganistán no hubiesen permitido la existencia de una mujer de ese temple. Pero no es verdad. Aquí y allí, es verdad que, muy pocas veces, una se encontraba en Afganistán con una persona que destacaba por encima de todas las demás, con una naturaleza que estaría incluso muy por encima de la media del mundo civilizado» (*VD*, p. XIV).

Y lo mismo aplica a Ghulam Husein, el padre de la protagonista, que coincide con Muhammad Husein, que encabezó la guerra hazara de 1891, que remató con el genocidio de ese pueblo, con las marchas de la muerte hasta Kabul, en las que mujeres y niños murieron por el hambre y el calor, y en la venta de la casi totalidad de la población como esclavos. Es curioso que Lillias Hamilton llame «guerra hazara» a esa guerra seguida de un genocidio planificado, y no rebelión o revuelta, como la hace Abdur Rahman en su autobiografía, o el general Sykes[354], que hace lo mismo con la brutal conquista del Kafiristán, una región conocida casi exclusivamente por las informaciones que proporcionan los tomos de Mountstuart Elphinstone, y en la que la conquista fue seguida de la conversión forzosa de toda la población al islam, en el cambio de nombre del país, que pasó a llamarse Nuristán, o sea, «Tierra de la luz»[355].

Lillias Hamilton tiene cientos de papeles con datos y anotaciones. ¿Cómo podía presentarlos? Podría haber recurrido a la antropología de su época para intentar entenderlos[356], pero eso no le hubiese servido de mucho.

Estamos en la edad de oro de la antropología unida al conocimiento de la colonización del mundo. En los EE. UU., L. H.

---

354 *Op. cit.*, II, pp. 192-193.
355 Sobre la cultura y religión kafires puede verse mi trabajo: «El sacrificio sangriento de la religión kafir de Afganistán. Estudio histórico y antropológico», en prensa.
356 Una síntesis de la misma puede verse en Ian Stocking: *Victorian Anthropology*, Free Press, Londres, 1987.

Morgan había analizado los sistemas de parentesco del mundo y el paso del salvajismo a la barbarie y la civilización, comparando la *Liga de los iroqueses* con la historia de Grecia y Roma. H. S. Maine, en Inglaterra, había estudiado el nacimiento del derecho y el paso del estatus al contrato. E. B. Tylor había analizado las culturas primitivas, su organización y el origen de la religión. Y J. G. Frazer, el gigante de la antropología victoriana, había sintetizado, en los enormes tomos de su *Golden Bough,* las instituciones, ritos, creencias y religiones primitivas para entender cómo se había pasado de la magia a la religión y de ella a la ciencia.

Hubo muchos más autores y teorías. Pero a la Dra. Hamilton no le servían de nada porque en Afganistán había habido importantes imperios, como los de Ghazni y Ghor. Había ciudades, grandes mezquitas, obras de arte como los budas de Bamiyan. Restos impresionantes de las ciudades griegas de la Bactriana. Y sobre todo una cultura escrita y una religión, el islam, en sus formas sunita y chiíta. O, lo que es lo mismo, Afganistán no pertenece a la antropología, que se centra en el estudio de los llamados pueblos primitivos, sobre todo de África, Australia y Oceanía, América, Asia Central, o en pueblos como los esquimales, Afganistán pertenece a la historia.

Pero ¿cómo podría ella contar lo que ve, que es lo que hacen a la vez el historiador y el médico? Pues la palabra griega historia y el verbo *historein* significan simplemente describir lo que se ve con los propios ojos. Lo que los propios griegos llamaron autopsia. Por eso el historiador era ante todo un testigo de su propio tiempo que debía cumplir tres condiciones: tener acceso a lo que describe, querer decir la verdad y no adular a los poderosos.

La doctora Hamilton no quería adular a los poderosos, pero no podía contar lo que había visto. Es curioso que la misma editorial que publicó su novela, publicó la autobiografía de Abdur Rahman y el libro de Mir Munshi: *The Constitution and the Laws of Afganistan.* La censura hubiese sido fulminante. Ella lo sabe y lo reconoce, y por eso deja claro que tampoco hubiese podido publicar su autobiografía, porque chocaría con muchas personas y sus intereses. No era una historiadora académica, ni una administradora colonial, militar o civil. Solo era una médica, o sea, una mujer que es médico.

Y además de médica, es una militante feminista y una activista social, ya que crea, como hemos visto, su hogar de refugio para mujeres sin casa. Lillias Hamilton vivió parte de su vida fuera de Inglaterra, en Afganistán y Transvaal, y es curioso que, como otros muchos victorianos, gustase a veces de vivir fuera de su país. En los países de un Mediterráneo idealizado, como esa Italia, «donde florece el limonero» de J. W. Goethe, o la idealizada Grecia, pasión de los victorianos, no solo por su luz, sino por su libertad, su carnalidad y por su ausencia del pecado[357]. Quizás por eso se retiró a vivir en Niza, donde murió en el Queen Victoria Memorial Hospital el 6 de enero de 1925, y donde yace enterrada bajo el sol de la Provenza en el cementerio inglés.

Deberemos concluir formulándonos la pregunta de la que habíamos partido. ¿Cuál puede ser la relación entre Lillias Hamilton y sus dos novelas?

En su condición de médica sabía que el médico ha de ser objetivo en sus descripciones, análisis y diagnósticos. Y por eso, aunque esté movido por la compasión y la empatía, de las que dio muestras toda su vida, debe mantener la distancia entre el observador y lo observado, entre el sujeto y el objeto, sin la cual no son posibles las ciencias.

Podría haber dado forma a sus datos como crónicas médicas, no solo de unas patologías físicas, que también conoce, como se puede ver en la descripción del pobre torturado que llega a la consulta de un «médico inglés». Pero también podría exponer las patologías sociales y familiares, como lo hace transponiéndolos en *La hija del visir*.

Eso era imposible por la censura y complicidad del Imperio inglés —y de ella misma— con Abdur Rahman. El único recurso que le queda es la forma literaria: la novela. Lo que hizo fue escribir dos relatos con una trama sencilla. En *PWD* se trata de

---

357 Sobre estas visiones victorianas de Grecia puede verse Richard Jenkins: *The Victorians and Ancient Greece*, Blackweel, Londres, 1980; y William Gaunt: *El olimpo victoriano*, FCE, México, 2004, Londres, 1952.

la traición de la que es víctima un oficial de policía, que, tras ser detenido y estar a punto de ser ejecutado o abandonado a la muerte, en el último capítulo del libro aparece vivo en la India, salvado de una manera inverosímil por el propio Abdur Rahman, que da solución a la trama como *deus ex machina*. Si comparamos lo que nos fue explicando de su sistema de terror policial con ese final, nuestra incredulidad es absoluta. Quizás hubiese pensado que así podría superar los obstáculos para la publicación, pero luego debió de darse cuenta de que eso no era posible.

Intercalados en los relatos están las descripciones de paisajes, objetos, ciudades y todo tipo de objetos de la cultura material, que convierten estos dos textos en documentos únicos para el estudio del Estado de terror policial afgano, que anuncia todos los que vendrán posteriormente, y del genocidio hazara del que nadie había escrito nada. Y el que ella consigue presentar transfigurado en una novela protagoniza por una niña. Una «niña salvaje» de los pueblos de las montañas que acaba asesinada a los veinte años por querer salvar al primer ministro, del que es esclava, del que está enamorada, y quien no siente interés por ella. Por ser una hazara, y porque en el fondo desprecia a las mujeres, por considerarlas solo seres subordinados a los hombres.

El argumento podría resumirse así. Ghulam Husein, visir de los hazaras, recibe en 1891 la oferta de integrar el Hazarayat en el reino afgano, si los hazaras pagan los tributos y permiten el acceso del ejército a sus inaccesibles montañas. Un ejército muy poderoso por estar dotado de las armas inglesas que se fabrican ya en Kabul.

Fracasa el intento de acuerdo, en el que el padre de Gul Begum incluso intenta pactar un matrimonio político de su hija para salvar la alianza —por mediación de Mir Munshi—. Fracasado el acuerdo, se inicia la guerra y el padre de la niña encarga su protección a Mohamed Jan, pagándole el equivalente de una dote, por lo que pretenderá tener derecho a la hija del visir, siendo él de clase muy inferior. Así cree poder ascender socialmente. Ese personaje, mezquino, cruel, corrupto y traidor, sirve como encarnación de la complicidad de muchos hazara con el poder del emir. Una complicidad que también comparten muchas mujeres, de las que dice que a veces son más crueles con las mismas mujeres que los hombres.

A partir de ahí, Gul Begum inicia su descenso a los infiernos. Es maltratada por Mohamed Jan, rescatada vuelve a casa, pero comenzada la guerra, los hombres abandonan a las mujeres para ir a luchar a las montañas. Y así ella y su familia son capturadas como esclavas.

En la marcha de la muerte hacia Kabul, los dos hermanos pequeños de Gul Begum mueren en sus brazos. Pasa primero a ser esclava de Ferad Shah, el jefe del ejército y responsable de un genocidio en el que se entrenaron perros para matar a los niños más rápidamente, en la novela y en la realidad. Consigue llegar al palacio de Kabul, haciendo creer al militar que había un acuerdo para que fuese una de las muchas mujeres del emir.

Pero de quien pasa a ser esclava es de Mir Munshi, el primer ministro. Como es muy inteligente y está por encima de la media en su belleza, habilidades domésticas y conocimientos, sabe leer y escribir, se convierte en servidora indispensable del primer ministro viudo, que es retratado como un hombre muy fiel a su esposa, cuando en *PWD* es conocido por sus líos amorosos, su corrupción y sus intrigas.

El ministro es víctima de un complot con un documento falsificado, como ocurre con Abdullah en *PWD*, en la que se hace la siguiente reflexión sobre la escritura:

«Nadie sabe en Kabul que usos puede tener una carta. Por eso a él no le gustaba ni siquiera firmar las misivas de los regalos que enviaba al Emir de vez en cuando. Y es que, en un país de ladrones, como Afganistán, todas estas precauciones son necesarias» (*PWD*, p. 147).

No obstante, gracias a la intervención de Gul Begum, el primer ministro consigue salvarse. De todos modos, decide huir a la India, guiado por ella, porque no puede estar seguro de su vida. En esa fuga, en la que ella es guía indispensable, son alcanzados por Mohamed Jan, que desea matar a la chica, que ahora tiene veinte años. Consigue matarla, por un descuido del primer ministro al que salvó.

El final de la novela, en la que Gul Begum nunca llega a ser doblegada, y en la que deja claro que prefiere morir, o ser esclava, antes de casarse en contra de su voluntad, como la mayor parte de las mujeres afganas de entonces, y de ahora, es muy elocuente:

> El Primer Ministro se olvidó de su orgullo, se arrodilló y lloró sobre el cadáver de la chica a la que había aprendido a apreciar demasiado tarde.
>
> Un movimiento de su mano grande y amorosa, que tantas veces había aliviado su dolor, una mirada cariñosa que le dijo lo que él sabía, o podría haber sabido durante años, y ella se había ido para siempre, libre, ¡por fin era libre!¡Libre incluso del nuevo dolor que la había torturado en su última hora, y que había convertido su libertad en nada más que ajenjo y hiel!
>
> Se giró para ver si esta vez el asesino estaba muerto de verdad. Lo estaba, ahora no había ninguna duda. ¿Cómo no se aseguró antes? La última bala le había travesado el cuello.
>
> El Primer Ministro se levantó, subió a su caballo y salió a galope hacia la India (*VD*, pp. 410-411).

Lillias Hamilton se identifica, en cierto modo, con Gul Begum, si nos fijamos en el contraste entre la descripción de ella y de las niñas hazara en el capítulo primero de la novela:

> Había una muchedumbre de chicas, y todas ellas eran feas. No eran conscientes de ello, y quizás ninguna se considerase por debajo de la media en la escala de la belleza. No eran feas, siguiendo el patrón de su tribu, porque eran hazaras. Unas personitas anchas y bajitas, con rostros como lunas llenas y cabezas como robustas pelotas, llenas de chichones y nódulos, cubiertas de un cabello negro liso, lacio y basto que ocultaba solo a medias el curioso perfil del cráneo. Además, tenían unos ojos pequeños, hundidos, pómulos prominentes, narices chatas y tez cetrina. Sus pies y manos, como ellas mismas, eran anchas, cortas y fuertes, y al caminar lo hacían con un ademán lento y pesado (*VD*, p. 1).

Mientras que Gul Begum es descrita así:

> Su vestido era igual, el cabello era igual al suyo, su cabello era negro, su figura muy robusta, pero aquí se acababan los parecidos,

porque era alta, una cabeza más alta que todas las demás. Teñía
una piel tersa y una tez luminosa, grandes ojos vivarachos, una
nariz que destacaba en el centro de su rostro, y una cabeza muy
bien formada, que destacaba sobre el largo y estilizado cuello.
Sus manos y pies estaban muy bien moldeados y su andar era grá-
cil como el de un cervatillo, moviéndose con gracia y dignidad.
Era Gul Begum, el orgullo y la belleza de la tribu, la esperanza
y la alegría de su padre, y el objeto de todas las envidias de los
miembros menos favorecidos de su sexo. ¡Claro, como debe ser!
(*VD*, pp. 6-7).

Esa preciosa chica, inteligente, indomable, y que encarna todas las perfecciones de la condición femenina, pasa a estar per-
dida cuando cae enamorada. Lillias Hamilton hace la siguiente descripción de su proceso de enamoramiento: «Porque,
¡mirad!, un cordero había sido capturado en la espesura, listo
para ser sacrificado, y asintiendo en su sacrificio. Gul Begum
había encontrado a su amo y estaba dispuesta plenamente a ser
su esclava» (*VD*, p. 277).

Si la soledad de las mujeres, como Lillias Hamilton, era la
condición *sine qua non* de su libertad en la Inglaterra victoriana, cuando las feministas decían «a las mujeres el voto, a los
hombres castidad», podría suponerse que la indomable resistencia de Gul Begum al matrimonio, hasta que ella misma cae
en la trampa de enamorarse de un primer ministro que no
la aprecia, podría ser un reflejo del propio carácter indómito
de la doctora Hamilton, médica, militante feminista y mujer
comprometida con los débiles y los que sufrieron, tanto individual como colectivamente. Y lo hizo, tanto en su país como en
Afganistán, un lugar del que se decía que se sabía más de los
habitantes de la luna que de los que vivían en él.

Lillias Hamilton convivió con ellos e intentó comprenderlos,
superando las barreras del racismo, que hoy en 2024 sigue vivo,
tras el abandono por parte de Occidente de ese país a su suerte.
Da la impresión de que los afganos viven en la cara oculta de la
luna, la que nunca se puede ver. Ni se quiere ver cuando se les sigue aplicando el cliché de los pueblos más violentos del mundo.

Ninguna de las formas de violencia afganas, del pasado y
el presente, carece de paralelos en casi todo el mundo. Ni la

venganza de sangre, que tiene unas reglas discutibles, pero se hace a la luz del día, ni la tortura ni los suplicios y ejecuciones públicas. Ni siquiera el terrorismo de Estado, que por primera vez la Dra. Hamilton describió, viéndose tentada por la fascinación del mal, solo en cierto modo. Un terrorismo que, como otras formas de violencia, Occidente considera aceptable si ocurren en otros lugares, con otras gentes muy lejanas y diferentes a nosotros. Un terrorismo que Lillias Hamilton nos describió en 1900 en su Estado naciente, y que solo unos veinte años después en la URSS o Italia, o treinta en Alemania y parte del resto de Europa, pasará a ser el protagonista oculto de la historia, caminado en la oscuridad.

Capítulo 6
Por las sendas del progreso. El estado afgano según Mohammad Khan

El sultán Mohammad Khan fue un personaje clave en el proceso de creación del Estado afgano durante el emirato de Abdur Rahman Khan. Nacido en la India y formado en las universidades inglesas, él fue quien intentó idear un sistema político y administrativo, y un ejército que respondiesen a los criterios necesarios de creación del Estado. A saber, un gobierno basado en unos principios constitucionales, una administración racional gestionada por funcionarios, que debiesen atender a los principios de racionalidad, neutralidad y eficacia. Y, por último, y lo que es más importante, por el reconocimiento de los derechos de los ciudadanos en los ámbitos civil y mercantil, así como su derecho a ser juzgados de acuerdo con las leyes en vigor.

Mohammad Khan fue durante veintiún años el *secretary chief*, lo que podríamos llamar el primer ministro, o jefe del Gobierno, del Emir de Hierro, e intentó presentar y justificar el Estado creado por él mismo y por el emir en un libro publicado en Inglaterra[358]. Se trata de un personaje que se hizo famoso gracias a la novela de Lillias Hamilton, *A Vizier's Daughter*, publicada el mismo año y en la misma editorial que editó su libro. La autora lo presentó como un hombre de buena voluntad que intentó hacer una serie de reformas racionales y bien

---

358 *The Constitution and Laws of Afghanistan,* John Murray, Londres, 1900, en el que se presenta como miembro del Christ's College de la Universidad de Cambridge.

intencionadas, pero que no pudo conseguir del todo sus propósitos, y al que reconoce haber pedido autorización para la publicación de su novela.

En ella, Mir Munshi, como se le llama, es el primer ministro del emir y el propietario de la esclava Gul Begum, la joven protagonista de la obra, que muere intentando salvarlo y que recibió de ella un amor ni percibido ni correspondido. Si bien aparece como inocente de los abusos del régimen, como lo fue el genocidio hazara, en otra novela anterior que no pudo publicar por razones de censura política, tanto afgana como inglesa, *The Power that Walks in Darkness*, su papel como artífice del régimen de terror creado por el Emir de Hierro queda mucho más claro, y lo sería aún más tras la muerte del emir.

En efecto, como ha señalado Namatullah Kadrie[359] a través de una serie de conferencias y artículos, Lillias Hamilton nos ofreció una visión muchísimo más cruda del Emir de Hierro, al que quería dedicar un libro en veinte capítulos, pero de los que solo puedo escribir tres.

Ese emir real, que contrastará radicalmente con el que ofreció Muhammad Khan, aparece como un hombre supersticioso, infantil en su conducta, grosero, zafio y violento, que creó un reino basado en el terror, tal y como lo había descrito la doctora Hamilton en la novela que no pudo publicar.

Reconoce que ejecutó a 100.000 personas, aunque según lord Curzon hubiesen sido más, unas 120.000, pero a ellas habría que añadir los miles de personas que murieron por enfermedad, inanición o a causa de la tortura en sus cárceles secretas, como la prisión de Kabul descrita en su novela autocensurada.

Y lo que es más curioso, ese emir musulmán, que gobernó según la ley islámica, la *sharia*, y predicó la yihad, aparece como un ignorante en materia religiosa, hasta tal punto que no se sabe las oraciones básicas. No cumpliendo naturalmente los preceptos obligatorios para todo musulmán, tal y como lo

---

359 «Pen and Tongue» untied. Lillias Hamilton's uncensored view of «Abdal Rahman Khan», Afghanistan, 3, 1, 2020, pp. 1-26.

hace ese musulmán modélico que es su primer ministro, Mir Munshi, en *A Vizier's Daughter.*

El libro de Mohammad Khan posee un enorme interés, porque nos sistematiza y describe la estructura del Estado y del derecho afganos, pero también porque intenta presentarlos como racionales, modernos y en todo punto equiparables a las instituciones inglesas y escocesas.

De hecho, llega a comparar a Abdur Rahman nada más y nada menos que con la reina Victoria, emperatriz de la India, porque ambos son dos magníficos soberanos, que comparten además la función de ser cabezas de la Iglesia, anglicana y musulmana, aunque no ejercieran funciones religiosas efectivas, reservadas al clero anglicano y a los mulás afganos.

También los dos serían jueces supremos, en última instancia, ya que en Inglaterra se juzga en nombre de la reina, siguiendo una tradición que deriva de la Edad Media, y en Afganistán el emir puede ser el juez supremo y la última instancia judicial[360]. La capacidad de comparación histórica y de adulación de Mohammad Khan llega a lo insólito, pues no solo reconoce que el Emir de Hierro ha sido equiparado a Napoleón o Pedro el Grande, e incluso a Alejandro Magno, sino que él prefiere considerarlo como el Justiniano afgano por su supuesta capacidad de codificación del derecho[361]. Algo insólito para una persona que no sabía leer hasta el día en el que se le apareció en sueños un ángel que le otorgó el don de la lectura y la escritura, como el mismo emir narra en su autobiografía, parcial, o totalmente, escrita por el propio Mir Munshi Shah Mohammad Khan[362]. Un sistema insólito de aprendizaje que además no es nada original, pues fue el que le concedió los mismos doncs, con su ángel interpuesto, al propio profeta Mahoma.

Mohammad Khan presenta al sistema estatal y legal afgano, intentando justificarlo con la ayuda de los teóricos del

---

360   *The Constitution and Laws of Afghanistan,* pp. 71-99. A partir de ahora se citará el libro como *CLA.*
361   *CLA,* pp. 117-157.
362   *The Life of Abdur Rahman Khan,* 2 vols., John Murray, Londres, 1900.

derecho y los sociólogos de su época, utilizando sobre todo a Henry Summer Maine[363] y a Auguste Comte[364], un autor muy importante en Inglaterra por haber sido dado a conocer por John Stuart Mil y Herbert Spencer, al que, sin embargo, no conoce, como tampoco a Lewis Henry Morgan, que había publicado en 1871 su *Ancient Society*, un libro que trataba el mismo tema que Maine: los orígenes del Estado y el derecho, pero que quizás por ser su autor un norteamericano no le llamó la atención.

Siguiendo el legado de la Ilustración, todos estos autores intentaron explicar cómo había nacido el Estado racional y cómo se habían consolidado los derechos de las personas como ciudadanos. Y, a la par, cómo habría nacido la ciencia y se habrían ido disipando las tinieblas de la superstición, la religión y la barbarie[365].

En el proyecto ilustrado se trata de describir y explicar cómo el hombre había ido abandonando su «minoría de edad culpable», tal y como la había denominado I. Kant, y cómo habría roto las cadenas que le impedían ser libre políticamente, ser libre en su actividad económica y en el desarrollo de las técnicas, y ser capaz de lograr la libertad en los campos de la filosofía y las ciencias.

El proyecto ilustrado era un proyecto emancipador, en el que se aspiraba al reconocimiento generalizado de los derechos de todos y cada uno de los ciudadanos por el poder político, básicamente por el monarca, consagrando así lo que se llamaba la «Constitución republicana», que Mohammad Khan quiere mostrarnos como una realidad en Afganistán, a pesar de todo. Y sobre todo a pesar de su apelación a la soberanía absoluta de la ley islámica sobre todas las demás leyes.

---

363 *Ancient Law*, Oxford University Press, 1861. Del que curiosamente no utiliza otro de sus libros igual de importante: *Lectures of the Early History of Institutions*, John Murray, Londres, 1880, publicado por su mismo editor.

364 *Course de Philosophie Positive, Leçons 46 á 60. Physique Sociale*, París, 1939-1842 (reed. Hermann, París, 1975).

365 Como síntesis puede utilizarse el libro de Peter Gay: *The Enlightenment. An Interpretation. I. The Rise of Modern Paganism; II. The Science of Freedom*, Alfred Knopf, Nueva York, 1966 y 1969.

Soldados en el paso del Khyber.

En un principio, el mensaje emancipador de la Ilustración podía hacerse compatible con la religión, puesto que, como ya había señalado Carl L. Becker[366], el reino de la paz, el derecho, la felicidad y la prosperidad sobre la tierra que prometían la idea de progreso, y más tarde las utopías socialistas y comunistas, no sería más que una transposición de la Ciudad de Dios desde el cielo a la tierra.

Mohammad Khan conocía perfectamente la idea de progreso, difundida en la Inglaterra de su época[367] y que se entendía como el motor principal del devenir histórico por parte de historiadores como John Bury[368] y de muchos filósofos[369]. Pero prefirió circunscribirse al campo del derecho, por ser mucho más neutro.

---

366 *The Heavenly City of the Eighteenth-Century Philosophers,* Yale University Press, New Haven, 1932.
367 Ver, por ejemplo, F. S. Marvin: *Progress and History. Essays Arranged and Edited,* Oxford University Press, 1916.
368 *La idea de progreso,* Alianza Editorial, Madrid, 1971.
369 Puede verse una síntesis en Robert Nisbet: *Historia de la idea de progreso,* Gedisa, Barcelona, 1996 (Nueva York, 1980); y en Pierre-André Taguieff: *Le sens du progrès. Une approche historique et philosophique,* Flammarion, París, 2004.

Oficial del ejército.

H. S. Maine entendió la historia de la humanidad como el paso del estatus al contrato. Es decir, de unas sociedades rígidas en las que las personas son esencialmente desiguales por razones religiosas y por toda una serie de ideas, valores y tradiciones transmitidas desde tiempo inmemorial, a otras en las que cada persona es un sujeto de derecho capaz de contratar por sí mismo en los ámbitos del derecho civil, mercantil y de poder prever cómo han de ser los procedimientos también en el ámbito del derecho penal, gracias a un sistema de delitos y penas codificados de modo nítido.

El primer sistema jurídico que consagraría estos derechos sería el derecho romano, al que Mohammad Kahn aspira a imitar en Afganistán, y razón por la cual llamó al Emir de Hierro Justiniano. La teoría de Maine le podía ser muy útil, pero no tanto la de Auguste Comte, al que cita en menor medida.

Para A. Comte, la historia de la humanidad, no de la nación o los pueblos y las religiones, es universal y unidireccional. Y se articula en tres etapas, regidas por tres mentalidades, o «espíritus». El primero es el religioso, que se corresponde con las sociedades tribales y fragmentarias. En él no existe el pensamiento racional y en muy poca medida la técnica, ni la filosofía o las ciencias. Las personas viven inmersas en unas redes sociales rígidas y son incapaces de criticar las costumbres, ritos, creencias y supersticiones en las que se asientan. Esas serían las sociedades tribales afganas que el emir quiere reformar.

A ella le sucede el espíritu metafísico, que se corresponde con el desarrollo de las ciudades y los reinos de la Edad Media y la Edad Moderna. El pensamiento es más libre, pero es teológico, verbal y abstracto. El gobierno es prerrogativa de los nobles y los reyes y las autoridades eclesiásticas. Este sería el mundo del islam y de los reinos e imperios anteriores a la reforma de Abdur Rahman Khan; así como el sistema de la India, de la que es originario el Shah Mohammad Khan.

Y, por último, llegaría el espíritu positivo, en el que lo que domina es el pensamiento racional, la ciencia y la técnica. Es el mundo del Estado racional moderno, que él quiere crear, basado en la administración sistemática y eficaz, y en el que se reconocen los derechos privados de todos y cada uno, tal y como él dice que ya ocurre en Afganistán, aunque la evidencia que él mismo nos proporciona dirá lo contrario.

Si el sistema de Comte no le resulta plenamente satisfactorio, tampoco le serviría el de L. H. Morgan, quien, comparando la *Liga de los iroqueses*, muy similar a las *yirgas* afganas, con la historia antigua de Grecia y Roma, describió cómo la historia de la humanidad consistió en tres fases: salvajismo, barbarie y civilización.

Cada una de ellas se correspondía, a su vez, con un tipo de economía: caza y recolección, pastoreo y ganadería e industria. Y en cada una la familia iría evolucionando desde la promiscuidad primigenia a la familia en grupos, la poligamia y la monogamia. Siendo la familia monógama, propia del derecho romano, la única compatible con la civilización plena. Esta razón hizo que el sistema de Morgan no sirviese como modelo para Afganistán.

La historia para Morgan sería el paso del salvajismo a la barbarie y de esta a la civilización. Y, lo que es lo mismo, de la tribu al Estado. De la pertenencia al grupo basada en los vínculos familiares, grupo tribal o grupo religioso, a la pertenencia a un grupo basada en el criterio territorial. Serían así ciudadanos quienes nacen en el territorio de una ciudad o un Estado, cuya ley rige para todos por igual en ese mismo territorio. Mohammad Khan estaría de acuerdo con ese sistema, pero solo parcialmente, porque tiene que admitir el predominio de la ley islámica, junto a la moderna, tomada de Occidente, y a las supervivencias de las leyes tribales.

Partiendo de estos autores fue como Mohammad Khan intentó presentar a Inglaterra un Afganistán hecho a su medida. Pero, como veremos, solo pudo hacerlo a medias porque la realidad lo contradice constantemente, ya sea por el poder de la fuerza, la violencia y el terror, o por el dominio generalizado de la corrupción.

La primera parte del libro estaría dedicada al derecho constitucional, o mejor dicho político, porque Afganistán no tenía constitución, ni siquiera algo similar a la *Magna Carta*, de importancia fundamental en la historia de la ley inglesa, pero también, a su vez, un mito jurídico cultivado por los ingleses durante siglos[370].

La cúspide del sistema político es la *Corona*[371], que está lastrada por un problema que puede llegar a ser muy grave. Y es que la poligamia estaba aceptada por la ley religiosa, y era practicada por los ricos y las clases elevadas. Debido a ella se generaban rivalidades entre las mujeres del *zenana,* o del harén real, que hacían, como ocurrió en todas las épocas y en casi todos los países en los que esa institución existía, que la sucesión del poder real fuese muy inestable. De hecho, este era un tópico en la visión occidental de las sociedades asiáticas, por el que se asociaba la poligamia al poder despótico de los monarcas[372].

La poligamia favorecía las conspiraciones, los asesinos y los destronamientos, pues cada esposa prefería que su hijo fuese el emir. De hecho, señala Mohammad Khan, que «aunque no hay una norma, en realidad es el más fuerte el que tiene más posibilidades frente a los demás pretendientes al trono»[373]. Ese mundo de los harenes fue descrito por Lillias Hamilton en sus dos novelas; y anteriormente por Mrs. Meer Hassan Ali[374].

La sucesión se regiría por tres criterios: la primogenitura, la elección por el pueblo o la designación de un sucesor por el propio monarca. Para ilustrar esos criterios escoge el autor numerosos ejemplos, tomados curiosamente de la historia bíblica, por el prestigio del que disfruta en Inglaterra, de otros países islámicos y de los conflictos de sucesión en la historia de la monarquía inglesa.

---

370 Ver sir John Baker: *The Reinvention of Magna Carta, 1216-1616,* Cambridge University Press, 2017.
371 *CLA,* pp. 11-34.
372 Como ha señalado Alain Grosrichard: *La estructura del harén. La ficción del despotismo asiático en el Occidente clásico,* Petrel, Barcelona, 1981 (París, 1979).
373 *CLA,* p. 13.
374 *Observations on the Mussulmauns of India descriptive of their Manners, Customs, Habits and Religious Opinions,* I, Porbury, Allemand Co., Londres, 1832, pp. 260-395, partiendo de un conocimiento directo de los mismos.

Desde 1891, y a imitación de Inglaterra, se ordenó jurar fidelidad al emir, poniendo la mano sobre el Corán, como sustituto de la Biblia. Y esa fidelidad iba a ser fundamental porque «en la práctica no hay límites a los poderes de los soberanos en los países orientales. Su palabra es ley, y disponen del poder de la vida y la muerte»[375]. Lo que sería totalmente imposible en el mundo inglés de esa época y de tiempos muy anteriores.

A pesar de eso, según Mohammad Khan, Abdurrahman «está tratando de introducir en sus dominios todas las modernas reformas de los países occidentales más civilizados, al compás de los progresos que su pueblo va logrando»[376].

Uniforme del soldado de infantería.

375   *CLA*, p. 28.
376   *CLA*, p. 24.

Los poderes del monarca serían los siguientes:

1) Acuñar moneda.
2) Declarar la guerra.
3) Firmar tratados.
4) Repartir territorios entre comunidades e individuos.
5) Nombrar todo tipo de cargos.
6) Cobrar impuestos y poner sanciones pecuniarias y multas.
7) Dictar toda clase de leyes.
8) Administrar la justicia en última instancia y nombrar jueces.
9) Hacer las llamadas al reclutamiento de tropas.
10) Ser la cabeza visible de la religión.

Todos los poderes de los ministros y de cualquier funcionario pueden serle retirados por el emir, porque se ejercen en delegación suya. Y es curioso que diga que ningún ministro puede ordenar la tortura o quedarse ilegalmente con el dinero de los demás: «Sin órdenes del Emir»[377]. Lo que deja muy claro el carácter endeble de este «Estado de derecho», pues al autor la tortura y la extorsión le parecen aceptables, dentro de un orden. De todos modos, el balance sería muy positivo, ya que: «Abdur Rahman ha conseguido grandes logros. Ha sido fiel a sus amigos y ha aplastado a sus enemigos. Ha gobernado sobre los afganos por espacio de veinte años, y sería muy bueno para sus súbditos que su reino se prolongase»[378].

La brutalidad del emir es reconocida cuando dice Mohammad Khan que «si el Emir gobierna con mano de hierro es porque tiene que gobernar a un pueblo de hierro»[379]. La violencia del emir, omnipresente en *The Power that Walks in Darkness* de Lillias Hamilton, es incluso alabada con cinismo por nuestro pretendido jurista afgano, cuando concluye su libro diciendo: «Me gustaría decir que hay alguna gente que dice que el Emir

---

377 *CLA*, p. 34.
378 *Ibid.*
379 *CLA*, p. 71.

es un salvaje, y que sus leyes son bárbaras. Mi respuesta es que quienes viven en casas de cristal no deberían ser los primeros en tirar las piedras»[380].

Esa misma brutalidad fue asumida como algo natural y necesario por parte de Fayz Muhammad Katib Hazara's[381], que es el gran historiador afgano. Estuvo al servicio del Emir de Hierro y de sus dos sucesores, y en su gigantesca crónica recopila los hechos políticos y militares de la historia afgana a partir del siglo XVIII, siguiendo fuentes orales, pero también basándose en documentos escritos.

En sus relatos de la guerra hazara narra episodios como los siguientes. El coronel Farhad Khan, presente en una de las novelas de Lillias Hamilton, toma 350 prisioneros del pueblo de Tinghay Bugha, y de allí los envía a Ghazni: «Todos fueron ejecutados, y sus esposas e hijos fueron vendidos como esclavos por el precio de 120 rupias, por orden de su Majestad; y el precio cobrado por ellos y por todos los demás cautivos vendidos después se utilizó para pagar los gastos del gobierno. Esto fue una advertencia para que nadie volviese a rebelarse de nuevo»[382]. Y también se destruyeron todas las fortalezas de los hazaras rebeldes, siéndoles confiscadas sus armas.

En ese mismo capítulo recoge un *farman*, u orden del emir, que dice lo siguiente:

No debe haber límites en matar, saquear y tomar prisioneros de los hazaras, y nadie debe dejarse engañar por sus astucias. Se les quitarán todas sus armas y se destruirán sus fortalezas.

No debe quedar ni una persona viva de todos aquellos que se han rebelado y alzado sus manos contra el gobierno. Aunque sea difícil hacerlo; deberán saber que su Majestad avanzará con sus banderas al viento en esa dirección, causando la ruina de todos los bienes de los malhechores, y hará que no quede nadie en ese país.

---

380 *CLA*, p. 155.
381 *Siraj al-tawarikh. The History of Aghanistan,* en seis volúmenes, traducción y notas de R. D. McChesney, Brill, Leyden, 2013, un texto que supera las tres mil páginas.
382 Fayz Muhammad Katib: *op. cit.,* vol. 3, p. 812.

Por este *farman* los sabios de todo el mundo han de saber lo que le pasará a cualquier malhechor. Todo lo que tenga se deshará en el viento, y con ello todas las viudas y los huérfanos de cada casa. Pues quien se opone al Sultán no es más que una despreciable basura a la que le ha de ser cortada la cabeza[383].

Y, en efecto, el ritual de la decapitación pública de los hazaras se llevó a cabo numerosas veces, como en el caso de la batalla del puente del río Hirmand, que había sido tomado por los dos lados por los hazaras.

El brigadier Amir Muhammad Khan: «Inició las hostilidades y un determinado número de los hombres situados a ambos lados del puente cayeron al suelo de su destrucción [esta es una de sus metáforas usuales]. Al final los hazaras se retiraron y el Brigadier Amir Muhammad Khan avanzó al pie de su intrepidez y coraje y cortó las cabezas de 400 hazaras caídos, enviándolas a Bamyan. Allí ordenó levantar una torre con ellas, como advertencia para el futuro. Tras la victoria del 8 de Ziqa'dah [24 mayo], el ejército se retiró y acampó en la fortaleza de Mirza Najaf»[384].

El Imperio británico era perfectamente consciente de la brutalidad del emir. No en vano le concedió la mismísima reina Victoria, emperatriz de la India, el título de Esteemed Great Brave Leader First-Class Star of India, con fecha de 11 de abril de 1895, con una mención, cuyo texto completo recopila Fayz Muhammad Khan[385].

Una alusión muy clara a la complicidad británica con la brutalidad del emir sería esa cita de los que viven en una casa de cristal. Mohammad Khan sabe perfectamente que los ingleses creen que hay cosas que no son buenas para los ingleses, ni para los occidentales, pero que pueden ser consentidas, e incluso ser necesarias, aplicadas a los afganos. Y este es el caso de la tortura y el terror. Conoció estos métodos en su estancia en Afganistán, pero también por la experiencia y el recuerdo de los modos de actuación del Imperio británico en la India.

---

383   Fayz Muhammad Katib: *op. cit.*, vol. 3, pp. 830-831.
384   Ver Fayz Muhammad Katib: *op. cit.*, vol. 3, p. 1000.
385   *Ibid.*, pp. LIX-LX.

El ejército del Hindostán.

Desde el punto de vista del colonialismo inglés, el terror puede a veces ser necesario para gobernar a quienes ellos denomi-
naban salvajes. Podemos verlo de un modo nítido en el caso
de los diarios de lady Jane Sale, esposa del general de brigada
Sale, que narró el desastre de Kabul de 1841-1842 en sus diarios publicados en Inglaterra[386].

Su texto es una crónica día a día de la guerra anglo-afgana,
escrita en un estilo claramente militar. Justifica la veracidad de
sus narraciones, diciendo: «Instalé mi puesto de observación,
como solía hacerlo, en el techo de mi casa, donde tenía una
buena panorámica del campo de batalla; y en donde estaba al
abrigo de los continuos disparos del enemigo, porque me pro-
tegían las chimeneas»[387].

386 *A Journal of the Disasters in Afghanistan.1841-2*, John Murray, Londres, 1843.
387 Ver lady Sale: *op. cit.*, pp. 123-124.

La visión de lady Sale de los afganos es ambigua. Por una parte, reconoce su valor, cuando dice:

He escuchado muchas veces llamarles cobardes a los afganos. Sin embargo, son muy varoniles y supongo entonces que esto se debe a la idea británica de que entre los pueblos civilizados el asesinato es una cobardía.

Los afganos no tienen el menor escrúpulo en utilizar cuchillos para ese propósito, luego son unos cobardes. Pero no hay nada de cobardía en atacar, como hacen ellos, cañones sin ayuda de artillería y en escalar y capturar fuertes que nadie podría reconquistar.

Los afganos de la capital son un poco más civilizados, pero los nobles rurales y sus séquitos —así me los imagino yo— son gentes muy semejantes a los que pudo encontrarse Alejandro Magno[388].

Estos valientes guerreros son, sin embargo, extraordinariamente crueles, como se puede ver en los siguientes ejemplos de mutilaciones de cadáveres: «La cabeza y una mano del pobre Oliver estaban separados del cuerpo, cuando lo encontraron: la última debió ser cortada para sacarle el anillo de diamante que llevaba siempre. Las cabezas de todos los europeos también estaban cortadas, y no hay duda de que eran exhibidas como trofeos»[389]. Y: «Todos los informes concordaban en que los cuerpos de ambos, el Agente y Trevor, estaban colgados en la plaza pública. El Agente había sido decapitado y no era más que un tronco, porque sus miembros se habían paseado por toda la ciudad»[390].

Combinando todo ello con el tópico del canibalismo, en la siguiente anécdota: «A poca distancia vimos una cueva y enfrente de ella algunos cadáveres y muchos huesos descarnados. Por la sangre que había a la entrada podía deducirse que sus habitantes se habían devorado unos a otros. Vi a tres pobres miserables doblados de rodillas y apoyados en las manos. Lo que

---

388   *Ibid.*, pp. 77-78.
389   *Ibid.*, p. 135.
390   *Ibid.*, p. 198.

suscitaron fue una piedad mezclada con horror, ante las evidencias de canibalismo. Estas desgraciadas criaturas nos pidieron la ayuda que pudiésemos darles, y solo espero que sus sufrimientos fuesen pronto aliviados por la muerte»[391].

Pero la crueldad de los afganos merece una respuesta equivalente por parte de ella misma y de los ingleses en general. Narra que, en una ocasión: «Mi carpeta de dibujos cayó en su poder, para su gran alegría. Dejé algunos desperdicios y algunas botellitas, que ya no me eran útiles. Espero que los afganos creyesen que eran medicinas y les hayan sido útiles. Una de ellas contenía ácido nítrico y la otra una disolución muy concentrada de cáustico lunar»[392].

El terror y la crueldad, sin embargo, son más que una anécdota, como se puede ver en su texto, cuando relata que habían sido asesinados un europeo y varios nativos en el campamento de Jalalabad.

El asesino se había refugiado en una aldea próxima. El oficial Tait la rodeó y pidió órdenes al general Pollock, el cual, tras consultar al capitán McGregor, le ordenó que exigiese la entrega del culpable, y, si no lo entregaban, que amenazase con quemar la aldea y matar a todos sus habitantes. Señala lady Sale: «No se había acabado el plazo dado, cuando llegaron noticias. Aunque una acción de este tipo puede ser muy cruel, probablemente sea el mejor método de infundir terror entre estos salvajes, y quizás de prevenir el derramamiento de sangre»[393].

Mohammad Khan tiene una postura ambigua en relación con la violencia y sus usos, por parte de Abdur Rahman, pero eso mismo hicieron los británicos y los occidentales en general, en la India y en el resto de su imperio. En el caso de la India, ya en el

---

391 *Ibid.*, p. 331.
392 *Ibid.*, p. 314.
393 *Ibid.*, p. 348. Podemos ver miles de episodios como este, en los que se quemaron aldeas con sus habitantes dentro en la campaña alemana de Rusia durante la II Guerra Mundial. Sobre todo, en el caso de las aldeas judías. Fueron exhaustivamente documentados, por orden de Stalin, por parte de Ilya Ehrenbourg y Vasili Grossman: *Le Libre Noir. Textes et témoinages*, Solin, París, 1995. Este libro de 1131 páginas fue impreso en ruso en 1947, pero el mismo Stalin decidió destruir la edición para que no fuese políticamente rentable para los judíos.

siglo XVI, los portugueses dieron muestras de salvajismo y crueldad, muestras que los historiadores occidentales, portugueses o
no, consideraban como algo imprescindible si se aplicaban a los
hindúes, y a veces a los propios europeos, tal y como ha señalado M. N. Pearson[394] en el caso de Afonso de Albuquerque, quien
en 1510, al tomar la ciudad de Goa, gracias al uso de la artillería,
causó la muerte de 6000 musulmanes: hombres, mujeres y niños.
Pero también en 1512 castigó a 19 de sus soldados por deserción
del modo siguiente, según narra en su crónica: «Ordené cortar-
les las narices, las orejas, las manos derechas y los dedos de las
izquierdas, para que sirviese de advertencia y quedase recuerdo
del mal que habían hecho»[395].

La crónica de los numerosos abusos físicos y del expolio de
la India por parte de la Compañía de las Indias Orientales es
muy abultada, como ha narrado William Dalrymple[396], nuestro
autor era perfectamente consciente de ello, y por eso advierte
a los «que viven en casas de cristal», que no deben ser los primeros en tirar las piedras. No solo por ese tipo de hechos, sino
también porque justificaron de igual modo el gobierno autoritario y violento de Abdur Rahman, mirando para otro lado
cuando fuese necesario. Tal y como hizo el coronel sir Robert
Warburton, que lo describe en tonos muy crudos, como zafio,
poco educado e ignorante, pero que, sin embargo, reconoce
que «lo que parece más maravilloso es la gran protección de
la vida y la propiedad de que disfruta cada individuo que vive
bajo la protección de Zia-ul-Millat an Dina. H. H. Emir Abdur
Rahman Kahn, Wali de Afganistán»[397].

---

394 Ver: *The New Cambridge History of India. The Portuguese India*, Cambridge
University Press, p. 71.
395 Cita de la crónica de Afonso de Albuquerque tomada de M. N. Pearson;
op. cit., p. 71. En esa misma señala que no está del todo de acuerdo con la
justificación de estos hechos por parte de los historiadores portugueses.
Cree que los portugueses, que eran cristianos y europeos, debieron
haberse comportado mejor que los «pueblos del océano Índico» —por
ser superiores a ellos—, pero reconoce que no lo hicieron.
396 *La anarquía. La Compañía de las Indias Orientales y el expolio de la India*,
Desperta Ferro, Madrid, 2021 (Londres, 2019).
397 *Eighteen Years in the Khyber.1879-1898*, Londres (reedición Sang-e-Meel
Publications. Lahora, 2007), p. 133.

Continuemos, pues, con la descripción del sistema constitucional afgano y de su Estado de derecho.

El emir gobierna mediante un sistema en el que emite personalmente diferentes tipos de órdenes. Las primeras son las emanadas de él directamente, o de su Corte de Justicia. En segundo lugar, tenemos las escritas, que llevan el sello real como garantía de autenticidad, y las órdenes impresas para ser difundidas. Y, como el emir, también pueden emitir órdenes los gobernadores de los distritos, los secretarios de Estado, los ministros y los diferentes tipos de funcionarios[398]. El hecho de que los documentos puedan unas veces ser firmados y sellados, mientras que en otras ocasiones solo puedan tener sello o firma, lo compara Mohammad Khan con el sistema que seguían los reyes de Inglaterra en la Edad Media, que siempre le servirán como referencia.

Pero, tras hablar del poder del emir, nuestro autor vuelve a recaer en la adulación, cuando habla de su poder hipnótico, cosa que curiosamente reconocía Lillias Hamilton en su novela no publicada. Nos ofrece escenas de audiencias reales con discursos de tres y cuatro horas de duración. Reconoce que el emir, que no sabe leer o lo hace de un modo rudimentario, es un genio. Es un extraordinario erudito que se sabe libros enteros de memoria e ilustra sus charlas con ejemplos de la historia de Europa, y con los que serían preceptivos de sabiduría teológica y coránica, de la que, como ya hemos visto, Lillias Hamilton deja claro que era un perfecto ignorante.

Inglaterra y Afganistán parecen llevar dos vidas, o cursos históricos paralelos. De tal modo que quizás Mohammad Khan podría haber titulado su libro, algo así, como de Cambridge a Kabul.

Como los reyes ingleses, Abdur Rahman tuvo que lograr un equilibrio de sistemas entre las costumbres tribales, que trata de erradicar, para seguir el esquema del paso del salvajismo a la civilización dibujado por Maine y Comte —según la versión de nuestro autor—. Las normas inglesas, que serían las

---

398 *CLA*, pp. 35-46.

racionales, permitirían crear el Estado y las costumbres hindúes. Sumando a todo ello el poder de la *sharia*.

Inmediatamente por debajo del emir estarían los *Sirdars*, o jefes tribales, a los que equipara con los «Pares del Reino» de Inglaterra. Les seguirían los *Khans*, o gobernadores locales y regionales; y por último los *Mullahs*, los líderes religiosos que en numerosas ocasiones lograron desequilibrar y destruir el poder político en Afganistán.

Pero la realidad es mucho más compleja porque el país está dividido en tribus, al igual que la *Liga de los iroqueses* de Morgan y las ciudades de Grecia y Roma. Esas tribus tienen divisiones, y cada una de ellas tiene un jefe propio. Y esas divisiones se fragmentan en subdivisiones, lo que complica mucho la labor de gobierno. Existen leyes tribales, como el código del honor pastún, *Pasthunwali,* que establece las normas de la hospitalidad y la venganza de sangre, y contra las que lucha el emir para frenar la violencia y para lograr, en los términos de Mohammad Kahn, el paso de la tribu al Estado y del estatus al contrato.

Afganistán sería algo muy semejante a Escocia, con su aislamiento, sus montañas, y su rey en equilibrio o conflicto con los nobles y con los clanes y sus venganzas privadas. Y, de la misma manera que Escocia, mejoraría al pasar a la corona británica bajo el poder absoluto de un monarca. Por eso la mejor forma de gobierno para Afganistán habría de ser la monarquía absoluta. Una monarquía que puede ser, o no, compatible con el desarrollo de la sociedad civil y la consolidación del derecho privado. En Inglaterra así fue, en Afganistán no.

Las leyes afganas emanan directamente de los dictados del emir, pero Mohammad Khan, siguiendo a Maine, apela a la historia de Roma y del derecho romano. Según él, esas leyes pueden ser *edicta,* o sea, normas creadas por los magistrados o el emperador; *mandata,* para casos más limitados; *decreta* y *rescripta,* o lo que es lo mismo, leyes y normas que se dictan como respuesta a una duda que surge de un caso concreto y crean derecho.

Mohammad Khan parece confundir el sentido y la evolución del derecho romano, que fue magistralmente analizado, entre otros, por Rudolf Ihering[399], con el derecho musulmán, que emana de la voluntad del califa o el emir, y que está regulado por la ley islámica, en la que él mismo cree. Obvia, por otra parte, que la tradición jurídica romano-canónica es diferente al sistema de la *common law* anglosajona, y que incluso ambas tradiciones se enfrentaron muchas veces en la historia de Europa, en la que además el derecho romano tuvo que hacerse compatible con el derecho canónico[400].

La justicia del califa, el faraón o el rey mesopotámico fue sustancialmente diferente a lo que será el derecho romano por varias razones. Primero porque emana de su voluntad exclusiva y no de una ley escrita. En segundo lugar, porque el derecho no está sujeto a fórmulas ni procedimientos claros. No se sabe quién puede aplicar e interpretar la ley. Y por último porque no existe la seguridad jurídica en un sistema en el que el emir tiene el poder de castigar con la pena de muerte, sin ley ni procedimiento establecido.

El emir dispone de un gabinete real, naturalmente de un modo similar a lo que ocurre en Inglaterra[401].

En su cúspide está el *Durbar-i-Am,* o consejo propiamente dicho. Pero junto a él tenemos el *Khilwat,* o pequeño consejo, para resolver los asuntos importantes que requieren de confidencialidad. De él forman parte los consejeros secretos, similares a los de otras cortes europeas, mientras que en el principal se sientan los ministros u oficiales.

Abdur Rahman suprimió el cargo de visir, pero no lo sustituyó por un primer ministro, como el que existe en Inglaterra, porque nadie puede nunca sustituir de modo pleno al emir. Los ministros no eran estrictamente corresponsables de las decisiones del Consejo. El emir los puede nombrar y sustituir según su criterio en distintas circunstancias, y naturalmente también cesarlos.

---

399 *El espíritu del derecho romano en las diversas fases de su desarrollo,* Comares, Granada, 2011.
400 Ver sobre estos temas el tratamiento sucinto de John Henry Merryman: *La tradición jurídica romano-canónica,* FCE, México, 1989 (Stanford, 1969); y Peter G. Stein: *El derecho romano en la historia de Europa. Historia de una cultura jurídica,* Siglo xxi, Madrid, 2001 (Frankfurt, 1996).
401 *CLA,* pp. 64-70.

Los cargos principales serían los siguientes:

– Portero Mayor.
– Secretario de Sello.
– Jefes militares, por armas y unidades: jefe del Ejército; jefe de la Caballería.
– Tesorero.
– Secretario de Guerra.
– Secretarios del: norte, sur, este y oeste.
– Cartero.
– Secretario privado.
– General jefe del Estado Mayor.
– General auditor.
– Superintendente de los almacenes.
– Secretario de comercio.
– Secretario de educación.

La corte real es itinerante y acompaña al emir en sus desplazamientos con un gigantesco séquito, lo que dificulta lógicamente su eficacia y va en detrimento de su funcionamiento racional.

En realidad, toda la corte está al albur del emir, que también es la cabeza y la clave del sistema de administración de justicia. Un sistema que poco tiene que ver con el del derecho privado ni penal romano, ni tampoco con el inglés.

Mohammad Khan compara al emir con la reina Victoria, reina de Inglaterra y emperatriz de la India[402]. Ambos son cabeza de la Iglesia, pero no líderes religiosos efectivos, porque en Inglaterra ese papel corresponde al arzobispo de Canterbury, a los obispos y al clero, y en Afganistán a los mulás e imanes. Los dos son jueces supremos, pero, mientras que en Inglaterra la justicia se administra en nombre de la reina, pero no la administra la reina, en Afganistán el emir es un juez efectivo, cuando le parece conveniente.

Los procedimientos legales serían los siguientes.

---

402 *CLA*, pp. 71-99, para la administración de justicia.

El primero es la *apelación al emir,* que puede hacerse desde diferentes cortes, cuando piden jurisprudencia para la resolución de un caso. O bien cuando se dé un conflicto de competencias entre distintos departamentos. Y en menor medida cuando un particular pide justicia al emir.

Existe toda una tradición oriental de apelación de los más humildes al rey, desde el Egipto faraónico con el cuento del campesino elocuente, que llega a la audiencia del faraón y lo convence[403] para que haga justicia, a las tradiciones mesopotámicas y bíblicas en las que el rey administra justicia ante la puerta del palacio. Muchas veces esas anécdotas son más literarias que reales y servían como ejemplos que pudiesen favorecer la confianza en el sistema legal. Sin embargo, de lo que no cabe duda es de que un rey que puede administrar discrecionalmente justicia es todo lo contrario de las garantías de un Estado de derecho.

Abdur Rahman estableció que cualquiera podía llegar al emir pidiéndolo por escrito y pagando una tasa de tres rupias y cuatro *annas,* lo que era disuasorio. En caso de que llegasen a él, cada una de las partes debería llevar sus testigos y exponer sus argumentos, como en el juicio de las dos mujeres ante el rey Salomón.

Pero las Cortes de justicia que funcionaban en realidad eran las Cortes de los Kazis, que se regían única y exclusivamente por la *sharia,* al igual que los *muftis.* Y esos puestos son de designación real.

También tenían capacidad de juzgar los gobernadores de las ciudades y diferentes Cortes especiales.

La primera sería el *Punchait,* o Corte de lo mercantil, en la que participaban los comerciantes, que fueron quienes en Oriente y Occidente crearon el *ius mercatorun,* o derecho mercantil[404]. Le sigue el Tribunal de las Tierras y de las Rentas. Y aparte tendríamos la Corte Penal del Sirdar. La forman el *Meer Shub, el Mohtesib y el Darogha,* junto con los representantes de los

---

403   Ver James B. Pritchard: *Ancient Near Eastern Texts Relating to the Old Testament,* Princeton University Press, Nueva Jersey, 1950, pp. 407-410.

404   Ver Carlos Petit: *Historia del derecho mercantil,* Marcial Pons, Madrid, 2016.

bazares. Pero debemos tener en cuenta también que cada funcionario puede ser un juez.

En los juicios penales se aplicaba la tortura, tal y como había ocurrido en la Roma antigua y en las justicias europeas de las edades Media y Moderna. Como indica el autor: «Los procedimientos judiciales en la oficina del *Kotwal* son los mismos que los de los otros funcionarios, pero algunas veces se recurre a una especie de coerción o de tortura, que se le aplica al criminal para hacerle confesar su crimen. Esta repugnante práctica pronto desaparecerá —por lo menos ese espero—. Ya casi había desaparecido, pero las leyes solo se pueden modificar poco a poco a la par que la gente se vaya haciendo más civilizada»[405].

La tortura que se aplicaba era la *fana,* que se hacía en los pies, y que está perfectamente descrita por Lillias Hamilton en *The Power that Walks in Darkness.* Naturalmente se aplicaba a discreción en un sistema penal en el que las penas de cárcel no tenían duración prevista. Si a ello unimos el hecho de que la corrupción era omnipresente y de que existía una policía secreta que sembraba el terror entre la población, veremos que la seguridad jurídica es más una ficción que un hecho[406].

Y es que, además, el emir tiene derecho a condenar a muerte a discreción; o lo que es lo mismo, sin delito que castigar en concreto y sin proceso ni procedimiento. La lógica de las penas que rige es la de la *sharia,* con la que nuestro autor está de acuerdo. Y basándose en ellas, se aplican penas como el corte de las manos para los ladrones o los latigazos en público para castigar diferentes tipos de delitos. Haciéndose las ejecuciones públicamente y dejando a los cadáveres expuestos a modo de lección.

Toda esta legislación fue sistematizada en códigos impresos; y esa es la razón por la que otorga al Emir de Hierro el título de Justiniano de Afganistán. Es cierto que la tortura y los castigos corporales y ejecuciones públicas se practicaron en Europa durante siglos, pero desde finales del siglo XVIII todo esto entró

---

405 *CLA*, pp. 98-99.
406 Sobre este sistema y la policía secreta ver: *CLA*, pp. 101-110.

en franco retroceso, al cambiar los conceptos básicos del derecho penal. Michel Foucault había dedicado a este tema un libro que ya es un clásico[407]. Y esas ideas penales estuvieron estrechamente asociadas a una nueva definición de la ciudadanía y de la persona; siendo todas ellas de carácter no religioso, al considerarse que la ley de un Estado no puede coincidir con la ley religiosa en el ámbito de los derechos político y penal.

El sistema afgano no puede por eso, a pesar de los esfuerzos de Mohammad Khan, equipararse al inglés de 1900. Pero es que además en él se introduce una novedad, como lo fue la generalización de las denuncias promovida por el Estado. Los padres debían denunciar ante las autoridades a sus hijos; las esposas a sus maridos, y viceversa. Y lo mismo los hermanos y todos los parientes en general. Por eso afirma que «se cree en Afganistán que no hay casa sin espía; pero esto es una exageración»[408]. En las dos novelas de Lillias Hamilton pueden verse descripciones del funcionamiento de este sistema de delación generalizada en vivo y sus trágicas consecuencias.

Si Afganistán no podía entrar en la modernidad desde el punto de vista jurídico, sí que pudo, por el contrario, hacerlo desde el punto de vista militar. Y eso fue así porque el Imperio británico ayudó a formar el ejército y le construyó al emir fábricas de fusiles, municiones y cañones para que pudiese disponer de unas fuerzas armadas que le permitiesen controlar el país y defenderlo de una posible intervención rusa, ya fuese desde el norte o desde Irán. La industrialización afgana fue casi exclusivamente militar, cosa que no parece comprender Zarena Aslami[409] en su análisis puramente literario del poder político.

---

407 *Surveiller et Punir. Naissance de la Prison,* Gallimard, París, 1974.
408 *CLA,* p. 135.
409 «Victorian Afghanistan, the Iron Emir, and the Power of Marginal Sovereignity», *Victorian Studies,* 2, 1, pp. 36-60, cuando afirma que el título de Emir de Hierro se debió a su afán industrializador, y no a que gobernase con mano de hierro a un pueblo de hierro, como afirma Mohammad Khan. Esta idea concuerda con el resto de su artículo en el que intenta definir la soberanía sin conocer el derecho, la historia ni las instituciones.

El ejército afgano era un ejército profesional, cuyo comandante en jefe directo era el mismo emir. Bajo su autoridad estaba el ministro de la Guerra y los generales en jefe de las tres armas: infantería, caballería y artillería.

El ejército se organizó según el sistema europeo de divisiones, brigadas y regimientos. Y el ejército regular estuvo completado con las tropas irregulares, estructuradas según el modelo inglés de unidades tribales: sijs, patanes, gurkas… En el año 1900 las fuerzas armadas constaban de 1600 soldados de artillería, 9750 de caballería y 30.980 de infantería. A los que se añadirían 7500 de caballería irregular y 9000 *khassadars*. En total sumaban 58.740 hombres y 182 cañones[410].

El poder del emir se delegaba territorialmente en los gobernadores de los distritos, pero dos de entre ellos tenían la categoría de virreyes: el de Herat y el Turkestán. Pero este poder estatal posee un flanco muy débil, y es el de sus ingresos, el de su sistema fiscal, que es muy pobre y depende de la ayuda inglesa.

Los ingresos derivan de la renta de la tierra de cada aldea, redistribuida entre campesinos, propietarios, autoridades religiosas y el propio Estado. Esa renta se calculaba mediante el sistema *sihkot* de un modo muy laxo y muy poco preciso, por lo que, aunque teóricamente debía dividirse en tres tercios, los abusos eran muy frecuentes. Tal y como lo eran también las irregularidades en la distribución de las aguas del regadío, que se hacía mediante tribunales de aguas a nivel local o regional.

Se introdujo el contrato escrito para la compraventa, y para cerrarlo era necesaria la presencia de testigos. Nuestro autor dice con gran satisfacción que en Afganistán todo el mundo tiene en sus manos algún tipo de documento legal, pero de poco podría servir en ocasiones cuando la arbitrariedad unida a la corrupción campaba a sus anchas.

Afganistán tenía una gran importancia económica como intermediario en el comercio entre la India y Europa a través de las grandes rutas caravaneras que unían la India con Kabul mediante enormes caravanas que debían cruzar los distintos

---

410   *CLA*, pp. 100-110.

pasos de montaña[411]. Esas caravanas enlazaban con la ruta Kabul-Herat y podían conectarse así con Persia. El papel que jugó Abdur Rahman para el Imperio británico fue el asegurar esas rutas caravaneras, indispensables para el comercio, porque completaban las rutas comerciales del océano Índico, fundamentales para el comercio de las especias[412], que pasarían a ser claves para el Imperio tras la apertura del canal de Suez. Pero que también eran esenciales para el comercio de productos agrícolas y ganaderos afganos hacia la India y de mercancías de la India hacia Afganistán.

El Imperio británico estaba en simbiosis con el Afganistán de Abdur Rahman, por eso lo apoyó, lo toleró y le condecoró con la First-Class Star of India. Formalmente lo reconocía como un Estado independiente[413] y le concedía protección militar.

Fruto de esa simbiosis fue la presencia de un agente británico en Kabul, que siempre debería ser un musulmán, normalmente hindú, y que era seleccionado por el emir de una lista de candidatos para un mandato de entre tres y cinco años. Y a ese agente correspondía otro, el agente del emir en la Corte del virrey de la India. De ese modo, ambos poderes se controlaban mutuamente. Pero había una diferencia, y es que el emir recibía ingresos anuales de la India y el Imperio británico, que eran fundamentales para el funcionamiento de la hacienda pública. Creándose ya, en este momento del nacimiento del Estado afgano, un problema estructural básico, su falta de financiación propia y su dependencia de los ingresos llegados

---

411 Ver K. N. Chauduri: *European Trade with India;* en The Cambrige Economic History of India, vol. 1. 1200-1750, Cambridge, 1982, pp. 382-406; y C. A. Bayly: *The New Cambridge History of India. Indian Society and the Making of the British Empire,* Cambridge, 1988.

412 Ver, en general, Edward A. Alpers: *The Indian Ocean in World History,* Oxford University Press, 2014; y Sugata Bose: *A Hundred Horizons. The Indian Ocean in the Age of Global Empire,* Harvard University Press, 2006; y las monografías de Sebastian R. Prange: *Moonson Islam. Trade and Faith on the Medieval Malabar Coast,* Cambridge University Press, 2018, y la de Elizabeth A. Lambourn: *Abraham's Luggage. A Social Life of Things in the Medieval Indian Ocean World,* Cambridge, 2018, que analiza la documentación de un comerciante judío, conservada en El Cairo, que permite comprender la lógica de este comercio.

413 *CLA,* pp. 111-116.

del exterior, que continuó en vigor hasta el año 2021. Unos ingresos caídos del cielo que facilitaban el nacimiento de la corrupción en su reparto.

En su libro, Mohammad Khan intenta dar una visión razonada de cómo Afganistán estaría llevando a cabo un proceso de modernización en el que sería esencial la construcción de un Estado racionalmente administrado por unas élites políticas o unos cuerpos de funcionarios, sin los cuales sería imposible su nacimiento[414]. Pero, como hindú que era, sabía que existía una profunda contradicción en el Imperio británico que haría imposible ese mismo proceso de modernización que él quiere presentar[415]. Una contradicción que ya había sido señalada por Adam Smith[416] en las páginas que dedica a las colonias, cuando señalaba que la administración de la India se basaba no el fomento del libre mercado, sino en el monopolio, y que su fin era el de comprar barato y vender caro, apoyándose en el uso de la fuerza y poniendo al poder político a su disposición.

La contaminación del poder del Estado por los poderes económicos era un tópico en el pensamiento, la literatura y los aforismos de los siglos XVIII y XIX europeos. Samuel Butler, por ejemplo, decía: «El mundo estará regido siempre por el propio interés. No es esto lo que hemos de tratar de cambiar, sino tratar de hacer que el interés de los bandidos coincida un poco con el de las personas decentes». Una reflexión que algún lector ingenuo podría pensar que sería más aplicable a Afganistán que a Inglaterra, aunque en realidad ocurriese lo contrario.

Lo mismo se pensaba en Francia, en la que Thiers, ministro e historiador, decía: «Yo prefiero ser gobernado por gentes honestas a las que se trata como ladrones, que por ladrones

---

414   La tipología de estos procesos fue minuciosamente analizada por S. N. Eisenstadt: *Los sistemas políticos de los imperios*, Revista de Occidente, Madrid, 1966 (Nueva York, 1963), ver sobre todo pp. 141-168.

415   Sobre la estructura general de los imperios británicos debe consultarse John Elliot: *Empires of the Atlantic World. Britain and Spain in America, 1492-1830*, Yale University Press, 2006.

416   *Investigación sobre la naturaleza y causas de la riqueza de las naciones*, FCE, México, 1958 (Edimburgo, 1776), pp. 495-570.

a quienes se trata como gentes honestas»[417]. O por Frédéric Bastiat, quien afirmaba que «el Estado es la gran ficción a través de la cual todo el mundo se esfuerza en vivir a expensas de todo el mundo»[418].

Veamos como esto fue así en el caso de la Compañía de las Indias Orientales y en el posterior Imperio británico de la India[419].

La Compañía de las Indias Orientales (CWI) era en realidad un Estado dentro de un Estado. Constaba de asentamientos soberanos, situados en la costa, en un principio. Tenía un gobierno propio, unos tribunales y jurisdicción propios, un sistema de gobierno municipal para cada asentamiento, un ejército propio, y realizaba su actividad comercial gracias al control de los monopolios.

Estaba gobernada en Londres por una Corte General, formada por los directores de la Corte, que disponían de un equipo, o *staff*, constituido por: secretario, contable, auditor, cajero y jefe de negociado. Se organizaba en varios subcomités: cuentas, compras, comercio privado, correspondencia, navegación, tesoro y bienes.

Paralelamente, había un presidente de Consejo de Asia con sus propios equipos y subcomités, del que dependía cada una de las factorías.

Su actividad comercial fue posible gracias a la creación de un ejército mercenario, que llegó a tener hasta 155.000 soldados, con una caballería de 1800 jinetes y unidades de artillería. Los oficiales eran ingleses, y esos mismos oficiales llevaron a cabo numerosos estudios: mapas, censos, inventarios de todo tipo de recursos, de un modo similar a lo que fue el famoso *Domesday Book*, con el propósito de cobrar impuesto y saber dónde explotar los recursos.

---

417   Tomado de Robert de Jouvenel: *Le Jounalisme en vingt lessons*, París, 1920.
418   Ver: «L'état», *Journal des Débats,* 25, IX, 1848, p. 39.
419   Seguiremos a C. A. Bayly: The New Cambridge History of India. *Indian Society and the Making of British Empire*, ya citado; y K. N. Chaudhuri: *The Trading World of Asia and the English East India Company*, Cambridge University Press, 1978.

El ejército de Bengala sirvió como ejército inglés de reserva, y de él nacerán las unidades que lucharán por Inglaterra en los siglos XIX y XX. Consiguió controlar a los ejércitos de los reyes y nobles, porque la Compañía siempre tenía dinero para pagar a sus mercenarios, mientras que los dirigentes hindúes solo podían hacerlo por unos pocos meses al año. Por eso se convirtió en un poder indispensable para los *nawabs*, o reyes locales, y para los nobles, *zamindars*.

Este ejército privado proporcionaba una seguridad que hacía aumentar los ingresos por el comercio, las tasas aduaneras y el cobro de las rentas. El comercio alimentaba al ejército y el ejército al comercio. Se podrían recitar aquí esos versos del *Fausto* de J. W. Goethe, (11187-11188), que dicen:

«Krieg, Handel und Piraterie
Dreiening sind sie, nicht zu trenen».

Es decir, que la guerra, el comercio y la piratería son tres en uno y no se pueden separar.

Los soldados indígenas no podían acceder a ser artilleros, y tenían poca capacidad de organización, al margen de sus oficiales. Como señala C. A. Bayly: «Sin los oficiales británicos, los *sepoys* eran incapaces de llegar a la carga final a la bayoneta, y por eso se retiraban. El combate degeneraba en escaramuzas y una defensa desesperada por parte de los *zamindars* y sus tropas propias de *sepoys* de cada una de sus aldeas»[420].

Los europeos, además de formar los cuerpos de oficiales, controlaban las fortalezas importantes y la artillería, y además en cada unidad había dos europeos por cada indígena. Gracias a ese poder militar mercenario, similar al del ejército de Abdur Rahman, la Compañía implantó un gobierno despótico. Pero es que también consiguió el control del capital, que prestaba a reyes, nobles y sacerdotes, que vivían fundamentalmente de las rentas de la tierra. Así, el dominio militar, unido al control del capital, consiguió establecer el dominio paulatino sobre la India. En el reclutamiento recurrieron a los grupos de las comunidades locales y a las hermandades campesinas con el fin

---

420   *Op. cit.*, p. 185.

de contrarrestar el peso de los aristócratas sijs, que eran descendientes de la caballería irregular del siglo XVIII, y ejercían el control militar anterior del país.

La Compañía comenzó a participar en los conflictos entre distintos cobradores de la renta de la tierra, y buscó el apoyo de los líderes locales y regionales para que pasasen a su servicio. Si algunos de ellos se oponían, intentaban sustituirlos por otros. En el mundo rural comenzaron poco a poco a adquirir tierras, y a construir mansiones de estilo neoclásico.

Las élites locales comenzaron a aspirar a tener una educación occidental. A ello contribuyó la prohibición en 1835 del persa como idioma de la administración. Fruto de esa educación británica sería nuestro autor, el sultán Mohammad Khan. Sin embargo, esas élites mantuvieron sus poderes locales en las ciudades y el campo. En la India no se introdujo una economía de plantaciones, porque esos poderes locales se opusieron todo lo que pudieron a que los europeos adquiriesen grandes propiedades de tierras. Los terratenientes indígenas tuvieron por eso bastantes conflictos con los terratenientes locales, que siguieron controlando la producción agrícola.

El poder económico de la Compañía se basó en gran parte en el comercio de algodón y opio con la China y en la comercialización de una amplia serie de mercancías que registraban cuidadosamente en sus archivos londinenses, sobre los que Chaudhuri construyó sus detallados análisis de precios y flujos temporales. Esas mercancías fueron: los tejidos de algodón; la pimienta y luego el jengibre; el añil, el salitre, la goma arábiga; el aloe, la mirra, el azúcar, el té verde y negro, el café proveniente del Yemen, la porcelana china, la laca, el olíbano y la benzoína y la seda.

Los beneficios de esa red comercial global se repartían entre los comerciantes ingleses de la Compañía, los comerciantes particulares, que traficaban por su cuenta, y los comerciantes armenios e hindúes. Todos ellos en competencia con los comerciantes holandeses y en mucha menor medida portugueses.

La Compañía obtuvo unos ingresos ingentes, pero sus necesidades fiscales y militares fueron asfixiando poco a poco a la economía india local. Para conseguir lograr un mayor crecimiento intentaron la toma de Kabul, centro clave de las rutas comerciales caravaneras, en el año 1842. Pero ese intento terminó en la retirada y el desastre de la primera guerra anglo-afgana. Esa imposibilidad de crecer más hizo que se bloquease su desarrollo en 1850. La Compañía no pudo modernizar la economía de la India porque no pudo crear un sistema de plantaciones que la enmarcase en un mercado capitalista global, y paralelamente introducir nuevos mercados en el campo. Ese colapso fue evidente y por eso en 1858 se creó el cargo de virrey de la India y se introdujo una nueva administración estatal. En ese nuevo mundo, los colonos ingleses, civiles y militares, de clase media, pasaron a integrarse en el lujoso mundo de las cortes regionales, sintiéndose como un nuevo *herrenvolk* oriental, según la expresión de C. A. Bayly.

La colonización de la India no siguió el modelo clásico, analizado por Adam Smith, basado en el asentamiento de colonos de la metrópoli en la ciudad y el campo. Solo logró parcialmente la propiedad de la tierra; aunque sí controló buena parte del comercio. Y además solo fue capaz de que una parte de las élites se integrasen en la cultura inglesa dominante, como lo hizo Muhammad Khan, cuando intentó analizar la constitución y leyes de Afganistán siguiendo los modelos de la teoría social inglesa y europea.

Lo que fue esencial en la colonización de la India fue el poder militar y la creación de un ejército complementario del propio ejército inglés. Y fue esa orientación militar la que se exportó a Afganistán con el apoyo y la creación del moderno ejército del Emir de Hierro. Se dio así la paradoja de que se creó un sistema político basado en la fuerza y el terror, porque ello convenía al Imperio británico. Y ese mismo imperio reprochó al país en el que lo había creado, que era militarista y violento.

Se le pidió que permaneciese aislado por conveniencia estratégica, para reprocharle luego su aislamiento. No se fomentó el nacimiento del mercado y a la vez se le achacó que estaba económicamente poco desarrollado. Tampoco se favoreció la expansión de la cultura occidental, ni se intentó un proceso de evangelización, dejando que el islam continuase siendo la religión exclusiva del país en cada una de sus dos ramas. A la vez que se le reprochaba su intransigencia religiosa. Se creó un mundo muy particular, con una doble cara y listo para una eterna doble lectura.

No es así, como afirma Zarena Aslami en su trabajo ya citado, que haya que hablar de un sistema poscolonial, ni paracolonial. Se trataba de una realidad diferente, la de un país aislado, económicamente dependiente en su hacienda y en su ejército, que se utiliza para los propósitos económicos y sobre todo estratégicos. Curiosamente, no se trató de explotar a Afganistán como fuente de materias primas, ni como mercado para colocar las manufacturas inglesas, siguiendo el esquema colonial clásico, sino de crear una especie de híbrido, una especie de monstruo que unas veces se exhibe y otras se oculta, según la conveniencia.

La misión del sultán Mohammad Khan, súbdito del Imperio británico, en su libro, fue hacer que su país pudiese ser presentado en sociedad en Londres y la Universidad de Cambridge. Y asegurar que todo lo bueno que podría tener vendría de su imitación de los modelos occidentales, mientras que todo lo malo correspondería a su propia irresponsabilidad, derivada de las supervivencias tribales y del fanatismo religioso. Así fue como el Imperio británico creó un arquetipo de monstruo para todo un país, similar a los locos y las locas encerrados en la buhardilla que aparecen en la novela victoriana. Y ese supuesto monstruo sigue vivo, a costa de los sufrimientos de sus pobladores, a los que casi nadie quiso mirar a la cara, salvo honrosas excepciones, como la de la doctora Lillias Hamilton.